€ 12,50

H. J. Winter
Mensch sind wir durch unseren Geist

D1994159

Hermann Jakob Winter

Mensch sind wir durch unseren Geist

Wann beginnt unser Menschsein wirklich – Das große Thema unserer Zeit

GOTTFRIED · KÖNIGSTEIN

Bibliografische Information Der Deutschen Bibliothek
Die Deutsche Bibliothek verzeichnet diese Publikation in der Deutschen Nationalbibliografie; detaillierte bibliografische Daten sind im Internet über http://dnb.ddb.de abrufbar.

Postfach 16 29, D-61456 Königstein, info@gottfried-verlag.de

Titelbild: „Der Denker" von Auguste Rodin
Titelgestaltung und Druck: Ernst Grässer, Karlsruhe
ISBN 3-00-014752-7

Meinen Lieben und Freunden

Vorwort

An der großen bioethischen Diskussion ab 2001 über den Beginn des Menschseins, die durch die Medien ging und bereits mehrfach die Parlamentarier beschäftigte, beteiligte ich mich mit einem Papier „Leben, menschliches Leben, menschliche Person“, aufgefordert durch Frau Hertha Wetzel und Ihren Gatten, meinen Freund und Kollegen Dr. Edgar Wetzel, der ein ausgezeichnetes Manuskript über die Weltbilder der Menschheit verfaßte. Das Papier erfuhr erhebliche Resonanz bei Persönlichkeiten der Politik, der Kirche, der Justiz und der Wissenschaft. Sehr wichtig wurden mir dann viele Gespräche mit Frau Ursula Uden, die mir seit Jahren mit klugem Rat und hilfreich zur Seite steht.

Hier liegt jetzt das vor, was ich zum Thema in breiter Form sagen kann. Beschäftigt habe ich mich mit der Frage nach Welt und Menschsein seit Jugendtagen. Mein Buch „Die Synthese von einheitlichen Polymeren“, erschienen 1967, war u. a. eine Abhandlung zu den Eventualitäten der Lebensentstehung und über den damals gerade in Entschlüsselung begriffenen Genetischen Code – wobei ich wohl der Erste war, der das in dieser Weise unternahm. Eine gewisse, noch vage Vorstellung dessen, was mit der dann tatsächlich bald entstehenden Gentechnologie auf uns zukommen könnte, gewann ich seinerzeit und äußerte es in Gesprächen und in Vorlesungen an der Universität Frankfurt am Main. Bereits etliche Jahre vorher war ich bei der öffentlichen Diskussion eines Frankfurter Vortrages von Professor Meixner aus Aachen, Professor für „Irreversible Thermodynamik“, spontan zu der Auffassung gekommen, zur Lebensentstehung sei auf der Basis der gemachten Ausführungen keine nichtphysikalische Kraft (die so genannte „Entelechie“) notwendig, wie eigentlich immer noch weithin angenommen wurde. Vielmehr müsse die Veränderung der Entropie, bezeichnend für die Unordnung eines Systems, die in geschlossenen Systemen nur zunimmt, in Teilbereichen offener Systeme gerade auch höhere Ordnung und die Möglichkeit der Lebensentstehung bewirken können. Der Vortragende hielt meine Begründung für plausibel und dass er Ähnliches schon von Kollegen gehört habe. Das ermutigte mich jungen Menschen damals, diese Argumente weiterzuverfolgen.

Der Haupttext ist so geschrieben, dass er weithin verständlich sein kann. Fachausdrücke werden möglichst vermieden oder sofort erklärt. Alle Argumente haben jedoch wissenschaftlichen Hintergrund. Der Anhang 2 mit Ergänzungen und Erläuterungen geht dann auf das Wissenschaftliche näher ein für diejenigen, die sich dafür interessieren. Außerdem sind in diesem Zusammenhang Kommentare von Lesern des Haupttextes eingearbeitet, denn der Haupttext wurde vorab mit einer großen Anzahl von Kopien den unterschiedlichsten Personen und Institutionen zur Einsicht gegeben, um Kritik, eventuelle Fehlerhinweise und Meinungen Pro und Contra zu erfahren. All denen, die sich hierzu rückäußerten oder äußern ließen, oft sehr ausführlich, wie auch schon vorher zu meinem Papier „Leben, menschliches Leben, menschliche Person" – s. hier Teil 4 - gebührt mein herzlicher Dank. Namentlich seien genannt:

Detlef Ahrens, Ingrid Ahrens, Dr. Ernst Albrecht, Leni Alter, Karl-Heinz Althaus, Robert Antretter, Prof. Dr. Claus R. Bartram, Ingo Behnel, Prof. Dr. h. c. Ernst Benda, Dr. Wolfgang Bitterlich, Prof. Dr. Maria Böhmer, Prof. Dr. Stephanie Bohlen, Markus Bräuer, Amandus Brandstetter, Beate Brandstetter, Hannelore Brill, Dr. Manfred Brill, Friedrich Brunner, Dr. Gerhard Buchheister, Ulrike Buchheister, Wolfgang Clement, Prof. Dr. Wolfgang van den Daele, Heinz Dierdorf, Prof. Dr. Dr. Udo Di Fabio, Walter Dobmaier, Prof. Dr. Horst Dreier, Dr. Walter Dürsch, Georg Eberhard, Hildegard Eberhard, Prof. Dr. Horst Ehmke, Dr. Susannah Eliott-Winter, Richard Fink, Andrea Fischer, Hubertine Fischer, Dr. Paul Fischer, Ulrike Flach, Prof. Dr. Dr. h. c. mult. Wolfgang Frühwald, Dr. Robert Fugmann, Dr. Gebhard Fürst, Ellen Gaschler-Uden, Werner Gaschler, Helga Gassen, Wolfgang Gassen, Prof. Dr. Volker Gerhardt, Angelika Gessner, Heinz Gessner, Albert Göcking, Ingeborg Göcking, Elisabeth Goessmann, Helmut Goessmann, Prof. Dr. M. Göthert, Herbert Grimm, Annamaria Groppenbächer, Dr. Gregor Groppenbächer, Nadia Groß, Ulrich Gruber, Prof. Dr. Johannes Gründel, Prof. Dr. Dr. h. c. Bernhard

Hassenstein, Prof. Dr. Axel Haverich, Brunhild Herrmann, Heinz Herrmann, Prof. Dr. Wolfram Höfling, Prof. Dr. Walter Hoeres, PD Dr. Thomas Sören Hoffmann, Dr. Fritz Hörndler, Prof. Dr. Wolfgang Huber, Bertl Humpert, Prof. Klaus Humpert, Dr. Helmut Hund, Helga Janetzkowski, Dr. Johannes Janetzkowski, Thea Janetzkowski, Dr. Renate Knüppel, Margret Kolb, Reinhold Kolb, Heiko Krause, Prof. Dr. Hans Küng, Karl Kardinal Lehmann, Prof. Jutta Limbach, Dr. Dr. Walter von Lucadou, Prof. Dr. Dr. h. c. Werner Luck, Robert Maier, Kevin Mannerings, Prof. Dr. Hubert Markl, Dr. Otto Mauz, Dr. Angelika Merkel, Brigitte Moll, Constance Moll, Dr. Rainer Moll, Gertrud Müller, Helmuth Müller, Gabriele Nadler, Prof. Dr. Dr. Eckhard Nagel, Dr. Dr. Stefan Nagel, Prof. Dr. Eduard Naudascher, Imke Naudascher, Dr. Ingeborg Nickelsen, Prof. Dr. Dr. h. c. Elisabeth Noelle, Lutz Paul, Rosemarie Paul, Prof. Dr. Ernst Pöppel, Dr. h. c. Johannes Rau, Prof. Dr. Jens Reich, Prof. Dr. Johannes Reiter, Prof. Dr. Dr. Friedo Ricken SJ, Dr. Armin Riedel, Prof. Dr. Gerd Roellecke, Dr. Sigurd Rösinger, Dr. Jürgen Rüttgers, Anne Sator, Lothar Sator, Karl-Otto Schneider, Prof. Dr. Eberhard Schockenhoff, Gerhard Schröder, Prof. Dr. Dr. h. c. Richard Schröder, Dr. Florian Schuller, Dr. Reinhard Siepenkort, Prof. Dr. Dr. h. c. Spiros Simitis, Prof. Dr. Wolf Singer, Gisela Steinert, Dr. Dirk Steinfort, Dieter Steyer, Ursula Steyer, Dr. Edmund Stoiber, Dr. Heinrich Basilius Streithofen OP, Prof. Dr. Jochen Taupitz, Dr. Aloys Theile, Dr. Roswitha Theile-Schlüter, Dr. Günter Thomas, Prof. Dr. Uwe Troltenier, Katrin Uerpmann, Hans-Joachim Vanselow, Dr. Hans-Jochen Vogel, Prof. Dr. Dr. Gerhard Vollmer, Hans-Georg Wasilewski, Marlis Weber, Dr. Edgar Wetzel, Hertha Wetzel, Irmgard Widdra-Spieß, Elfriede Winter, Dr. Gerd Winter, Christine Willer, Heinrich Willer, Dr. Hans Wilski, Barbara Wittmann, Wolfgang Wochner, Käthe Wolf, Manfred Wolf, Anne Zielke, PD Dr. Dr. Ina Wunn, Prof. Dr. Herbert Zürn, Dr. Irmgard Zürn.

Hinzu kommen noch die aus Veröffentlichungen und aus Tagungsteilnahme wie auch Einzelgesprächen ersichtlichen aktuellen Meinungen vieler Personen und die Auswertung einer Menge neuerer Bücher. Zur Forschung an embryonalen Stammzellen und der Präimplantationsdiagnostik gab der deutsche Nationale Ethikrat eine detaillierte und personenbezogene Stellungnahme in Form zweier Broschüren heraus. Das hiermit gewonnene Meinungsspektrum darf wohl als ziemlich aussagekräftig angesehen werden. Die naturwissenschaftlichen, psychologischen, philosophischen, theologisch / religiösen und die juristischen Aspekte werden somit behandelt unter Berücksichtigung neuster Fakten.

Die Auswertungen, Auffassungen und Schlussfolgerungen einer Einzelperson sind aber immer individuell. In diesem Sinne legt der Autor diese Arbeit zur Förderung der weiteren Diskussion über Mensch und Welt vor, zu den Dingen, die letztlich jeden bewegen und zu denen schon aus dem Altertum sehr modern anmutende Äußerungen überliefert sind, mit dem zentralen Thema: Wann beginnt der Mensch ein wirklicher Mensch zu sein.

Königstein im Taunus — Hermann Jakob Winter

Einleitung

Eines Tages stand ich im Zoo zu Frankfurt am Main vor einem Gorillakäfig. An dessen großer Glasscheibe lehnte gegen die Innenseite geruhsam eine kräftige Gorillafrau und blickte wie versonnen in die menschlichen Zuschauer hinein. Lange stand ich so – nur eben durch die Glasscheibe von dem Tier getrennt - und dachte darüber nach, was wohl in diesem mächtigen Kopf so alles vorsichgeht. Welchen Grad von Bewusstsein dessen, was da ist, hat dieses da gemächlich sitzende, uns Menschen so ähnliche Wesen? Man konnte ihm in die Augen blicken, die ja ein guter Zugang ins Innere eines Lebewesens sein sollen, und genau so blickte diese Dame zurück – ich bin verführt, das so zu sagen. Sie wurde vielleicht einmal hart und rücksichtslos herausgerissen aus ihrer urwäldlichen Umgebung. Die fehlende Freiheit war aber vielleicht gerade nicht ihr Problem, denn dazu schien sie mir zu ruhevoll. Ein älterer Philosoph, in seiner Abgeklärtheit über den Dingen sich wähnend, hätte nicht anders dort sitzen können, leicht uninteressiert und doch leicht neugierig.

Die Wissenschaft sagt uns, dass sie und wir dieselben Vorfahren haben. Weit zurück, gewiss, viele Generationen zurück. Aber immerhin. In diesem Augenblick schien mir das besonders plausibel. Da sprach doch jemand neben mir einige Worte, eine ältere Frau. Sie schüttelte den Kopf und meinte: „dass es so etwas gibt!“

Hier trafen sich Empörung und Einsicht. Die Empörtheit dieser Frau wollte nicht hinnehmen, dass zwei Lebewesen so ähnlich sein dürfen, zwischen denen man lieber einen Abgrund sähe, um den eigenen, menschlichen Stolz nicht zu gefährden. Ein Tier, derart ähnlich uns Menschen! Hingegen fand meine Einsicht in die ziemlich sichere Realität gleicher Vorfahren Bestätigung, ohne dass ich hatte darunter leiden müssen.

Es ist aber auch noch nicht sehr lange her, da sahen weiße Menschen auf schwarze herunter. Zwar billigte man den Schwarzen zu, auch Menschen zu sein, aber doch gewiss keine solchen wie wir es sind. Ihnen fehlt, meinten viele, die Fähigkeit, eigenständig Kultur zu schaffen. Wilde waren sie, die man etwas zivilisieren konnte, aber das war's dann auch.

Wir hatten in den 30er Jahren einen Zirkus in unserer Stadt, der brachte viele Tiere mit und eine Eingeborenengruppe aus Äthiopien. Neben den Vorstellungen circensischer Kunst gab es eine Tierschau in einem langen zweiten Zelt hinter dem eigentlichen großen Vorführungszelt. Gegen Extrageld durfte man dort hinein. Und siehe da, mitten in der Reihe der Tiere war das Lager der Äthiopier. Nein, sie hatten keine Wohnwagen wie die Weißen. Das gehörte sich damals offensichtlich nicht. Die waren Teil der Tierschau. Wer wollte schon wahrhaben, dass Äthiopien längst ein Kulturstaat war, als die eigenen direkten Vorfahren damit noch bei weitem nicht mithalten konnten.

Dass ein Mensch als solcher wie jeder andere ein kulturfähiger Mensch ist, war nie ein Problem der Hautfarbe. Wer würde das heute noch bestreiten? Doch was ist ein Tier?

Kann ein Tier denken, richtig denken? So wie wir? - Nun, es gibt Menschen, deren Gehirn ist nicht in einem normalen Zustand. Aber das sind dennoch Menschen. Und auch zugegeben, dass kleine Kinder noch manches nicht können, was ausgewachsene Hunde vermögen, zum Beispiel einen Blinden durch den Straßenverkehr führen. Aber denken deshalb Hunde? Ist das nicht alles Instinkt und angelerntes Verhalten? Dennoch müssen sie dauernd Entscheidungen treffen, schwierige sogar. Ist das wirklich alles nur Dressur? Und wir? Sind wir nicht auch angelernt? Manchmal fast wie dressiert von den Eltern, von den Lehrern, beim Militär.

Tiere haben Gehirne, Menschen haben Gehirne. Ähnlich ist alles aufgebaut, vor allem wieder bei den hoch entwickelten Tieren, besonders den Säugetieren. Biologisch sind Menschen auf jeden Fall auch Säugetiere, eindeutig. Und dennoch sind wir Menschen. Wir sind Menschen, die tagtäglich ihre unbezweifelbare Überlegenheit über die Tiere empfinden und beweisen. Überlegenheit heißt allerdings nicht zwangsläufig, völlig anders zu sein.

So sind die dringendsten Fragen, die wir uns stellen, die nach uns selbst: *Wer sind wir wirklich, wann beginnen wir im Zuge der Weitergabe des Lebens Mensch zu sein, was wird aus uns mit dem Tode?* Wir müssen uns allerdings klar darüber sein, dass wir uns ja selber nicht „von außen“ sehen können, von außerhalb unseres Selbst, von außerhalb der Welt und der Natur, von der wir ein unentrinnbarer Teil sind. Das relativiert unsere Antworten. Kein Mensch ist zudem frei von Irrtum. Immerhin ist die Suche nach Antwort ein Markenzeichen des Menschen, und wir können in unserer Zeit schon eine ganze Menge überzeugender aussagen als frühere Vorstellungen.

Mit den enormen Fortschritten in der Genetik, Molekularbiologie und Medizin ist gerade die Frage, wann wir beginnen Mensch zu sein, zu dem großen Diskussionsthema geworden, ein Thema, das im wahrsten Sinne des Wortes unter die Haut geht. Deshalb steht dieses Thema im Mittelpunkt der folgenden Ausführungen.

Aber noch eine weitere Frage bewegt uns Menschen sehr: *Gibt es außerhalb unseres Universums eine transzendente, jenseitige Welt mit so genannten „reinen“ Geistwesen, mit möglichst einem über allem stehenden, „regierenden“, allmächtigen Wesen, einen Gott?* Es sind die Religionen, die hierauf sehr unterschiedlich und leidenschaftlich antworten, so leidenschaftlich, dass sie in der Tat mit ihren Antworten oft viel Leid schaffen, zumal an jenen, die anderer Meinung und ihnen ausgeliefert sind. Ferner hat wohl jeder Mensch doch seine speziell eigenen religiösen Vorstellungen, auch in Form der Ablehnung oder Gleichgültigkeit. Zudem war es immer das Anliegen der Philosophie, sich mit diesen Themen kritisch auseinander zu setzen. Schließlich erwuchsen daraus die Naturwissenschaften in der Einsicht, dass *durch Nachdenken allein die Wahrheit – selbst die unzulänglich verbleibende Wahrheit – nicht zu erkennen ist.* Praktische Experimente als Fragen an die Natur und die intensive, kritische Beobachtung allen Naturgeschehens eröffneten denn auch neue und enorm weite Horizonte der Erkenntnis. Inzwischen besitzen wir viele Einsichten, die leider nur schwer oder zum Teil überhaupt nicht mit dem in Übereinstimmung zu bringen sind, was die Religionen ihren Gläubigen verbindlich machen. *Wenn aber je ein Schöpfergott sich wirklich offenbart hat, so hat er doch das selbstverständlich in seinem Werk, nämlich der Schöpfung, getan.* Was wir durch die Naturwissenschaften an nachhaltiger Erkenntnis gewinnen, ist deshalb nicht zu verleugnen, wenngleich auch hier wieder die Irrtumsmöglichkeit gesehen werden muss.

s. auch P01 Seite 139 und P02 Seite 140 im Anhang 2

Teil 1: Das Werden des Menschen

Unser unbegrenztes Umfeld, das Universum

Gehen wir Schritt für Schritt vor. Richten wir den Blick zuerst auf das unglaublich weite Umfeld dieser Erde, unser Universum, das Weltall, den Kosmos. Wir gehen heute davon aus, dass das Universum nicht so geschaffen wurde, wie es sich uns zeigt, sondern dass es einmal sehr klein angefangen hatte, vor vielleicht 12 bis 15 Milliarden Jahren, und sich seit einer gewaltigen Explosion, den „Urknall", unerhört schnell ausdehnt. Dabei bildeten sich riesige Sternhaufen, die Galaxien, mit jeweils Milliarden um einen gemeinsamen Mittelpunkt kreisenden Sternen. Und von solchen Galaxien gibt es wiederum Milliarden. Die fortlaufende Ausdehnung des Universums besteht in der sich vergrößernden Entfernung der Galaxien von einander und scheint sich sogar noch zu beschleunigen. Das ist seltsam genug, denn man sollte erwarten, die Ausdehnung würde sich verlangsamen, weil die Körper sich ja infolge der Schwerkraft, der Gravitation, die auch uns auf der Erde festhält, anziehen. So werden denn sogar Sterne innerhalb einer Galaxie von der Gravitation in so genannte „Schwarze Löcher" von unerhört großer, dichtgepackter Masse hineingezogen, aus denen noch nicht einmal das Licht herausdringen kann – deshalb der Name Schwarzes Loch.

Unsere Galaxie, die so genannte „Milchstraße", am Nachthimmel schwach zu sehen, bildet eine riesige kreisende flache Spirale. In einer ihrer Randzonen ist unsere Sonne mit den Planeten, darunter die Erde, angesiedelt. Wir leben auf einem recht kleinen Planeten einer mittelgroßen Sonne im Randgebiet einer Galaxie.

Für den kritischen menschlichen Geist stellt sich gewiss die Frage, was vor der Explosion, vor dem „Urknall", war. Man kann glauben, dass ein aus einem materiellen Nichts entstandenes materielles Universum in vollem Umfang Ergebnis eines göttlichen Willens ist, mit diesem Gott als das notwendige Ewige. Doch wenn etwas explodieren konnte, warum sollte dann nicht etwas Materielles vorher bereits da gewesen sein? Eine alte Weisheit besagt, dass etwas, das ist – dann also auch unser Weltall - nur sein kann, wenn vorher etwas war und nachher wieder etwas ist, denn aus Nichts wird nichts und was ist, kann nicht zu Nichts werden, wenn man unter Nichts etwas Absolutes versteht. Allerdings könnte es eine Art Quasi-Nichts („als ob es Nichts wäre“ scheinbares, virtuelles Nichts) gewesen sein, ein Nichts, das zu etwas werden kann, jedoch kein absolutes Nichts.

Das Universum besteht aus Materie und Energie. Nach Albert Einstein ist Energie zur Materie äquivalent: Aus Energie kann Materie entstehen und aus Materie kann Energie werden. Deshalb lässt sich die Materie zur bestehenden Energie hinzurechnen und als eine Art Gesamtenergie formulieren. Einige Autoren unternahmen abschätzende Berechnungsversuche, die interessanter Weise – was aber hier nicht näher beurteilt werden soll - auf eine Gesamtenergie Null für den Beginn unseres Universums schließen lassen. Damit wäre man gewissermaßen beim Quasi-Nichts. Das könnte andeuten, wieso diese ungeheure Fülle des Universums anfänglich so eng gepackt sein konnte, aber dann zum gewaltigen Universum explodierte unter Bildung von Energie und daraus Materie. Das Rätsel bliebe die Auslösung dieses Übergangs vom Quasi-Nichts zu Energie, ein Rätsel, das für den Gottgläubigen keines ist.

Nehmen wir nun ferner einmal an, dass die Grundsubstanz dieses Welt-Seins, auch in Gestalt eines Quasi-Nichts, vielleicht selbst ewig ist, immer war und immer sein wird. Mit einem ewigen Universum befassten sich in geschichtlicher Zeit seit eh schon viele Philosophen und Religionen und in neuerer Zeit Astronomen. Auch dieser Gedanke schließt Gott und die Vorstellung einer transzendenten Welt, eines Himmels, keineswegs aus, gestattet aber einige interessante Überlegungen.

Zwischenbemerkung: Die doppeldeutige Verwendung des Begriffs Himmel, wie in der deutschen Sprache, führt immer wieder zu Verwirrungen. Wenn der Philosoph Immanuel Kant vom gestirnten Himmel über sich und dem moralischen Gesetz in sich schwärmte, so ließ sich das durchaus zweifach deuten und erhielt daher seinen besonderen poetischen Glanz. Im Englischen gibt es zwei Worte: sky, der physikalische Himmel, heaven, das Reich der Engel, das wir ja auch „über uns“ fühlen. „Der Himmel ist dunkel“ meldete Gagarin, der erste Mensch außerhalb der Erdatmosphäre zu uns herunter, und prompt fiel die Doppeldeutigkeit ins Gewicht, zumal es ein Atheist sagte. Man muss auch berücksichtigen, dass bis zum Beginn der Weltraumfahrt auch der physikalische Himmel für die Menschheit trotz aller Astronomie enorm viel Mystisches hatte – vielleicht sogar noch hat. Die Behauptungen der Astrologie (nicht der Astronomie!) hinsichtlich der Einflüsse von Sternenpositionen auf den menschlichen Charakter und das Schicksal finden nach wie vor großen Anklang. Das physikalisch erklären zu wollen, ist schier unmöglich. Dagegen sind die Auswirkungen der Mondphasen auf Mensch und Tier physikalisch nicht unverständlich. Und ob die Sonne scheint oder nicht empfinden wir alle ja wirklich tief. In sonnendurchfluteten Gegenden sind die Menschen meist lustiger, in dunkleren Gegenden ist die Schwermut eher zu Hause.

So mag sich unser sich jetzt noch ausdehnendes Weltall in fernster Zukunft doch wieder bis zu seiner Ausgangslage zusammenziehen – man vergleiche die erwähnten „Schwarzen Löcher“ in Galaxien - und anschließend erneut explodieren. Alles nähme einen neuen Anfang, das Universum entstünde ein weiteres Mal. Auf diese Weise könnte es in immerwährendem Hin und Her gehen und gegangen sein. Ob ein neues Universum dann wieder dieselben physikalischen Eigenschaften hat wie das jetzige, vor allem, wenn es durch den Zustand eines Quasi-Nichts geht? Es ist nämlich durchaus eigenartig, dass unser Universum derart passende physikalische Eigenschaften hat, die das Leben und damit auch uns Menschen ermöglichen. *Keineswegs verwunderlich ist es allerdings, dass wir Menschen ein solches Universum vorgefunden haben, denn wir können ja nur dort entstanden sein, können nur dort existieren, wo die physikalischen Eigenschaften für uns günstig sind, und können nur da über das alles nachdenken.*

Hat nun ein übernatürliches allmächtiges Wesen, also der Schöpfergott, für unser spezielles günstiges Universum grundsätzlich gesorgt, dass es so ist wie es ist? Oder ist ein tatsächlich ewig sich erneuernder Kosmos, eventuell sogar eine Vielzahl von parallelen Kosmen (die zusammen ein Multiversum bilden) an sich ein Experimentierfeld, in dem immer wieder Universen mit veränderten physikalischen Eigenschaften entstehen? Der Zufall oder wieder der göttliche Wille hätte dann schließlich unter vielen anderen

auch unser spezielles Universum hervorgebracht. Wir werden noch sehen, dass das unversehens an das Prinzip der biologischen Evolution und ihres Vorläufers, der vorhergehenden, der präbiotischen Evolution, erinnert, die ganz besonders, wenn auch anders gestaltet, ein Experimentierfeld mit überwältigend vielen „misslungenen“ Versuchen sind. Das Wort „misslungen“ soll nicht bedeuten, es hätte auf jeden Fall ein Ziel gegeben, das verfehlt wurde. Alles kann immer wieder reiner Zufall sein, auch der Tatbestand, dass ein großes Ergebnis hervorgerufen wurde. Der Zufall spielt nun mal in den physikalischen und biologischen Vorgängen eine wichtige Rolle, was nicht mehr bestritten werden kann. Er spielt auch im menschlichen Leben eine oft entscheidende Rolle. Nicht jeder gibt das zu. Ich möchte sagen: Zumindest scheint dann Gott die Dinge so ablaufen zu lassen, dass sie wie Zufall aussehen. Wer nicht an Gott glauben kann, wird den Zufall in jeder Hinsicht als Geschehen an sich betrachten. *Immerhin ergibt sich ein Gesamtbild, dass die wesentlichen Vorstellungen in der Menschheit meines Erachtens recht gut einbindet.*
s. auch P03 Seite 140

Zwischenbemerkung: Der Zufall ist nicht beliebt – man fühlt sich ihm ausgeliefert, ungeschützt. Immerhin hat er im menschlichen Leben etwas an sich, das man Gerechtigkeit nennen kann. Er trifft jeden, ob gut oder böse, reich oder arm. Mir ist es lieber, im Falle eines eigenen leidvollen Erlebnisses einem Zufall die Ursache zuzusprechen, als mich als von Gott bestraft oder verlassen sehen zu müssen. Auch von Gott oder einem Schutzengel bevorzugt zu werden, während andere leiden müssen, ist doch keineswegs erhebend. In einem Gespräch sagte eine Frau, dass sie wirklich einen Schutzengel habe, denn sie sei als Einzige bei einem schweren Unfall ungeschoren davongekommen. Ich erlaubte mir einzuwenden, dass dies wohl ein für sie glücklicher Zufall war, denn anderweitig hätten die weniger Glücklichen ja keinen Schutzengel gehabt und weshalb? „Ich hatte einen!“ war ihre resolute Feststellung und würdigte mich empört keines Blickes mehr.

Es ist ziemlich unwahrscheinlich, dass Menschen je wirklich „dahinter kommen“, ob es außer unserem Weltall noch andere Kosmen je gab oder etwa gerade „parallel“ gibt, sosehr auch darüber spekuliert wird. Sollte es tatsächlich noch andere Universen geben, wäre zu fragen, ob diese irgendwie miteinander zu tun haben, sich gegenseitig beeinflussen, vielleicht auf einander treffen könnten. Nicht nur dem All, auch der Fantasie sind offenbar keine Grenzen gesetzt.

Es ist hier vielleicht die passende Stelle, etwas über die Begriffe *Zeit, Ewigkeit und räumliche Unendlichkeit* auszusagen. Zeit ist offensichtlich an Veränderung des materiellen Seins gebunden. Wenn sich absolut nirgends etwas verändert (etwa im Quasi-Nichts), „bleibt die Zeit zwar stehen“, könnte aber „jederzeit“ weitergehen und verschwindet nicht. Ewigkeit ist dabei gegeben, wenn das materielle Sein schon immer irgendwie war und immer irgendwie bleibt, es also kein absolutes Nichts gibt, ob mit oder ohne Veränderung des materiellen Seins.

Mit der räumlichen Unendlichkeit des materiellen Seins verhält es sich offenbar ähnlich unproblematisch. Auf ein Ende folgt stets ein neuer Anfang, denn ein Ende grenzt ab und muss etwas jenseits der Grenze haben. Unendlichkeit ist unvermeidbar, sei es in der fortgesetzten, immerwährenden räumlichen Wiederholung von Anfang und Ende oder eben im fehlenden Ende. Beides bringt Unendlichkeit, die allerdings auch ein Kreisprozess sein könnte, indem alles wieder in sich zurückläuft, auf immer und ewig. Unendlichkeit muss es einfach geben. Unser sich ausdehnendes Universum ist dagegen für sich endlich, so groß es auch ist und noch werden wird. Dabei sind Zeit und Raum untrennbar miteinander verbunden. In der Physik spricht man von der Raum-Zeit, in der wir leben.
s. auch P04 Seite 142

Fassen wir zusammen: Unser Universum zeichnet sich dadurch besonders aus, dass es Leben und uns Menschen ermöglicht. Dies könnte dem Willen eines Schöpfergottes entsprechen als unmittelbares Ergebnis dessen Seins und Wirkens, es könnte aber auch die Folge von sich im Laufe der Ewigkeit wiederholt bildenden Universen mit immer wieder anderen Eigenschaften sein, zugelassen von Gott oder, es muss gesagt sein, selbst ohne Gott. „Unser“ Universum hätte dann „zufällig“ die für das Leben und uns Menschen passenden Eigenschaften. Ausgerechnet in diesem Universum zu leben ist für uns Menschen aber nicht verwunderlich, weil wir nur deshalb hier darüber nachdenken können.

Unsere Erde

Der Urknall schleuderte – so sehen wir das heute – seine unter diesen Anfangsbedingungen entstehende Materie vom Explosionsherd nach allen Seiten hinweg, Materie, die durch die Schwerkraft „vielerorts“ zusammenballte und Sterne bildete. Besonders große Sterne erhitzen sich innerlich so sehr, dass sie dabei radioaktiv aus ursprünglich Wasserstoff, dem einfachsten Element, die schwereren Elemente wie zum Beispiel Sauerstoff, Aluminium, Eisen brauen. Auch diese Sterne explodieren eines Tages, und zwar besonders heftig und vergehen, wobei sich die noch schwereren Elemente, wie zum Beispiel Gold, bilden. Zurück bleiben riesige Mengen Weltraumstaub und –gas, was wiederum zusammenballt, jetzt aber nicht nur neue, sich ihrerseits erhitzende, glühende und strahlende Gas-Sterne bildend, sondern aus den schweren Elementen auch kleinere Himmelskörper, die von den großen Sternen gefangen gehalten werden und gerade die Chance haben, um jene Sterne herumzukreisen. Das sind die Planeten, die auch ihre eigenen Satelliten, die Monde haben können. Diese Situation liegt in unserem Sonnensystem vor.

Insgesamt bevölkert inzwischen eine unfassbar große Zahl von leuchtenden Sternen das All, viele darunter von der Größe unserer Sonne. Man darf getrost davon ausgehen, dass um viele Sterne Planeten kreisen, die mit unserer Erde in der Größe vergleichbar sind. Die Astronomen sind dabei, Planeten bei unseren Nachbarsternen zu entdecken. Warum sollte auch unser Sonnensystem eine Ausnahmestellung haben, wo es doch nur ein mittelmäßiges System im Randgebiet der Milchstraße ist? Gewiss, früher meinten die Menschen, die Erde stünde im Zentrum allen Geschehens; Sonne, Mond, der ganze Sternenhimmel, von dessen gewaltiger Größe sie nicht die geringste Ahnung hatten, seien um die Erde herum angeordnet und bewegt; alles sei für uns Menschen geschaffen. Damals konnte man auch glauben, dass das vorausgesagte Ende der Menschheit mit dem Ende des Universums identisch wäre und die Sterne dann herunterfielen. Von dem Thron solcher überheblicher Vorstellungen sind wir Menschen allmählich herabgeglitten, jedenfalls diejenigen, die der modernen Wissenschaft gegenüber aufgeschlossen sind.

Es ist also durchaus nicht unvernünftig, die Möglichkeit ins Auge zu fassen, es gäbe noch andere Wohnstätten für Lebewesen im All, ja auch solche Lebewesen, die klug sind oder noch intelligenter als wir Menschen. Vermutlich werden wir das nie erfahren, auch wenn die Amerikaner bereits eine Weltraumsonde mit Grüßen von uns in die Einsamkeit zu den anderen Sternen hinausgeschickt haben. Aber schon der nächste Stern ist ungeheuer weit entfernt. Dass etwa bereits unsere Nachbarsterne erdähnliche Planeten haben, die gleichzeitig mit uns hoch entwickelte Lebewesen beherbergen, dürfte allerdings unwahrscheinlich sein. Es gibt auch keine wirklichen Anzeichen von Besuchern aus dem All, weder zu einem früheren Zeitpunkt vor uns noch derzeit, was auch immer manche Erfolgsschriftsteller und Ufo-Fans behaupten mögen. (Immerhin, das Thema kommt an, so wie andere Fantastereien, zumal Science-Fiction.)

Unser Sonnensystem hat bekanntlich noch einen Planeten, auf dem sich Menschen aufhalten können, den Mars, und dann natürlich den bereits von Astronauten besuchten Erdmond. Wegen der dort fehlenden Atmosphäre ist eine Besiedlung nur in geschlossenen Wohnhallen oder –höhlen möglich. Das dürfte kommen. Die Bewohner werden schwächere Beinmuskeln bekommen, weil die Schwerkraft dort wesentlich geringer als hier ist, falls sie nicht ständig trainieren, um für Besuche bei den Verwandten auf der Erde gerüstet zu bleiben.

Allein aber unsere Erde brachte in unserem Sonnensystem vielfältiges Leben hervor. In ihrem Inneren ist sie auch heute sehr heiß. Äußerlich erhielt sie einst eine kühle verfestigte Erdkruste unter einer Atmosphäre, allerdings zunächst ohne Sauerstoff, bei moderatem Gesamtgasdruck. Die Erde war groß und massig genug, um die Atmosphäre per Schwerkraft vor dem Verlust in den Weltraum hinaus zurückzuhalten. Eine Atmosphäre schützt leidlich vor harten Strahlungen aus dem All und lässt die zahlreich zustürzenden kleineren Gesteinsbrocken, die Meteoriten, verglühen - für uns in den Sternschnuppen sichtbar. Eine lange Periode starker Vulkantätigkeit brachte Wasserdampf an die Oberfläche, der zu flüssigem Wasser kondensierte, das mit der Länge der Zeit Meere bildete. Die Entfernung zur Sonne ist gerade so, dass das Wasser größtenteils flüssig bleibt, dass sich aber auch Wolken bilden können, die einerseits die Sonneneinstrahlung dämpfen, andererseits einen Wasserkreislauf über Land erbringen. Für die Entstehung und Entwicklung von Leben waren das alles Voraussetzungen. Unsere Erde, das sollte man erwähnen, ist demnach durchaus etwas Besonderes. Das muss, wie gesagt, allerdings nicht bedeuten, sie sei einmalig. Der Kosmos ist zu groß, als dass wir Derartiges behaupten könnten.

Die Erde entwickelte sich also über einen langen Zeitraum von etlichen Milliarden Jahren dahin, wie sie sich heute vom Mond aus gesehen zeigt – als ein im Sonnenlicht blauer Stern, wie ein Juwel, mit darüber ziehenden strahlend weißen Wolken. Auf immer aber wird sie so nicht bleiben, denn sie ist abhängig von der Entwicklung der Sonne. Das bedeutet, dass sie in fernster Zukunft den eigenen Untergang finden wird. Zwischendurch ist sie die Heimat für das Lebendige.
s. auch P03 Seite 140 und P14 Seite 175

Fassen wir zusammen: Wir Menschen wohnen auf einem Himmelskörper, der allerdings nicht im Mittelpunkt des unfassbar großen Universums steht, sondern relativ klein ist und, ohne unter den Himmelskörpern groß aufzufallen, um die mächtig leuchtende Sonne kreist, bis sie einmal ein Ende finden wird. Allerdings ist sie doch besonders, denn sie ermöglichte, beherbergt und behütet recht erfolgreich Leben auf ihrer Oberfläche.

Leben kommt auf die Erde

Wir gehen also heute davon aus, durchaus plausibel beschreiben zu können, wie unsere Erde entstanden ist und wie sie sich von den Anfängen ihrer Existenz her wohl entwickelt hat, bis sie geeignet war für Lebewesen. Wie aber kam das Leben auf die Erde, das es seit mehreren Milliarden Jahren gibt, so etwas Wunderbares, das zudem für sich selber die Erdoberfläche zur Biosphäre machte?

Wie unser Universum nahm das Leben einen kleinen Anfang und entwickelte sich erst, in diesem Falle langsam und allmählich, dessen sind wir heute sicher. Kein einziges Lebewesen aber war mit einem Schöpfungsakt sofort da, und schon garnicht der Mensch. Den gab es lange, lange nicht, und nichts dürfte damals darauf hingedeutet haben, dass es die weltbeherrschende Menschheit einmal geben würde, die auch versuchen würde, diese geradezu dramatischen Vorgänge der Entstehung von Leben und ihr eigenes Entstehen geistig nachzuvollziehen.

Tatsächlich haben sich Menschen aller Kulturen schon früh Gedanken darüber gemacht, wie auf dieser Erde Leben wurde. Manche meinen heute noch, es wäre aus dem Weltall gekommen, Keime für Leben aus dem All, die hier Bedingungen vorgefunden hätten für eine günstige Entwicklung. Wenn es so sein sollte, dann ist Leben eben wo anders entstanden, und um dieses Entstehen geht es uns.

Wir wissen, dass alles, was das Leben biologisch vorstellt, Stoffe verwendet, die für sich nichtlebendig sind und dass die Lebensvorgänge durchgehend chemisch-physikalischer Art sind. Einer zusätzlichen, von den Naturgesetzen nicht erfassten Kraft – wie sie mit dem Wort Entelechie lange vermutete wurde - bedarf das Leben und seine Entstehung nicht. Pflanzen und Bakterien leiten Stoffe aus der nichtlebendigen Umwelt ihren lebenden Zellen zu und machen sie zu deren Bestandteilen. Umgekehrt geht von den Lebewesen Stoffliches aus dem Zellenbestand wieder ab in die nichtlebendige Umwelt. Am deutlichsten sehen wir das bei der Einäscherung eines Verstorbenen: Zurück bleibt selbst von den stolzesten Menschen nur ein Häufchen Asche, während sich das meiste von ihnen gasförmig in die Atmosphäre verflüchtigt.

Leben ist möglich, das heißt, unser Kosmos, diese physikalische Welt, hat die Eigenschaft, hat die Befähigung, wir sagten es schon, die notwendig ist, dass aus nichtlebendigen Stoffen Lebewesen werden können. Das ist eine ganz entscheidende Einsicht und ist keineswegs selbstverständlich. Wie aber wurde aus nichtlebendigem Stoff erstmalig lebendiger Stoff? Das dürfte ein sehr schwieriges und außerordentlich seltenes Ereignis gewesen sein, wahrscheinlich ein einmaliges Ereignis auf dieser Erde, das vor etwa 4 Milliarden Jahren stattfand. Zuvor, so nehmen wir an, entwickelten sich die speziellen stofflichen Voraussetzungen dafür in Gestalt einer so genannten *„chemischen, einer präbiotischen Evolution“*. Das passt wieder zu all den Entwicklungen, von denen wir dauernd sprechen müssen. Das Weltall hat sich entwickelt, unser Sonnensystem, die Erde. Und wie sich das Leben ebenfalls von „kleinen“ Anfängen her in der biologischen Evolution entwickelt hat, wird uns anschließend beschäftigen. Also wird sich auch die Vorstufe der biologischen Evolution, die präbiotische, in einem Entwicklungsprozess ergeben haben mit Versuch und Irrtum, mit einem langen Hin und Her, aus dem sich aber doch eine Entwicklungslinie allmählich abzeichnete.

Zur Verfügung standen etwa 90 unterschiedliche winzige Körperchen, die Atome der chemischen Elemente, die sich in der Regel in riesiger Zahl in ganz bestimmter Weise zu den eigentlichen Stoffen vereinigen, und zwar zunächst zu so genannten Molekülen. Die Moleküle sind die charakteristischen Bausteine der Stoffe wie ein schöner Kristall, eine Flüssigkeit wie das Wasser, ein Gas, wie die Luft – die ein Stoffgemisch ist. Es gibt praktisch unendlich viele mögliche unterschiedliche Moleküle bereits aus nur wenigen der Atomarten, zum Beispiel aus in erster Linie den Kohlenstoffatomen und den Siliziumatomen zusammen mit vor allem Wasserstoff und auch Sauerstoff sowie anderen Atomen. Entsprechend gibt es praktisch unendlich viele mögliche Stoffe. Die Moleküle können „klein" sein, wenn sie nur wenige Atome enthalten, können aber auch teilweise außerordentliche „groß", das heißt, aus sehr vielen Atomen aufgebaut sein.

Die Stoffe bzw. ihre Moleküle können sich verändern, wenn sie mit anderen Stoffen in Kontakt gelangen. Man sagt, sie reagieren mit einander und bilden wieder andere Stoffe, wobei die Atome selbst sich nicht verändern. Solche Reaktionen geschehen unterschiedlich, je nach Temperatur. Es gibt thermisch stabile und thermisch instabile Moleküle. In sehr tiefen Temperaturen frieren die Reaktionen regelrecht ein – nichts tut sich dann mehr.

Von den etwa 90 Atomen benötigen die Lebewesen in erster Linie die Atome Kohlenstoff, Sauerstoff, Wasserstoff, Stickstoff, Phosphor und Schwefel. Also mussten diese bei der chemischen Evolution Stoffe / Moleküle gebildet haben, die für den Aufbau von Leben geeignet waren. Wir sind heute sicher, dass das möglich war.

Nun basiert Leben zuvorderst auf zwei Stoffarten, die – bei aller mikroskopischen Kleinheit - aus relativ außerordentlich großen bzw. langen, vorwiegend kettenförmigen Molekülen bestehen, einerseits den Nukleinsäuren z. B. DNS / DNA, und andererseits den Eiweißstoffen, den Proteinen. Je ein solches Molekül könnte ein Gegenstück haben, das so zu ihm passt wie die linke Hand zur rechten, also spiegelbildlich gleich wäre. Aber es gibt die Gegenstücke nicht in den Lebewesen auf unserer Erde. Zwar würden die Gegenstücke genau das gleiche Leben ermöglichen, wären aber doch ein ganz anderes Leben – auch als Leben insgesamt ein Gegenstück. Schon im Verlaufe der chemischen Evolution muss die Entscheidung für die eine Art gefallen sein – man denkt an Zufallsentscheidung - und nicht für die Gegenstücke. War sie einmal gefallen, war damit alles geklärt.

Nun weiß man zwar, dass die „Bausteine“ für Nukleinsäuren und Proteine unter den Bedingungen der frühen Erdoberfläche, die noch keine Biosphäre war und keinen freien Sauerstoff in der Atmosphäre aufwies, entstehen konnten. Sie werden sich dort mit der Zeit angehäuft haben. Wie doch aber konnten sich aus diesen, relativ kleinen Molekülen als Bausteine die relativ außerordentlich großen Moleküle der Nukleinsäuren und Proteine bilden, sich synthetisieren? Ein kluger Mann, später aus anderen Gründen mit Nobelpreis ausgezeichnet, berechnete noch in der ersten Hälfte des 20. Jahrhunderts, dass eine *direkte* Synthese „von sich aus“ derart unwahrscheinlich ist, dass man sie als unmöglich bezeichnen müsse, und es deshalb nur Gott hätte veranlassen können. Wie der aber? In einem irdischen Speziallabor? Durch welche Hände? Auch wenn es allein der Wille Gottes gewesen war, die notwendigen physikalisch-chemischen Prozesse mussten ja in Bewegung gesetzt sein. Die Berechnung des nachmaligen Nobelpreisträgers war zwar richtig, aber seine Überlegung war es nicht ganz.

Wieder muss man nämlich daran denken, dass sich im Universum, in der Natur, so weit wir das übersehen können, alles „von klein her entwickelt“, also keine *direkten* Wege sofort zum Ziel beschritten werden. Die Methode des göttlichen Schöpfers ist ziemlich klar: Er lässt die Dinge *Zug um Zug* entstehen. Damit verändern sich die Wahrscheinlichkeiten dramatisch. Aus den Anfangsmolekülen werden etwas größere, die müssen sich behaupten, damit aus ihnen wieder größere werden können, usw. Dabei kommt noch ein besonderer Faktor ins Spiel: Manche größeren Moleküle sind besonders regelmäßig – so benötigt sie das Leben - und können sich hierdurch innerlich stabilisieren. Sie sind besser als andere und geben damit bevorzugt den Weg frei für noch größere ihres Typs, ebenfalls stabilere Moleküle - während andere wieder abgebaut werden, ja „aufgefressen“ werden, indem ihre Bestandteile von den stabileren mitverwendet werden. So kann man sich die Vorgänge in der chemischen Evolution durchaus überzeugend und in Selbstorganisation vorstellen. Jedenfalls gibt es keine bessere andere Vorstellung.

Ganz wichtig ist nun noch Folgendes: Die so auf ihre Weise regelmäßigen Nukleinsäuren und Proteine ergänzen sich frappierend. Einerseits wirken sie für ihren eigenen schrittweisen Aufbau förderlich, also „autokatalytisch". Das heißt, wenn ein Stück von ihnen bereits vorliegt, begünstigt das den weiteren Aufbau seiner selbst in demselben Typ. Andererseits „katalysieren", fördern sie ihren Aufbau gegenseitig. Dieses Phänomen ist tragend für das Leben. Doch dahin kommen wir noch. Da nun beide Molekülarten nebeneinander entstehen konnten – gemäß den vorhandenen Ausgangsstoffen – fanden sie offensichtlich zu einer Art Arbeitsgemeinschaft endgültig zueinander. Im Zuge weiterer Selbstorganisation mussten sich Gebilde ergeben haben, die eine große Eigendynamik entwickelten, allmählich geschützt durch eine nur noch teilweise durchlässige Abgrenzung zur Umwelt, also durch eine Gefäß-, eine Zellenbildung. Man mag das alles für zu fantastisch halten, aber jede andere Überlegung bislang führt in das Reich des wirklich unmöglich Erscheinenden. Es war vermutlich der Weg, den die Schöpfung nahm.

Immer wieder finden wir zum Wort Entwicklung, Evolution. „Eines Tages" muss dann eine solche Zelle mit ihren internen Reaktionsvorgängen im Sinne eines selbst organisierten Stoffwechsels – „zufällig" – einen ausreichenden Stoffbestand als recht ausgewogene Stoffsysteme erhalten haben. Sie muss eine so günstige Umgebung gefunden haben, von der sie beeinflusst, „gereizt" werden kann, dass sie dem Zustand einer ersten lebendigen Zelle nahe war. Doch was fehlte noch? Eine Zelle allein macht noch keinen „Lebensfrühling". Solche besonderen Zellen müssen sich vermehren können, identisch möglichst, sonst werden sie bald wieder durch die Gefahren der Umwelt verschwinden. Voraussetzung war überhaupt ein Informationsträger, sozusagen das geschriebene Rezept für das spezielle Reaktionsgeschehen in der Zelle und darauf für den Aufbau weiterer Zellen. Diese Rolle konnten die Nukleinsäuren übernehmen, also zu Genen werden, während die Proteine als Enzyme, als Katalysatoren, nicht nur zum eigenen Körperaufbau dienten, sondern auch die Synthese von Stoffen anderer Art zu bewerkstelligen in der Lage waren. Mit dem Augenblick, da die

Selbstreproduktion, also im Zellinneren gesteuertes Wachstum und die Vermehrung in Gang kam, ist von Leben zu sprechen. Stoffwechsel, Reizbarkeit, Wachstum und Vermehrung zeichnen das Lebendige aus, bei Mikroorganismen, bei Pflanzen, bei Tieren einschließlich des Menschen.

Noch einmal: Das klingt alles sehr fantastisch, aber es gibt keine plausible andere Vorstellung und entspricht dem Entwicklungsverhalten allen Seins. Die Wissenschaft kann bereits hinlänglich beweisen, dass es erst einfaches Leben, und dann immer komplizierteres, „höheres" Leben gab, dass also wirklich alles Zug um Zug ging. Bereits mit den Züchtungserfolgen an Pflanzen und Tieren wurden im Grunde Beweise für die biologische Evolution geliefert, die der Mensch nutzte. Die Möglichkeiten heute, durch Menschenhand in die Lebensvorgänge direkt einzugreifen, zeigen die lebenstechnischen Voraussetzungen vollends auf. Dies lässt den Schluss zu: Es muss so oder ähnlich gegangen sein, unglaublich raffiniert. Ist denn nicht das ganze Universum „raffiniert", wunderbar? Aber stets stößt man auf die uns bereits bekannten Naturgesetze und keine anderen. Und es sei wiederholt darauf hingewiesen, dies alles schließt den Schöpfergott eben nicht aus. Der praktische Weg der Schöpfung ist hier angesprochen, nichts Anderes. Allerdings hat der nichts mit dem gemein, was uralte Legenden aus vorwissenschaftlichen Frühkulturen behaupten. Diese sind den lebhaften Träumen der Menschen jener Zeiten entsprungen. Sie sind poetische Meisterwerke mit nicht unerheblicher Symbolkraft – das ist wahrlich auch eine Menge.
s. auch P05 Seite 145, P06 Seite 147 und P07 Seite 147

Fassen wir zusammen: Wir dürfen annehmen, dass das Leben in einer Vorphase, der chemischen Evolution, allmählich, aufgrund von starker Befähigung dazu und günstigen Umweltbedingungen, aus Nichtleben im Rahmen einer Selbstorganisation entstanden ist. Wenn auch der Prozeß außerordentlich kompliziert und selten ist, so reichen die vorliegenden physikalisch-chemischen Naturgesetze hierfür aus. Der heutige Mensch ist deshalb in der Lage, in die Lebensvorgänge bis in die Informationsträger, bis in die Gene hinein einzugreifen.

Leben entwickelt sich

Leben heißt also Stoffwechsel, Reizbarkeit (es reagiert auf Einflüsse von außen), Wachstum und Vermehrung bei ständigem, hochorganisiertem Stoff- und Energieaustausch mit der Umwelt, und das auf der Basis von Stoffsystemen innerhalb der biologischen Zellen. Das steht im krassen Gegensatz zum Nichtlebendigem, basiert aber auf denselben Naturgesetzen. Leben ist in unserem gigantischen Universum vermutlich selten, ein Sonderfall, aber es ist gemäß dessen Eigenschaften und Befähigung möglich. Seine Auslösung, sozusagen sein Start, ist abhängig von den Umgebungsbedingungen und ist wenig wahrscheinlich. Soviel dürfen wir sagen. Als es gestartet war, hatte es die Tendenz, sich zu verbreiten und zu immer komplizierteren Gebilden zu entwickeln, seine Umwelt für sich in Anspruch zu nehmen, sonst hätte es sich nicht erhalten können. Entscheidend für das Leben ist die Tatsache, dass sich die Nukleinsäuren und die Proteine zweckmäßig ergänzen. Die Rolle des notwendigen Informationsträgers schaffen die Nukleinsäuren mithilfe einer einfachen Sprache, eines einfachen Codes, des Genetischen Codes. Man möchte fast fragen, wie es denn auch anders sein könnte, aber verblüffend ist es doch: Mit vier leicht unterschiedlichen Molekülen, jeweils zu dreien durch chemische Bindungen aufgereiht, lassen sich insgesamt 64 Aussagen bzw. Benennungen machen. Das kann man durch systematische Kombination leicht nachprüfen. Diese Aussagen beziehen sich auf je einen von 20 unterschiedlichen Bausteinen (Aminosäuren) der Proteine und auf die Signale „Anfang der Information“ sowie „Ende der Information“. Man hat also durchschnittlich mehr als drei Aussagen, mehr als drei „Namen“ für denselben Proteinbaustein zur Verfügung, die von der Natur auch benutzt werden. Äußerst lange Ketten von Nukleinsäuren beschreiben mithilfe des Genetischen Code die zugehörigen Proteine „sequenziell“, das heißt, sie nennen „Name auf Name“ der Protein-Bausteine nacheinander. Bei der Proteinsynthese werden dann die Bausteine auch so aufgerufen und aneinander geknüpft, etwa wie ein Lehrer seine Schüler zur Reihenbildung und Handreichung aufrufen mag. Die geknüpften, synthetisierten Proteine dienen dann vor allem der Bildung weiterer Zellen – zusammen mit ihrem internen Reaktionsgeschehen - und darüber hinaus der Schaffung eines ganzen Organismus. Das Reaktionsgeschehen wiederum wird ebenfalls genetisch, also durch Nukleinsäuren, ermöglicht und gesteuert, immer mit Hilfe von Protein-Katalysatoren. Es ist faszinierend, wie sich diese beiden Supermolekül-Typen vielfältig gegenseitig bedingen und kontrollieren. Sie sind ein perfektes Team. „Intelligenter“ könnte das kaum gemacht sein. Dabei hat sich das alles über sehr lange Zeiträume nach dem Prinzip des „Versuchs und Irrtums“ allmählich entwickelt, indem Molekül-Veränderungen (Mutationen bzw. Variationen) sich hernach als günstige bewährten und beibehalten wurden oder als ungünstig zur Verwerfung des Entstandenen führten. Verändern, Prüfen, da ohne Entwicklungs-Planung meistens wieder Verwerfen – das kennen wir auch heute bei manchen Tätigkeiten.

Bei der chemischen und der biologischen Evolution ist in der Tat keine echte Zielvorgabe zu erkennen, kein geplantes Entwickeln. Vorgegeben ist lediglich die Möglichkeit, sich entwickeln zu können. In der ersten Phase der biologischen Evolution stehen Mikroorganismen, Einzeller. Später fanden sich Zellen zu Organismen zusammen, weil das Vorteile brachte für deren Weiterleben im Umfeld wachsender Konkurrenz von lebenden Zellen und schwierigen Umweltbedingungen.

Die Mikroorganismen in der frühen, sauerstofffreien Uratmosphäre mussten zur Gewinnung der für sie notwendigen Energie demnach ohne Sauerstoff auskommen, wie heute noch die so genannten Anaerobier dazu in der Lage sind. Schließlich ergaben sich Zellen, die mit dem Sonnenlicht als Energiequelle aus Kohlendioxid Sauerstoff freisetzen, die bekannte Methode der Pflanzen. Hierdurch wurde die frühe Atmosphäre der Erde allmählich total verändert bis zu ihrer heutigen Zusammensetzung aus rund einem Teil Sauerstoff und vier Teilen Stickstoff – neben noch etwas Kohlendioxid und so genannten Edelgasen. Zu den Mikroorganismen gesellten sich immer mehr Mehrzell-Organismen, deren Zellen in der Gemeinschaft unterschiedliche Aufgaben übernahmen. Während die Pflanzen das Kohlendioxid der Luft als Nahrung benutzen können, bedienen sich Tiere der Pflanzen als Nahrung. Sie nehmen durch Atmung zur Energiegewinnung Luft-Sauerstoff in ihren Körper auf und geben dafür Kohlendioxid ab: Die Freisetzung von Sauerstoff durch die Pflanzen konnte mit dessen Verbrauch durch die Tiere in der Atmosphäre ins Gleichgewicht geraten. Umgekehrt gilt das Gleiche für das Kohlendioxid.

Die biologische Evolution, die wir heute recht gut zurückverfolgen können, ergab über sehr lange Zeiträume eine unglaubliche Vielfalt von unterschiedlichen Lebewesen. Weitaus die meisten Arten von diesen, obwohl lebenstüchtig, fielen veränderten Lebensbedingungen und der Konkurrenz um Nahrung der Lebewesen untereinander zum Opfer. Vielfach zahlreicher allerdings sind die Fehlergebnisse der Evolution. In jeder Stufe eines sowohl individuellen als die ganze Population einer Art betreffenden biologischen Entwicklungsstadiums kam und kommt es zu einem Ausleseprozess, einer Selektion. Die Selektion überstehen zunächst nur die überhaupt ausreichend Lebensfähigen, danach die besser an die gerade gegebenen Umweltbedingungen Angepassten bzw. auch die Glücklicheren. Zwei ganz wesentliche Feststellungen sind zu treffen:

1. Der so extrem geschickte, gleichsam „ausgeklügelte" genetische Code ist für alle Lebewesen derselbe (es gibt allerdings einige Abweichungen, sozusagen die die Regel bestätigenden Ausnahmen). *Das zeigt die Einheitlichkeit des irdischen Lebens im Prinzip und von den frühen Lebewesen her bis hin zum Menschen. Alles Leben ist offensichtlich aus einem einzigen Ursprung heraus entstanden.* Der Mensch ist keine „Sonderschöpfung" unabhängig von den Tieren und schon garnicht sofort vollendet da gewesen.

2. Das Leben hat sich zwar zu immer komplizierteren Arten und Individuen hin entwickelt, dies aber auf einem außerordentlich verlustreichen Weg. Ein klares (End-)Ziel der Entwicklung gab (und gibt) es offensichtlich nicht. So lässt sich auch kein wirklich verbindlicher Drang etwa hin zum Menschen erkennen, ja, *dass der Mensch überhaupt entstand, könnte ebenso ein Zufall sein, wie so vieles Anderes.* Immerhin, der Mensch *konnte* entstehen und so war es vielleicht auch nach dem Willen des Schöpfers. (Dass unser gewaltiges Universum aber nur deshalb existiert, damit es Menschen geben kann, wäre sehr kühn und überheblich gedacht.)

Man darf zudem nicht übersehen, wie spät der Mensch in der biologischen Evolutionsgeschichte auftrat und erst relativ kurz existiert. Etwa vor 6 Millionen Jahren dürften sich Vormensch und Affe im Entwicklungsgang getrennt haben. Mehr als 98 % der Gene von Mensch und Schimpanse sind heute noch identisch. Außerdem dauerte es dann noch weit mehr als fünf Millionen Jahre, bis überhaupt mit uns vergleichbare wirkliche Menschen entstanden waren. Man denke an die Dinosaurier, die sage und schreibe etwa 130 Millionen Jahre lang die Welt beherrschten, bis sie vor 65 Millionen Jahre plötzlich verschwanden. Ursache des Verschwindens dürfte der Einschlag eines großen Asteroiden in den Golf von Mexiko gewesen sein, der ihre Lebensbedingungen zerstörte. Übrig blieben unter anderem die bereits vorhandenen, recht kleinen Säugetiere. Sie hatten bis dahin ein Randleben neben den Sauriern geführt. Den Säugern gereichte wohl auch zum Vorteil, dass sie ein Temperaturregelsystem im Körper entwickelt hatten. So konnten sie die durch den Asteroiden hervorgerufene lang anhaltende Abschirmung der Sonneneinstrahlung mit der Folge starker Kälte überstehen.

Also, der zufällige Einschlag eines Asteroiden machte den Weg frei für die Säugetiere und damit letztlich auch für unsere späteren Vorfahren. Dem Ereignis dürften wir unsere Existenz verdanken. Im zufälligen Einschlag des Asteroiden die planende Hand der Vorsehung zu erkennen, fällt schwer. Aber man könnte auch sagen, Gott hat genug Zeit und konnte es darauf ankommen lassen. Eine solche Argumentation ist gewiss eigenartig und etwas unbefriedigend. Immerhin, die Eigenschaften der Materie lassen nicht nur das Entstehen von Leben sondern auch das von intelligenten Lebewesen wie den Menschen zu. Irgendwie, irgendwann, bei wie auch immer verschlungenen Wegen und „solange das Klima dafür gut ist“, kann sich deshalb auch intelligentes Leben herausbilden, setzt es sich dann durch – wer weiß, wo überall noch im Universum, vermutlich aber relativ selten.

Insgesamt lässt sich zur biologischen Evolution sagen, dass sie unerhört großartig ist. Sie war bzw. ist noch möglich – halten wir es fest -, weil

die Eigenschaften des Universums Leben und die Evolution zulassen,

die Bedingungen auf dieser Erde dafür ab einer gewissen Zeit bis heute günstig waren und sind, aber auch weil

ausreichend viele Zufälle – man mag auch sagen, Vorgänge, die wie Zufälle aussehen (oder ggf. doch auch von außen passend provozierte Erbmassenänderungen) - zusammenkamen.

Dabei darf also nicht übersehen werden, wie verlustreich dieser Weg war und wie verlustreich auch heute noch jede Entwicklung eines Einzelwesens ist: So wird im Leibe einer schwangeren Frau aus den meisten Befruchtungen aufgrund natürlicher Bewertung und Umstände kein gebärfähiger Mensch, sondern ein normalerweise unbemerkter Abgang.

Wieder aber können wir sagen: Wir brauchen uns nicht zu wundern, dass wir hier auf dieser Erde sind, denn denkende Lebewesen können immer nur dort sein, wo überhaupt die Möglichkeit für ihre Existenz besteht und ausreichend viele Zufälle für ihre Entstehung zusammenkamen. „Ich denke, also bin ich" meinte seinerzeit der Philosoph. Ich möchte etwas verändert sagen: „Weil ich hier bin, kann ich denken, dass ich bin".
s. auch P07 Seite 147

Fassen wir zusammen: Die Wissenschaft hat inzwischen recht genaue Kenntnis von den Prinzipien des Lebens, vor allem von dem Informations-Code, der Aufbau und Ablauf des Lebens eines Lebewesens beschreibt. Dieser Code ist einheitlich für alle Lebewesen, einschließlich des Menschen. Wiederum von kleinen Anfängen her wurde allmählich, sehr langsam und verlustreich diese wunderbare Welt der Mikroorganismen, Pflanzen, Tiere und Menschen aufgebaut. Wenn wir Menschen uns auch gerne als Ziel und „Krone der Schöpfung" sehen, zumindest auf dieser Erde, so war der Weg zu uns offenbar keineswegs sicher vorgegeben.

Vererbung und Sexualität

Machen wir uns noch einige Gedanken über Vererbung und das Phänomen Sexualität, beides Themen, die uns Menschen wahrhaftig beschäftigen.

Ist es denn nicht erstaunlich, dass eineiige Zwillinge fast identisch aussehen, dass man Verwandtschaft allgemein am Äußeren von Personen erkennen kann, wie auch deren Eigenschaften oftmals ähnlich zu sein pflegen? Heutzutage bestätigen Analysen der DNA von verschiedenen Menschen und Tieren deren genetische Zusammengehörigkeit. Es sind also die die Erbinformation enthaltenden Nukleinsäuren, die Gene, die ein Lebewesen so umfassend bestimmen. Sie bilden bei den über die Bakterien hinaus entwikkelten Lebewesen die so genannten Kerne im Inneren der biologischen Zellen.

Diese Gene werden im Zuge einer Zellvermehrung vorher in einer Zelle verdoppelt und auf zwei Tochterzellen in gleicher Weise verteilt. So werden aus einer Zelle zwei. Findet eine Zeugung statt, gehen je die halbe Menge von Erbsubstanz der Eltern gemeinsam auf den Nachkommen über, das heißt die des Vaters vereinigt sich mit der der Mutter in der befruchteten Eizelle. Danach kann die Zellvermehrung wie vorstehend einsetzen und zum Beispiel ein Mensch entstehen. (Manchmal trennen sich die ersten Zellen völlig und ergeben eineiige Zwillinge.) Kein Mensch gleicht seinen Eltern ganz. Er hat ja auch zwei Eltern – Vater und Mutter. Warum hat er eigentlich Vater und Mutter, denn das ist keineswegs selbstverständlich? Tatsächlich soll es Fälle von „Jungfernzeugung" geben, von Parthenogenese, bei Tieren jedenfalls. In einem solchen Fall bringt eine Mutter ein Kind hervor, das wirklich keinen Vater hat. Beim so genannten Klonen von Säugetieren oder gar Menschen ist bzw. wäre das genetische Material in den Kernen der Ausgangs-Eizelle dasselbe wie das des Zellkernspenders, künstlich dort hineingebracht. (Geringe Erb-Unterschiede ergeben sich anderweitig, es sei denn, die Zellkernspenderin ist dieselbe wie die Eizellenspenderin). So kann dann das neue Lebewesen mit dem Zellkernspender innerlich und äußerlich übereinstimmen, und wie ein eineiiger Zwilling, nur erheblich jünger sein. Das geklonte Lebewesen wird männlich oder weiblich sein, je nachdem, was der Zellkernspender ist bzw. war. Vielleicht ergeben sich eines Tages neue Lebewesen aus sogen. Stammzellen von erwachsenen Tieren oder Menschen, die mit dem Stammzellspender genetisch stets völlig übereinstimmen.

Durch die Vereinigung der Keimzelle eines Vaters, der Samenzelle, mit der Keimzelle der Mutter, der Eizelle, ergab sich im Laufe der Evolution die Möglichkeit, dass sich bis dahin fremde Gene mischen und sich damit neuartiges genetisches Material, neuartige Erbmasse bildet. Deshalb sind die Nachkommen dann ihren Eltern nur noch ähnlich. Insgesamt beschleunigte sich durch diesen Vorgang die Evolution enorm, die ja darauf angewiesen ist, dass sich die Individuen auseinander entwickeln. Veränderungen der Erbmasse treten im Übrigen dann ein, wenn die Gene chemisch verändert, mutiert werden. Das mag beispielsweise durch von außen kommende Strahlung oder durch Chemikalien erfolgen. Irgendwann einmal muss sich das Mischen von etwas unterschiedlichen Keimzellen ergeben und als sehr praktisch erwiesen haben – die zwei elterlichen Vorgänger waren erfunden.

Damit es zu einer Zeugung und Befruchtung kommt, bedarf es eines Antriebes für die Väter und die Mütter. Erst der Antrieb schuf bei Tier und Mensch die Voraussetzung dafür, dass das ganze Geschehen ausreichend oft abläuft, und damit Nachkommen für die vom Tode heimgesuchten Lebewesen entstehen. Dieser Antrieb beschäftigt die Lebewesen in Gestalt des Sexualtriebes intensiv, fast ebenso intensiv wie das Bemühen um den eigenen Lebenserhalt durch die Nahrungssuche und Nahrungsaufnahme. Der Sexualtrieb ist eine unbedingte Notwendigkeit und mit Recht sehr heftig. Man muss sich umso mehr wundern, dass gerade dieser Trieb von manchen Religionen ins Zwielicht gerückt, ja „verteufelt" wird, wo er doch unbedingt notwendig für den Lebenserhalt ist und somit zu den Höhepunkten der Schöpfung gehört. Dass er auch mit den schönsten Gefühlen und bei den Menschen mit dem die Kunst so stimulierenden Hohelied der Liebe zwischen normalerweise Mann und Frau verbunden zu sein pflegt, sollten wir dankbar verzeichnen. Allerdings fordert der Trieb, um die Vermehrung zu sichern, und hat nicht die später vom menschlichen Geist gebildete ethische Kontrolle und Bewertung mitentwickelt – die Folge sind all die Probleme mit der Sexualität, die die Menschen, nicht aber die Tiere haben, die schon durch ihre Brunftzeiten gezügelt sind. Der menschliche Geist geht gegen natürliche Begrenzungen sogar noch mit der Schaffung von z. B. Viagra an, damit ihm nur nicht zu viel Vergnügen entgeht. Wenn das kein geistbedingter Unterschied zum Tier ist!
s. auch P08 Seite 161

Fassen wir zusammen: Die Basis-Information über Gestalt und vorgegebenes Verhalten eines Lebewesens ist in den Genen festgelegt. Aufgrund dieser Programme wächst jedes einzelne Lebewesen heran (wobei dann selbstverständlich Umgebungseinwirkungen, Ernährung etc. mitspielen). In der Zell-Vermehrung müssen diese Programme verdoppelt und weitergegeben werden. Dabei entstehen echte Zell-Duplikate. Bei der Einleitung der individuellen Vermehrung erfolgt in der Regel eine Zeugung und Befruchtung, indem männliche und weibliche elterliche Keimzellen sich vereinigen und ihre Gene mischen. Daraus gehen dann gegenüber den Eltern etwas veränderte Nachkommen hervor. Die Befruchtung stellt einen Fortschritt in der Evolution dar, weil sie dadurch beschleunigt wird. Der Sexualtrieb ist der notwendige Antrieb für Zeugung und Befruchtung.

Erbmasse, Nerven, Gehirn als Informationssysteme

Information ist all das, was einen Empfänger zu einem bestimmten Verhalten – auch in Form von Wissensvermehrung und Wissenseinarbeitung - veranlasst. Informationsspeicherung ist dabei ein Problem materieller Trägerschaft, so als Zeichen bzw. allgemein Eigenschaftsmuster, als Prägungen, als molekulare Strukturabfolge und dergleichen. Der Informationswert einer Aussage ist immer nur so hoch, wie er vom Empfänger verstanden werden kann. Es ist deshalb nicht richtig, einen absoluten Informationswert formelmäßig anzugeben. Wer z. B. die chinesischen Schriftzeichen nicht versteht, kann aus ihnen keine Information entnehmen. Die direkteste Informationsübertragung erfolgt durch unmittelbaren Kontakt des Informationsgebers mit dem Empfänger, wie in der lebenden Zelle, anderenfalls durch einen der Ausgangsstruktur entsprechend variablen Energie- und Substanzstrom wie bei einer akustischen Informationsweitergabe durch Sprechen über die Luft, durch Aufnehmen von Lichtzeichen und Bildern über die Augen. Damit ist eigentlich schon das Wesentliche gesagt. Auf diese Weise verläuft es in der Natur und bei allen technischen und wissenschaftlichen Errungenschaften.

Für die Lebewesen ist jede Information über das Zellgeschehen in der Erbmasse festgelegt, wird dort ständig abgelesen und bestimmt vor allem das biochemische Reaktionsverhalten der Proteine, der Eiweißkörper. Großartig, wie planmäßig sich die Vermehrung der Zellen abspielt und wie diese sich im Verbund der Organismen dieser Gesamtheit unterordnen. Während jede neu hergestellte Zelle an sich zunächst ein Duplikat der ersten befruchteten Eizelle ist, übernimmt sie sehr bald eigenständige Aufgaben und Rollen im Gesamtorganismus, der sich zum Beispiel zu einem Tier auswächst. Dabei behalten die Zellen die ursprüngliche Information bei, verhalten sich aber, als hätten sie eine ganz andere Information, das heißt, sie differenzieren sich. Ein Vergleich ist eine

Volksmasse aus mit einander verwandten Menschen, die dem Volksganzen unterschiedlich dienlich sind. Bei den Zellen geht es soweit, dass sie schlicht mitunter „bereit“ sind, ihr Leben aufzugeben und zum Beispiel schützende Oberhaut und Nägel werden. (Auch Menschen sind ja manchmal bereit, ihr Leben für die Gemeinschaft zu opfern.) Allerdings kommt es bekanntlich vor, dass Zellen ihre Aufgabe im Organismus (alles natürlich unbewusst) verleugnen und unkontrolliert ihre eigenen Wege gehen – sie bilden die bösartigen Tumore, die zum Zusammenbruch des Gesamtorganismus führen. Manchmal enthalten bösartige Tumore regelrecht neu gebildete Körperteile, zum Beispiel auch Haare und Zähne, obwohl ihre Ausgangs-Zellen damit vorher nichts zu tun hatten.

Da jede ausreichend intakte Körperzelle noch die Gesamtinformation der Erbmasse enthält, ist das Klonen möglich, also die Entwicklung eines neuen Teil- oder Gesamtorganismus aus den Genen einer solchen Köperzelle. Im Tierreich können verlorene größere Körperteile in einigen Fällen „planmäßig“ ersetzt werden. Der Mensch ist dabei, solche Verfahren grundsätzlich therapeutisch zu ermöglichen. Das sind keine Wunder, denn sie entsprechen letztlich den Prinzipien des Lebendigen. Bei den Pflanzen ist es bekanntlich durchaus verbreitet möglich, durch das Bewässern eines abgebrochenen Stängels Wurzelbildung anzuregen aus ursprünglich Nichtwurzelzellen. Man denke auch an das Ablegerbilden von Pflanzen. Bei bestimmten Tierarten gibt es Teilungen der Organismen und Ausbildung von „Tierstöcken“, also wiederum Vermehrungen ohne Weg über die Keimzellen.

Zwischenbemerkung: Die Möglichkeit des Klonens besagt nichts weniger, als dass wir in unserem Körper eine große Zahl von möglichen Zwillingen von uns selber enthalten haben, die durch das Klonen oder vielleicht direkt aus Stammzellen gleichsam zum persönlichen Leben „erweckt“ werden könnten. Ein aufregender Gedanke.

Betrachtet man einen Tierkörper, so muss man sich fragen, was erfahren denn die einzelnen Zellen, zum Beispiel in einem Bein, über den ganzen Körper, so während des Wachstums als auch anschließend. Gewiss, sie tragen den Gesamtbauplan selber in sich und haben ihre spezielle Aufgabe übernommen, die sie meistens auch getreulich und gemäß Hormon- und Nahrungszufuhr ausführen. Dabei können sie gestört werden, wie seinerzeit die Contergan-Katastrophe so schrecklich deutlich machte: Die Chemikalie behinderte beim Fötus im Mutterleib die Ausbildung insbesondere der Arme. Der wachsende Organismus war dem hilflos ausgeliefert. Eine Gegensteuerung oder gar Reparatur war nicht möglich, weil der äußere Eingriff zu unvermittelt kam und sich keine eventuelle evolutionäre Abwehrentwicklung über den dann notwendigen langen Zeitraum hatte herausbilden können. Das ist jedoch der Fall bei infektiösen Angriffen von Bakterien und Viren: Die großen Organismen erfanden den sicher über die Jahrmillionen verlustreichen Weg, Abwehr zu schaffen - das Immunsystem im Blutkreislauf. Auch heute noch ist das die beste Möglichkeit, eine Tier- oder Menschenpopulation zu erhalten, selbst wenn eine Epidemie über sie hinwegfegt. Sogar gegen Aids sind manche Menschen immun, wie sich herausgestellt hat. Sie würden die Menschheit erhalten, indem sie ihren Nachkommen ihre Stabilität weiterreichen, während ihre weniger begünstigten Mitmenschen wegsterben, falls Medizin und Hygienemaßnahmen nicht doch ausreichend Erfolg haben. Selbst die Pest des Mittelalters überstand die Bevölkerung Europas, wenn auch bei einer Verlustrate von teilweise bis zu 80 %. Ganze Dörfer starben damals aus und verfielen. Unsere direkten Vorfahren überlebten.

Blutkreislauf und das Lymphsystem bewirken ja im tierischen Organismus den Zu- und Abtransport der Stoffe, die die Zellen benötigen und wieder loswerden wollen. Das verbindet sie denn auch. Ein direkter, vorwiegend elektrischer Nachrichtenverbund entstand durch die Nervensysteme, die im Zentralnervensystem zusammenlaufen. Dabei ist das Gehirn im tierischen Körper die Stelle, in der die gemeldeten Informationen „verarbeitet“ werden und Rückmeldungen auslösen. So wird eine bedrohliche Hitzeentwicklung in einem Finger gemeldet und der Befehl ausgelöst, den Finger zurückzuziehen, wenn er einer Flamme zu nahe kam. Die unvermeidliche Zeitverzögerung durch den zweifachen Nachrichtenfluss (hin und zurück) hat bekanntlich unangenehme Folgen. Zum Glück erfolgt diese Art Nachrichtenverarbeitung im Allgemeinen sehr spontan und muss nicht erst groß überlegt werden.

Das Zusammenströmen der Informationen im Gehirn über das, was im Tierkörper abläuft und von außen über die Sinnesorgane aufgenommen wird, hatte nun eine entscheidende Auswirkung:

Die Summe aller Informationen führte zu einer verbundenen, vernetzten Informationsspeicherung. Wenn der Hitzeschmerz im Finger im Gehirn ankommt und das Zurückzucken des Fingers ausgelöst ist, bleibt die Erinnerung daran nicht nur an den Schmerz, sondern auch an den Erfolg oder Misserfolg des Zurückzuckens. Von da an weiß das Gehirn, was geschehen war. Hatte das Zurückzucken nicht den Erfolg, dass die Gefahr ohne böse Nachwirkungen schnell beseitigt war, so zieht das Gehirn Konsequenzen, zum Beispiel, mit dem Feuer künftig wesentlich vorsichtiger umzugehen. „Gebranntes Kind scheut das Feuer!" Das Gehirn lernt also aus dem Misserfolg. Das war etwas ganz Neues in der Evolution. Bis dahin – ohne Gehirn - lernte die Evolution nur aus einem Erfolg, denn der Misserfolg selektierte „brutal" aus und ließ keine Erfahrung zurück.

Das Gehirn bekam bei den Tieren eine ganz hervorragende Bedeutung und führte zu einem regelrecht revolutionären weiteren Fortschritt der Evolution, indem das Tier nicht nur das Lernen lernte, sondern auch das Planen lernte. Im Gehirn entsteht die innere, irreale Welt des Tieres, dann insbesondere des Menschen, die zwar von der realen, äußeren abgeleitet ist und von dort ständig beeinflusst wird, aber dennoch eigenständig ist. Wesentlich dabei ist, dass die äußeren Eindrücke 1. Als „Muster" aufgenommen werden und 2. dass diese Muster einer Verarbeitung im Gehirn unterliegen. Muster bedeutet, gleichzeitige Informationen werden nicht – wie bei heutigen Computern – Punkt für Punkt und Zeile für Zeile zerlegt und nacheinander, sequenziell, aufgenommen, sondern in allen Eindrücken nebeneinander, sozusagen als ganzes Bild bei gewahrtem Zusammenhang. Verarbeitung wiederum bedeutet: Verallgemeinerung und Vergleich mit bereits im Gehirn gespeicherten Informationen, mit denen, wenn sie passen, Verknüpfungen hergestellt werden. Beispiel: Wir sehen einen bislang uns unbekannten Menschen. Flugs fällt uns auf, dass dieser einem bereits – eventuell vor langer Zeit – bekannten Menschen ähnelt. Womöglich hatten wir schlechte Erfahrungen mit diesem gemacht, die uns ebenfalls einfallen, sodass wir jetzt unter Umständen den neuerdings kennengelernten Menschen zunächst in diesem Lichte betrachten. Er könnte ja verwandt mit jenem, vielleicht auch von demselben Charakter sein. Solche Vorstellungen mögen sogar unbewusst, dennoch als spontane Sympathien und Antipathien wirksam sein. Gerade Informationen, die in unserem Denken nicht

mehr leicht zugänglich sind, weil sie inzwischen durch viele andere Informationen verdeckt und scheinbar „vergessen“ sind, gegebenenfalls als unangenehm verdrängt wurden oder nie richtig gesehen, aber dennoch vom Gehirn aufgenommen wurden – eben das Problem des Un- und Unterbewussten –, gerade solche Informationen können uns also sehr bestimmen und zu manchen uns selbst überraschende Handlungen veranlassen. Überhaupt ist unser Denken mit unserem Gefühlsleben eng verbunden. Ständig lösen neue Informationen nämlich starke oder schwache Körperreaktionen aus, nicht nur äußerlich etwa in der Gestik sichtbare, sondern innere „physiologische“ – z. B. Herzklopfen, Übelkeit, frohe Stimmung – die über das Gehirn ebenfalls zusammen mit den äußeren Eindrücken verknüpft und gespeichert bleiben. Unser Denken ist physiologisch und gefühlsmäßig kontrolliert, das heißt, es löst nicht nur Körperreaktionen aus, sondern wird im Gegenzug davon beeinflusst. Besonders frappierend ist das in der Tat bei den Lust- und Abscheugefühl festzustellen.
s. auch P09 Seite 166, P10 Seite 168

Fassen wir zusammen: Alle Abläufe in den Zellen und im Gesamtorganismus der Lebewesen sind abhängig von Informationen darüber, wie sie erfolgen sollen. Das gilt für das Heranwachsen der Zellen und des Gesamtorganismus, sei es der Mikroorganismen, Pflanzen oder Tiere, somit auch der Menschen, deren Vermehrung und die Unterhaltung ihrer Existenz. Dazu dienen die gespeicherten Informationen in den Erbanlagen, sowie bei Tier und Mensch die Nerven- und Hirnsysteme zur Aufnahme, Weiterleitung und Verarbeitung von neuen Informationen, internen und externen und für das Reaktionsverhalten. Mit den Hirnsystemen hat die Evolution Lern- und Planungssysteme entwickelt und damit eine neue Qualität erreicht. Die Gehirne schaffen eine für die Lebewesen innere Welt, die beim Menschen ein besonders großes Ausmaß eingenommen hat. Während ein Gehirn die Außen-Informationen im Verbund als Muster aufnimmt und verarbeitet, werden diese auch mit Körperreaktionen gekoppelt und damit gefühlsgebunden.

Die Menschheit entsteht

Von der Fachwelt wird inzwischen als sicher angenommen, dass unsere Vorfahren aus Afrika stammen und sich dort aus dem Tierreich im Zuge der biologischen Evolution herausentwickelt haben. Deren Nachkommen verbreiteten sich über die Welt. Mindestens zwei Menschentypen ergaben sich zuletzt: die Neandertaler (Homo sapiens neandertalensis) und die Homo Sapiens-Menschen, die zeitweise und noch vor 35 000 Jahren nebeneinander lebten. Die Neandertaler sind verschwunden. Die Frage bleibt, ob sie ausstarben – was nach neusten Vorstellungen wahrscheinlicher ist - oder sich wenigstens teilweise mit dem Homo sapiens vermischten, falls das überhaupt möglich war. Jedenfalls werden wir heutigen Menschen dem Homo sapiens zugerechnet – Menschen, die bereits seit Jahrzehntausenden unser geistiges Niveau erreicht hatten. Der Homo sapiens teilte sich je nach geografischer Beheimatung in die heute zu verzeichnenden Groß-Ethnien auf (grob bekanntlich in „Weiße", „Gelbe" und „Schwarze" eingeteilt), die sich weder geistig noch organisch, aber in ihrem äußerlichen Erscheinungsbild, insbesondere der Hautfarbe, deutlich unterscheiden. In unserer Zeit der großen Mobilität findet dagegen ja eine rasante Vermischung der Menschen statt, sodass es immer mehr diesbezügliche Mischlinge gibt. Vielleicht verschwinden so mit der Zeit die ethnischen Unterschiede.

Ursprünglich zogen die Menschen in familiären Gruppen durch die Lande, wie heute noch manche Nomaden. Erst vor wenigen tausend Jahren wurden Teile der Menschheit sesshafte Ackerbauer und schließlich Städtegründer. Damit waren die Voraussetzungen geschaffen für einen kulturellen Aufstieg, dessen Geschwindigkeit in der historischen, uns durch schriftliche Berichte besser bekannten Zeit, immer schneller wurde. Gleichzeitig vermehrten sich die Menschen im Verhältnis zu anderen höher klassifizierten Lebewesen (z. B. die Affen) übermäßig und beherrschen schließlich heute die Biosphäre, ja schicken sich sogar an, sich außerhalb der Erde niederzulassen. Denn die Menschen erwiesen sich als sehr anpassungsfähig und erfindungsreich in den unterschiedlichsten Lebensräumen. Heute schaffen wir mithilfe der Technik das Überleben im luftleeren Weltraum und auf anderen Himmelskörpern.

Innere Ordnung finden solche Gruppen durch geburtsbedingte patriarchalische oder matriarchalische Strukturen, wie man es schon besonders gut bei den menschenähnlichsten, den Primat-Tieren studieren kann. Es können sich auch starke anderweitige Führungsnaturen oder Ersatzeltern ergeben. In solchen Strukturen findet das Individuum seinen Platz und in der Regel sein Auskommen und seine Sicherheit. Es ist dann auch bereit, zum Erhalt dieser Struktur in Kämpfen beizutragen, ja in Vorteilswahrnehmung für die Gruppe auch Angriffe und Eroberungen mitzumachen. Bei den Menschen hat sich das noch auf größere Verbände ausgedehnt. Die mehr oder weniger sesshaften Verbände wurden zu Völkern und Staaten. Das hierarchische Prinzip schlug dabei so gut wie immer durch, weil nur damit dann noch die notwendige Ordnung und Sicherheit zu schaffen war. Interessant ist die Aussage im Alten Testament, dass das Volk nach einem König verlangte. Bei den Staatsstrukturen ist der Abstand zwischen oben und unten groß, die ursprüngliche Familienstruktur war und ist dagegen übersichtlich und auch von der natürlichen Liebe, die Eltern- / Kind- usw. Beziehung mitbestimmt. Wir kommen darauf zurück.

Wenn man das emotionale Verhalten der Menschen im Vergleich zu Tieren studiert, fallen Unmengen an Ähnlichkeiten auf. Das ist auch zu erwarten, stellt man die biologische Evolution in Rechnung. Zwar hat der Mensch Verstand, Vernunft und logisches Denken entwickelt, wird aber letztlich doch von seinen Emotionen bestimmt. Die schönsten und hehren seiner Emotionen sind gewiss die Eltern / Kind- und die Partnerliebe, so ziemlich die schwierigsten sind der Drang zum eigenen Überleben, die sexuelle Begierde und dann die allgemeine Vorteilswahrnehmung, aber auch Abneigungen bis hin zum Hass. Zieht man diese Emotionen in all ihrer Stärke in Betracht, so hat man schon die Möglichkeit, Glück und Elend der Menschheit zu verstehen. Es sind Begleiterscheinungen des Lebens, in der Tat evolutionsbedingt, auch bei den Tieren feststellbar, die doch schon lange, lange vor dem Menschen existierten. Das „Gute“ wie das „Böse“ können also keineswegs oder wenigstens nicht in ihrem vollen Ausmaß erst durch Menschen in die Welt gekommen sein, sondern der Mensch mit seinem Geist trifft diese Unterscheidung. Das Böse wird deshalb auch nicht ausrottbar sein. In kritischen Momenten erkennt man immer wieder, wie alle Vernunft „zum Teufel geht“ und oft „ohne Sinn und Verstand“ reagiert wird. Es ist gewiss richtig, dem Tier keine Boshaftigkeit

anzulasten. Bei den Haustieren lässt sich allerdings schon feststellen, wie sie erlaubte und verbotene Handlungsweisen entsprechend wahrnehmen. Die Unzahl und Schwere menschenmöglicher Verbrechen, die Fähigkeit, ganze Völkerschaften mit offensichtlicher Wonne zu quälen und gar auszurotten, bedarf anscheinend des Intellektes des Menschen. Auch hat wohl kein Tier eine Vorstellung von einer eventuellen transzendenten Welt mit eventuell einem über allem stehenden Gott als einer unverlierbaren, ewigen und allmächtigen Vater- oder Mutter-Person oder beides zugleich.
s. auch P08 Seite 161 und P11 Seite 170

Fassen wir zusammen: Da sich gemäß der Evolutionstheorie die Menschen aus dem Tierreich herausentwickelt haben, musste es einen Zeitraum und eine Gegend der Erde gegeben haben, wo sie sich von ihren tierisch verbliebenen Verwandten lösten. Das fand ziemlich sicher in Afrika statt. Mindestens zwei Arten von Menschen entstanden, die Homo sapiens, unsere direkten Vorfahren, und die Neandertaler, die sich über die Erde verbreiteten und sich als enorm anpassungsfähig an unterschiedliche Lebensbedingungen erwiesen. Die Neandertaler sind verschwunden. Der Homo sapiens, schon lange geistig auf unserem Niveau, entwickelte äußerliche Unterschiede je nach der Gegend der Erde, in der er lebte. Nachdem er zu Völkerschaften angewachsen war, kam es – allerdings erst vor wenigen tausend Jahren - zur Städtebildung, zum Beginn menschlichen Kulturschaffens, verbunden mit der Entstehung von Religionen, und schließlich zu Staatsgründungen mit ausgefeilter interner Organisation. Der Fortschritt in den technischen Fertigkeiten beschleunigte sich immer mehr. Heute greift der Mensch über die Erde hinaus nach anderen Himmelskörpern.

Tod und Leid sind mit dem Leben verbunden

Nach dem von Charles Darwin erkannten Prinzip von Mutation (heute besser gesagt: Variation) und Selektion bei der biologischen Evolution hat sich also das Leben in seiner ganzen unglaublichen Vielfalt herausgebildet. Es ist zudem verständlich, dass die Einzelwesen, die Individuen, selbst wenn sie lebensfähige Ergebnisse der Evolution darstellen, auch ihren Tod zu sterben haben. Denn würden sie das nicht, hätte die Evolution nicht fortfahren können. Sie wäre an sich selbst erstickt - und *uns Menschen gäbe es gar-*

nicht. Der eigentliche Grund für den sicheren Tod aller, auch der gesunden Individuen, ist jedoch der, dass die natürlichen Zellvorgänge im Verband der Organismen nicht die Fähigkeit haben, endlos jugendlich zu bleiben, um zeitlos zu funktionieren. Zu den Alterungsvorgängen und Krankheiten als Todesursachen kommen die allgegenwärtigen Umweltgefahren einschließlich dessen, dass sich die Lebewesen gegenseitig als Nahrung dienen: Die Pflanzen dienen notwendiger Weise den Tieren als Nahrung und diese verspeisen sich untereinander, soweit sie nicht Vegetarier sind. Die Knappheit der Nahrung, die Notwendigkeit von Licht und Wasser, um die gestritten wird, schafft Sieger und Besiegte. Wer einmal durch einen Urwald ging und sah, wie die hohen Bäume den kleineren das Licht wegnehmen, der weiß spätestens dann, was Lebenskampf bedeutet, auch wenn er das bisher in einer scheinbar gesicherten Existenz nicht so wahrhaben wollte. Grausamer erfährt man den Tod beim Anblick von Unfall- oder Kriegsopfern. Wie heißt es doch: Leben ist lebensgefährlich. Der Tod ist unser Begleiter, er ist unvermeidlich und muss es immer gewesen sein, weil er eben eine Bedingung der Evolution ist. Der Tod ist damit etwas ganz Natürliches. Er kann keinesfalls als nachträgliches Unheil über die Lebewesen gekommen sein. Nicht etwa Aufsässigkeit gegenüber Gott hat also dem Menschen den Tod und die Last von Krankheiten eingebracht, nicht Sündhaftigkeit. Er muss vielmehr sterben, weil er ein unentrinnbarer Teil der Natur ist, in der das Sterben dazu gehört. Gegen dieses Prinzip ist kein „Kraut gewachsen“ und - „das Sterben hat noch jeder geschafft“. Gerade schlichte, insbesondere naturverbundene Menschen schicken sich in der Regel ohne besondere Schwierigkeiten in dieses ihr Schicksal. Dem gebrechlichen Alten, dem Leidenden, dem Geschundenen vermag der Tod, wie wir wissen, sogar Erlösung sein. Ist es nicht der durch seinen Geist im Selbstgefühl überzogene Mensch, der sich so vehement gegen die Tatsache des Sterbens wehrt, sie nicht wahrhaben will, krampfhaft Auswege sucht? Schließlich aber schlägt jedem die Stunde, jedermann. Vielleicht das Einzige, was auf dieser Erde wirklich gerecht ist.

Nun müssen wir aber auch noch etwas ganz Wichtiges und bereits Angedeutetes erwähnen: In der Art, wie sich die Evolution vollzog, erwarben sich die obsiegenden Lebewesen eine Eigenschaft, die gerade uns Menschen so viel zu schaffen macht: *die Vorteilswahrnehmung der Individuen.* Die großen Bäume im genanten Urwald „zieren“ sich ja nicht, den kleineren das Licht wegzunehmen, sie nehmen schlichtweg ihren Vorteil, größer zu sein, wahr. Überall wird ein Vorteil in der Natur selbstverständlich ausgenutzt, und sei der Vorteil auch noch so „unverdient“, reiner Zufall, reines Glück. Dem Vorteil steht der Nachteil gegenüber, dem Sieger steht der Besiegte, dem Glücklichen der Unglückliche, der gegebenenfalls Leidende gegenüber. Dem Menschen allein ist es vorbehalten, dies zu sehen und eine Ethik zu entwickeln, die seinen „bösen“ Neigungen Riegel setzt. Darauf werden wir noch ausführlicher zu sprechen kommen.

Jede lebende Zelle, jedes Einzelwesens als Organisationsform vieler Zellen, ist einmalig, unbeschadet dessen, dass es das alles in einer nicht nennbaren, enormen Anzahl gibt. Dabei ist die Entstehung bereits einer einzigen neuen lebenden Zelle, aber noch viel mehr eines Einzelwesens aus vielen Zellen, ein unerhört komplizierter Vorgang. Wir müssen uns staunend fragen, wie so etwas, ja, wie man selber entstehen konnte und wie so etwas überhaupt vor sich gehen kann, immer wieder aufs Neue. Man vermag dabei in der Tat den Hauch des Übernatürlichen als Dirigent und Wächter solcher Vorgänge spüren – um dennoch dann wieder eine Enttäuschung zu erfahren: Das einmalige Produkt ist keineswegs als ein gezieltes, ständig behütetes Werk zu erkennen. Nein, schnöder Zufall und eine Welle von tödlichen Gefahren begleiteten es auf seinem Entstehungsweg, sodass nur jeweils ein besonderer, wenn auch doch wieder sich zahlreich wiederholender Glücksfall das Lebewesen mit der Geburt zunächst „fertig“ hervorbringt – um es danach erneut allen Gefahren der Welt auszusetzen.

Betrachten wir die Entstehung und Entwicklung des Menschen, wenn auch unvermeidlich nur oberflächlich. Da ist dieser Schwarm von vielen, vielen Spermien, der im Zeugungsakt dem Mann entströmt und im Leib der Frau auf die entgegenkommende Eizelle zueilt. So jedenfalls im Normalfall. Die Spermien nehmen keine Notiz davon, ob Wunsch und Wille der beiden beteiligten Menschen zu einer Zeugung vorliegen, oder allein die beiderseitige Lust bestimmt oder gar Gewalt angetan wird. Wenn gerade alles biologisch zu einander passt, kann eines der vielen Spermien sein Ziel erreichen – während die anderen, obwohl ebenfalls durchaus Lebewesen in Spermiengestalt, zugrunde gehen müssen. Ihre Vielzahl war nur dafür nützlich, die Wahrscheinlichkeit einer

Befruchtung zu verbessern. Man kann nicht darum herumreden: Es ist offensichtlich reiner Zufall, welches Spermium die Eizelle befruchtet – auch dann noch, sollte die Eizelle einer gewissen Auswahlmöglichkeit haben - das heißt, es wird ebenfalls reiner Zufall sein, dass wir daraus hervorgehen. Das ist so, selbst wenn wir dann vielleicht meinen, nicht nur einmalig zu sein, das sind wir tatsächlich, sondern auch ganz persönlich allerhöchstem Plan zu entsprechen.

Die Evolution hat bereits recht frühzeitig bei den Tieren die wesentlichen Grundlagen von Zentralnervensystemen entwickelt und sie beibehalten, bis hin zum menschlichen Gehirn. Dieses schließlich überragt alle Tiergehirne durch die Vielzahl seiner Gehirnstrukturen, während die anderen Organe keineswegs den Menschen derart außergewöhnlich machen. Zwar haben wir die Anlage zu der so wichtigen Sprachfähigkeit wie kein anderes Tier, unsere Hände sind besonders feingliedrig und geschickt anwendbar, aber wir sehen nicht so gut wie ein Adler, hören nicht so gut wie scheues Wild, riechen nicht so gut wie ein Hund. Entscheidend ist nun einmal die herausragende Denkfähigkeit unseres Gehirns, wodurch wir die genannten Benachteiligungen nicht nur ausgleichen können. Vielmehr wurde der Mensch im Laufe der Zeit, allerdings erst nach sehr langer Zeit, zum überlegenen Herrn zumindest der Großtierwelt. Entscheidend dabei war die Fähigkeit unserer Vorfahren, immer wirksamere Werkzeuge zu entwickeln, vor allem Waffen, mit denen Tiere gefangen und erlegt werden, und mit denen die relativ geringen Körperkräfte des Menschen kompensiert werden konnten. Hinzu kam die wesentlich bessere Kommunikationsfähigkeit der frühen Menschen gegenüber den Tieren, durch die sie gemeinsam handelnde Gruppen zu bilden in der Lage waren, weit besser als auch diejenigen Tiere, die wie die Wölfe in Rudeln jagen. Sprachentwicklung und Werkzeugschaffung dürften das Geheimnis der aufkommenden menschlichen Überlegenheit gewesen sein. Hinzu kam die Nutzung des Feuers, eine in der Tierwelt ja nirgendwo und auch nicht ansatzweise anzutreffende Fähigkeit. Kein Wunder, dass die griechische Mythologie dem Göttergesellen Prometheus zuschreibt, das Feuer widerrechtlich dem Menschen in die Hand gegeben zu haben, wofür er vom obersten Gott Zeus schwer bestraft worden sei.

Hirn und Hand machten den Menschen zu dem, was wir heute sind. Aber Tod und Leid müssen wir hinnehmen, auch wenn unser Hirn mit der Zeit womöglich doch das Leid deutlicher als bisher vermindern kann – soweit nicht neues Leid von ebensolchen Hirnen ausgelöst wird.

Dem Lebenskampf entgehen wir dabei wahrscheinlich nie, und noch nicht ist entschieden, ob beispielsweise die Mikroorganismen zum Ende nicht doch mächtiger sind als wir Menschen mit allen Waffen der Heilkunst.
s. auch P11 Seite 170

Fassen wir zusammen: Der Mensch ist wie das Tier den Prinzipien der Evolution unterworfen. Ein besonders wichtiges Prinzip ist das der Vorteilswahrnehmung der Individuen. Das schafft die Situation eines Lebenskampfes mit Siegern und Besiegten. Außerdem sind die Lebewesen mit höherer Zellorganisation Alterungsprozessen unterworfen, sowie unvollkommen in ihrer Lebensstabilität und damit Krankheiten ausgesetzt. All das bedingte Leid und Tod für die Lebewesen. Andererseits ist der Tod notwendig für den Fortgang der Evolution, die sonst an sich selber erstickt wäre, und ist somit etwas „Natürliches“.

Teil 2: Der menschliche Geist in Leistung und Fehlleistung

Bewusstsein und freier Wille

Dass das Universum als Ganzes sich selber begreifen kann, darf man ausschließen. Sonne, Mond und Sterne, die Galaxien, die galaktischen Nebel werden bestimmt nicht denken können, nicht wie ein Mensch, noch nicht einmal wie ein Tier. Das Universum ist kein Organismus mit einem Informationszentrum, kein Lebewesen.

Sich selber etwa zu begreifen, jedenfalls sich seines eigenen Selbst bewusst zu sein, ist für uns Menschen das zentrale Empfinden unseres Menschseins. Was aber ist denn Bewusstsein, besser gesagt Eigenbewusstsein?

Unser Gehirn ist durch die verschiedenen Sinnesorgane mit der Außenwelt verbunden, das heißt also, Informationen werden ihm getrennt zugespielt über Sehen, Hören, Fühlen, Schmecken, Riechen. Eventuell erreichen es aber auch direkte Gedanken-Informationen in der Telepathie, jedenfalls bei entsprechend empfänglichen Menschen. In welcher Weise die uns umspülende Flut von elektromagnetischen Strahlungen das Gehirn beeinflussen, sei dahingestellt, von anderen Dingen, die behauptet werden, nicht zu sprechen. Das Gehirn nimmt aber die unterschiedlichen Informationen nicht nur einzeln für sich auf, sondern, wie bereits diskutiert, als „Muster" im Zusammenhang – ein wesentlicher Unterschied zu den gegenwärtigen Computern, die nur Zeichen für Zeichen „sequenziell", also hintereinander aufnehmen. Der Zusammenhang bleibt im gesunden Gehirn gewahrt und gespeichert. Beispielsweise besteht das Erleben eines Blitzes zumindest aus dem, was uns das Auge vermittelt und, in der Regel mit zeitlicher Verzögerung, das Ohr, das den Donner hört. Eventueller Brandgeruch mag sich bei nahem Einschlag ergeben. Die momentane Gefühlslage und weitere spontane Eindrücke spielen mit. Dies alles wird verallgemeinert und in Verbindung gebracht mit vorliegenden Informationen aus bereits vormals gewonnenem sowie „angeborenem" Wissen. Das löst bestimmte Verhaltensweisen und Körperreaktionen aus, die von Mensch zu Mensch unterschiedlich sind. Vordergründig ergeben sich dann normalerweise Angst und Schrecken, verbunden mit Schweißausbrüchen und hektischer Schutzsuche. Martin Luther war seinerzeit von einem Blitzeinschlag nahe ihm derart beeindruckt, dass er „blitzartig" seine Lebensplanung entscheidend veränderte. Er sah in der lebensbedrohlich empfundenen Wetterlage aufgrund seiner religiösen Erziehung ein Zeichen Gottes. So wurde er Mönch und veränderte später als Reformator die Welt. Wer will, kann jenen Blitz, der so gut ins Bild passt, wahrhaftig mystisch deuten.

Zwischenbemerkung: Ich selber erlebte im fahrenden Auto mit meinen beiden Kindern einen kleinen Blitzeinschlag neben dem Wagen. Gerd, erst fünf Jahre alt, reagierte mit Begeisterung, Elfi, drei Jahre älter, zeigte leichte Ängste und ich selber fühlte mich im „Faradayschen Käfig" des Autos sicher genug, um das Erlebnis eher ästhetisch aufzunehmen. Das Ganze kam zudem nicht überraschend, weil wir in einem Gewitter mit heftigem Regen und Sturm während eines Urlaubs durch Cortina d'Ampezzo fuhren. Alle unsere Reaktionen wurden durch unsere Gehirne eigenständig und unterschiedlich interpretiert, je nach unserem Vorwissen. Wahrscheinlich half den Kindern das Vertrauen in den väterlichen Schutz. Vielleicht war nicht unwichtig, dass wir in der schönen Gegend und durch die Urlaubsstimmung heiteren Gemütes waren, trotz des Gewitters. Zudem wurden wir durch das alles um eine „Erfahrung" reicher.

Das Gehirn formt so unser Eigenbewusstsein, wobei wir aus uns selbst über uns selbst nachdenken. Jeder Mensch hat damit seine eigene Welt, die ihm sein Gehirn vermittelt. Diese Welt „in uns" ist allerdings nicht die „wirkliche" Welt, sie ist eben „unsere eigene Welt". Mit unserem Tod, mit der Zerstörung unseres eigenen Bewusstseins geht unsere Welt unter, jedoch nicht die wirkliche Welt, die wir garnicht ausreichend kennen können, von der wir nur Teile erfahren, gerade so, dass wir uns einigermaßen zurechtfinden. Nachdem der Mensch aber immer tief greifender in die wirkliche Welt einwirken kann, muss er auch einsehen, dass er Verantwortung für sein Tun hat. Leider meint so mancher Bösewicht, er könne sich alles leisten, auch das Schrecklichste für andere, weil er sich durch ein wenig Gift schnell davonstehlen könnte. Andere wieder quält die Angst vor einem göttlichen Richter oder der Strafe des Schicksals, während umgekehrt die zu Lebzeiten Geschädigten auf ausgleichende Gerechtigkeit im Nachhinein hoffen.

Eigenbewusstsein wird also davon bestimmt, was das Gehirn auf der Basis all seiner vorliegenden und verarbeiteten Informationen an Lebensgefühl produziert. Es schafft für uns ein „Innenleben", das vom „Außenleben" gefüttert wird, aber auch schon Informationen genetisch mitbekommt. Das wird deutlich am Verhalten von neugeborenen Menschen und Tieren, die bereits in manchen Dingen „wissen", was sie zu tun haben, ohne es gezeigt zu bekommen, ohne lernen zu müssen, und das in vergleichbarer Weise bei allen Neugeborenen derselben Art. Das Innenleben, eventuell völlig losgelöst vom Außenleben, ist eine fiktive Welt, ist im Schlaf eine Traumwelt. Es zeigt auf, wie das Gehirn seine gespeicherte Information weiterverwendet. Nicht selten wacht jemand auf, und hat für ein im Wachzustand vorher ungelöstes schwieriges Problem die Lösung parat. Traumdeutungen haben dann etwas für sich, wenn man davon ausgeht, dass mitunter im Schlaf manche Dinge deutlicher gesehen werden, die im Wachzustand aus unterschiedlichen Gründen nicht angenommen werden.

Somit können wir sagen: Eigen-Bewusstsein setzt sich zusammen aus dem, was unser Körper an Gefühlsleben von sich aus – genetisch – erhalten hat, was das Gefühlsleben durch Erfahrung und Beeinflussung von außen zusätzlich gestaltet hat und schließlich das erworbene Wissen über uns selbst. All das ergibt uns - seien wir schließlich ängstlich oder selbstsicher, liebevoll oder grausam, demütig oder herrisch, bescheiden oder fordernd, mit allen Zwischenlagen, und es ist ein Ergebnis unserer Hirntätigkeit. Wir gelangen hierdurch in einen Zustand eines Gesamtgefühls im Sinne einer Eigenpersönlichkeit.

Man ist sich seiner selbst bewusst, eigenbewusst, man kann auch selbstbewusst sein – was nun eine Steigerungsform für die positive Beurteilung von und durch uns selbst ist. Gerade bei der Beurteilung der eigenen Person spielen Wünsche und Sehnsüchte eine große Rolle, die uns gegebenenfalls zu spontanen Handlungen hinreißen lassen, die uns vielleicht rätselhaft bleiben. „Das beanspruche ich für mich", „das bin ich mir wert" – Worte von Menschen unserer Zeit. Aber auch schon der junge Cäsar hatte so eine hohe Meinung von sich, dass er seine Kidnapper veranlasste, das für ihn zu fordernde Lösegeld drastisch zu erhöhen. Dem steht die Demut jener Mönche und Nonnen gegenüber, die jedem Anspruch auf Ehrung zu entsagen gelobten. Entsetzlich für die meisten Menschen ist aber, fortwährend gedemütigt zu werden, und sei es nur in üblen Worten.

Ein an sich gesunder Mensch, der in allen Voraussetzungen, um zu einem stabilen, nicht übersteigerten Selbstgefühl zu gelangen, stets benachteiligt oder gehindert war, ist ein äußerst bedauernswerter Mensch. Er kann dazu ein sehr gefährlicher Mensch werden. Ferner tragen durch die Lebensumstände traumatisierte Menschen eine geistig-„seelisch" schwere Last, mitunter lebenslang. Ihr Innenleben mag überschattet sein von Erlebnissen äußerster Bedrohung, zeitweiser Zerstörung fundamentaler Gefühle, härtester und herabwürdigender Lebensbedingungen, von Mensch zu Mensch unterschiedlich bewältigt. Was das Gedächtnis dabei konserviert, nagt und quält, zermürbt den Geist, wenn keine Hilfe wirksam kommt und eine befreiende Gegenwelt entstehen lässt. Verdrängen ist dann nicht ausreichend, Bewältigen heißt dann neu und vielleicht sogar positiv interpretieren, zumindest es durch Öffnung nach außen, so in der Mitteilung, gleichsam abzubauen. Meist gilt denn doch, dass der Zeitverlauf, wenn nicht heilt, dann immerhin mildert. Es mag aber auch abgrundtiefer Hass gegenüber wirklichen oder vermeintlichen Schuldigen neues Unheil in der anderen Richtung auslösen.

Das Eigen-Bewusstsein, das Wissen um uns selber, insgesamt das Gefühl einer Eigenpersönlichkeit kann sich bekanntlich stark wandeln, besonders durch Veränderungen im Gehirn, krankhafte Veränderungen, durch Unfall, durch misslungene chirurgische Eingriffe. Auch im Laufe des Lebens ändert man sich, Tag für Tag. Man wird oft ein „anderer" Mensch und versteht nicht mehr, wie man früher war. Außerdem sind wir ja „entstanden", kommen aus „dem Dunkel", und werden wieder, zumindest körperlich, „ins Dunkel" zurückgehen, normalerweise abrupt mit dem Gehirntod. Demnach ist Bewusstsein zeitabhängig. Nach chirurgischer Trennung der beiden Gehirnhälften – vorgenommen zur Bekämpfung der Epilepsie – werden Menschen in ihrem Bewusstsein gespalten (allerdings nicht im Sinne von krankhafter Schizophrenie), werden sozusagen zwei Menschen in einem, können aber durchaus fast normal weiterleben, ja scheinen die Spaltung kaum wahrzunehmen. Bei Experimenten wird sie jedoch offensichtlich. Je nach Zuständigkeit für die Verarbeitung bestimmter Informationen reagiert die eine oder die andere Gehirnhälfte, die sich eigentlich ergänzen und normalerweise fortwährend Informationen gegenseitig liefern, das Gesamtergebnis optimieren. Allerdings soll dabei die eine Gehirnhälfte das menschliche Bewusstsein stärker bedingen als die andere.

Chirurgische partielle Gehirnentnahmen sind an bestimmten Stellen möglich, ohne einen Menschen zu zerstören, weil die speziellen Aufgaben des Gehirns auf definierte Gehirnareale verteilt sind. Umgekehrt denkt man daran, durch Transplantationen gewisse zerstörte Gehirnteile zu ersetzen. Solche Dinge sind offenbar im Anfangsstadium. Was wird dabei eigentlich implantiert? Es muss sich ja um noch lebende Plantate handeln, und woher sind sie? Möglicher Weise gelingt es, aus Stammzellen eines Menschen Gehirnstücke wachsen zu lassen, die ihm dann implantiert werden. In diesem Fall kann es wohl keine ethischen Probleme geben.

Zwischenbemerkung: Das mögliche Trennen von Gehirnhälften lässt fragen, was geschähe, wenn umgekehrt ganze Gehirne chirurgisch würden zusammengeschaltet werden. Bevor man sich empört wegen dieser Vorstellung abwendet, möge man daran denken, dass die heute möglichen und praktizierten Eingriffe in die Erbsubstanz ursprünglich ebenfalls undenkbar und in der Vorstellung empörend waren. (Eingriffe in die menschliche Keimbahn sind bei uns verboten, nicht aber in die Erbsubstanz von Körperzellen.) Es geht hier nicht darum, etwas zu empfehlen, sondern eine Eventualität voraus zu bedenken. Vor Jahren hatte in Russland ein Chirurg einen lebenden Hundekopf einem anderen Hund auf den Rücken operiert. Dieser Kopf überlebte ein paar Tage, wenn ich mich recht erinnere, und führte sein Eigenleben weiter. Wer schließt aus, dass jemand einmal versuchen wird, in einem ähnlichen Fall eine Hirnverbindung herzustellen?

Interessant dann aber auch eventuelle „Bewusstseinserweiterungen". Dieser Begriff wird gerne gebraucht im Zusammenhang mit Drogenwirkungen. Dabei kann es sich aber nur um eine Aktivierung des Gehirns handeln, nützliche oder schädliche. Neue Zusammenhänge mögen gehirnintern hergestellt werden. Jede Art der internen Gehirnaktivierung wird eine Bewusstseinserweiterung sein mit stark unterschiedlichen „Gefühlswirkungen“. Wie erfolgreich man bereits durch Langstreckenlauf das Gehirn positiv aktivieren und sich Glücksgefühle bescheren kann, weiß der Autor aus eigener Erfahrung.

Man spricht zurzeit von direktem Einbau von Chips in geschädigte Gehirne, ja von Anschlüssen gesunder Gehirne an Denkmaschinen. Man kann gespannt sein, was das für Auswirkungen auf die betreffenden Personen haben wird – wirkliche Wissenserweiterung, auch Bewusstseinserweiterung? Es gibt dann sicher auch ein „Verständigungsproblem“ neuer Art.

Zwischenbemerkung: Wenn es schon gelingen sollte, Gehirn und Computer ohne den Umweg über die Sinne, wie bisher üblich, direkt zu verbinden und ein echter Informationsfluss zustande kommt, kann dann vermutlich auch leicht eine Verbindung menschliches Gehirn A, dieses mit Computer, dies mit menschlichem Gehirn B hergestellt werden, womöglich sogar hinsichtlich ganzer Gruppen von Menschen. Die Vorstellung eines eventuellen Gemeinschaftsbewusstseins solcher Art ist jedenfalls atemberaubend. Leider muss man sofort daran denken, wie der Mensch immer alles auch negativ verwendet.

Wenn man über Bewusstsein spricht, wie eben geschehen, wird man zu der bereits in der Einleitung aufgeworfenen Frage veranlasst, ob Tiere richtiggehend denken können. Haben Tiere vielleicht sogar Bewusstsein, insbesondere Eigenbewusstsein? – Antwort: Das ist wegen ähnlicher Gehirnstrukturen anzunehmen, jedenfalls bei den „höher entwickelten“ Tieren. Gewiss bei weitem nicht in dem Maße wie bei uns Menschen, wenn man davon absieht, dass manche Menschen sehr stupide dahinleben, von Gehirnkranken garnicht zu sprechen.

Zwischenbemerkung: Als Student war ich an einer Diskussion mit einem Theologen beteiligt. Dieser erzählte uns eine Geschichte von einem Fuchs, der in unglaublich geschickter Weise eine ihn verfolgende Jagdgesellschaft austrickste. Der Theologe bekräftigte seine Überzeugung, dass der Fuchs rein „instinktiv“ handelte und als Tier keine menschenähnlichen Überlegungen hätte führen können, die angesichts der besonderen Situation vermutet werden könnten. Er erntete den heftigsten Widerspruch von uns Studenten, die wir entschieden der Meinung waren, dass der Fuchs sehr wohl hätte denken müssen, um diese Lage zu meistern, und dies auch konnte.

Nun empfinden wir nicht nur Eigen-Bewusstsein, wir meinen auch, unsere Entscheidungen würden aus einem freien Willen heraus erfolgen können. Abgesehen von unseren Reaktionen auf äußere Zwänge meinen wir immerhin, in unseren Gedanken wir selber zu sein, Gedankenfreiheit zu haben. Nur mit innerem Widerwillen wird auch der Versklavte den Anweisungen seines Beherrschers folgen, wenn er etwas ganz Anderes möchte. Ob aber das, was wir eigentlich wollen und in Freiheit auch oft tun können, die Bezeichnung freier Wille verdient, ist umstritten, selbst der so genannte starke Wille. Im Grunde sollte man von freien Willensentscheidungen erwarten, dass sie für Außenstehende häufig genug unvorhersehbar sind. Das ist jedoch selten der Fall, und sie können auch zur Willkürlichkeit werden, im Ergebnis zufallsabhängig. Wer seine Pappenheimer kennt, sieht in der Regel recht zuverlässig voraus, wie sie in bestimmten Situationen handeln. Müssen wir nicht zugeben, wie sehr wir in unseren Entscheidungen von Gewohnheiten, unbewussten Gefühlen – insbesondere den so genannten Lüsten -, zwingenden Notwendigkeiten und verführenden Vorteilserwartungen nahezu widerstandslos bestimmt sind? *Wesentlich für uns ist jedoch, dass wir das Gefühl haben, nach unserem freien Willen zu handeln, ob das nun objektiv stimmt oder nicht.*

Wird eine eventuell echte freie Willensentscheidung vom Allmächtigen vorhergesehen werden können? Eine altbekannte Frage in Philosophie und Theologie.
s. auch P09 Seite 166, P10 Seite 168, P11 Seite 170

Fassen wir zusammen: Bewusstsein hat nur ein Lebewesen mit Gehirn und durch das Gehirn. Das Bewusstsein erweitert sich mit der Gehirnentwicklung und –funktionfähigkeit. Das heißt, Tiere müssen – in unterschiedlichem Ausmaß - Bewusstsein haben, höher entwickelte Tiere wohl auch unter Einschluss ihrer selbst, also ein gewisses, wenn auch noch geringes Eigenbewusstsein. Beim (im Gehirn gesunden) Menschen erreicht das Eigenbewusstsein sprunghaft enorm großes Ausmaß. Alles, was das Gehirn beeinflusst, wirkt sich folgerichtig auch auf das Eigenbewusstsein aus. Nicht mit Sicherheit können wir sagen, wie weit wir einen wirklich freien Willen haben. Entscheidend ist aber, dass wir das Gefühl dafür haben.

Die Sprachleistung

Lebewesen müssen mit einander Informationen austauschen. Besonders innerhalb von Gruppen verwandter Lebewesen ist das unerlässlich und lebenswichtig. Hierzu dienen die Sinne. Der Gesichtssinn fängt Zeichen der Gestik oder hinterlassene Spuren auf. Berührungen nutzen den Tastsinn, der Geruchssinn ist bekanntlich sehr ausgebildet in der Tierwelt, wo er beispielsweise zu Mitteilungen über Reviergrenzen informieren kann. Die akustische Information hatte beim Menschen einen besonderen Status erlangt, als sich im Zuge der Evolution die Lautbildungsfähigkeit stark herausgebildet hatte. Das hoch entwickelte Gehirn war nun in der Lage, aus Lauten spezielle akustische Formen zu gestalten, die Dingen, Vorgängen und Eigenschaften übereinstimmend innerhalb der Gruppe zugeordnet werden konnten – eine Sprache wurde geboren. Eigentlich kann man diesen Prozeß bei einem Kleinkind beobachten, das eigene Laute zu formen versucht, darin immer geschickter wird, diese dann aber den Mutterlauten anpasst und deren Bedeutung übernimmt. Eine neue Sprache muss es nicht erfinden, doch im Ansatz kommt es immer wieder dazu.

Mit den Worten wurden allmählich Sätze gebildet – so muss man sich das vorstellen. Hinzu kommt das gewaltige Abstraktionsvermögen des Gehirns, das aus einer speziellen Information das Allgemeine herausliest, mit bereits gespeichertem Wissen vergleicht und daraus neue Erkenntnisse zieht. Ein besonders schönes Beispiel für die Abstraktionsfähigkeit des Gehirns ist die Zahl als allgemeinster Ausdruck für eine Menge. 3 Menschen, 3 Äpfel, 3 Steine – das sind Aussagen, die nur die Menge 3, die Zahl 3 gemeinsam haben. Aber mit der reinen Zahl rechnen wir – und mit ihr wurde einst der Grundstein für die Mathematik gelegt. Die Mathematik – sie ist auch eine Sprache, eine in sich vollkommen logische - dürfte immer und überall gelten, auf allen Sternen, in allen Universen, im Diesseits und wohl auch im Jenseits. Die Erfindung der Mathematik gehört zu den Großleistungen des menschlichen Geistes. Ein Tier kann da nicht mithalten. Wenn wundert die Überlegenheit des Menschen?

Gewiss ist jedenfalls, dass die Sprachen der Welt nicht irgendwann mit der Menschwerdung fertig vorlagen, sondern wie diese allmählich geworden sind, auch hier ein Entwicklungsvorgang zu verzeichnen ist. Man ist bekanntlich in der Lage, verschiedene Sprachen in ihrer Verwandtschaft und Herkunft zu deuten, Sprachgruppen zu identifizieren und Sprachentwicklungen nachzugehen. So wie es heute noch – geistig normale - Menschen gibt, die in ihrem bescheidenen Umfeld mit relativ wenigen Worten auskommen und mangels Schulung nur ungeschickt Sätze bilden können, so hatten unsere Vorfahren weit zurück zunächst mit Sicherheit nur „primitive" Sprachen. Das wird sie auch daran gehindert haben, in ihren Überlegungen allzu sehr über die Informationen des täglichen Bedarfes hinauszugehen. Schon hieraus lässt sich die lange Zeit verstehen, die die Menschheit benötigte, um zu einer Kultur zu gelangen. Sesshaftigkeit infolge Ackerbau, Städtegründung und Arbeitsteilung werden die Ausbildung der Sprachen dann massiv gefördert haben, wie die Sprache ihrerseits rückwirkte auf den kulturellen Fortschritt. Das ist heute noch so. Die verheerende Wirkung einer Sprachenverwirrung demonstriert uns die Geschichte des gescheiterten Turmbaus von Babylon. Sie zeigt auf, wie Sprache nicht nur vereinigt, sondern in tief greifender Weise trennt, wenn man unterschiedliche Sprachen spricht. Da sich Unmengen von Sprachen und Dialekten entwickelt haben, mit denen sich die Völker identifizieren, liegt hier ein Hauptproblem der Völkerverständigung.

Lange waren die Menschen darauf angewiesen, ihre erworbenen, in Sprache formulierten Kenntnisse und Geschichten im Gedächtnis zu behalten. Das ist letztlich unzulänglich und führt zu schwerwiegenden Aussageveränderungen. Notwendig war also eine Speicherungsmethode für gesprochene Sprache auf hirnunabhängigen, „externen" Speichermitteln, verwandt mit der Malerei. Hierfür musste zunächst eine Zeichenschrift erfunden werden, was erst vor wenigen Jahrtausenden in unterschiedlicher Weise und in unterschiedlichen Kulturen gelang, während die Höhlenzeichnungen der Steinzeit schon ältere Mitteilungen darstellen. Auf jeden Fall konnte jetzt Literatur entstehen. Seit der Erfindung des Grammofons kann ja auch die gesprochene Sprache gespeichert werden. Doch auch die Speicherung der Sprachen kann die häufigen Mehrdeutigkeiten der Worte und Sätze nicht ändern, Missverständnisse nicht ausschließen und bleibt mit dem ständigen teilweisen Sinnwandel innerhalb „lebender", also im allgemeinen Gebrauch befindlicher Sprachen konfrontiert. „Normierungsversuche" einer Sprache durch gespeicherte Wörter- und Ausdrucksbücher, auch durchdefinierte Kunstsprachen, sind immerhin möglich geworden und zweckmäßig, hinsichtlich der Rechtschreibungen sogar unverzichtbar.

Mit dem Lied wird die Klangwirkung einer Sprache, im Gedicht bereits rhythmisch geformt, verstärkt und ästhetisiert.
s. auch P12 Seite 172

Zwischenbemerkung: Die Behauptung, dass böse Menschen keine Lieder hätten, ist ganz offensichtlich falsch. Jedenfalls kann man auf diese Weise gut und bös nicht zuverlässig unterscheiden. Dass Lieder aber die Herzen bewegen und auch manche schlimme Situation zumindest kurzfristig verbessern können, steht gewiss außer Frage. Wenn im 2. Weltkrieg das Lied Lilli Marlen über die Fronten klang, soll, so wurde berichtet, dass tödliche Feuer beider Seiten oft für eine Weile geschwiegen haben.

Musik ist schließlich die reine Klangwirkung ohne notwendiges Bemühen des Intellektes. Sie ist die Sprache, die alle Menschen, ja auch manche Tiere „verstehen", die sie bewegt, gegebenenfalls besänftigt oder aufwühlt, in der Regel beglückt, aber auch mitunter deprimiert. Es heißt, letztlich seien alle Menschen musikalisch, gewiss aber stark unterschiedlich. In der Musik einen Lebensinhalt zu finden, ist bekanntlich vielen Menschen gegeben. Die abendländische Musik entdeckte ihre Gesetzmäßigkeit in den Tonarten und Intervallen. Diese Gesetzmäßigkeiten zu beherrschen ermöglicht die Komposition am Schreibtisch. Der Improvisateur kann sie direkt am Instrument in Töne gießen – und mag kein Ende finden, so schön ist das.

Fassen wir zusammen: Der Mensch, ein auf Gemeinschaft angewiesenes Wesen, ist davon abhängig, wie gut er sich mit seinen Mitmenschen mithilfe einer Sprache unterhalten kann. Auch die menschlichen Sprachen haben sich erst allmählich entwickelt. Nur mit den Sprachen konnte sich Kultur ergeben. Da sich aber viele unterschiedliche Sprachen entwickelt haben, trennen sie die Menschen auch wieder von einander. Die Schrift erst gab der Sprache eine Fernwirkung, räumlich und zeitlich. Fernwirkung ist heute auch der gesprochenen Sprache durch moderne Speicher- und Übertragungsmethoden möglich. Im Lied wird der Klang von Sprache ästhetisiert. Der reine Klang wurde zur Musik, die die Welt erfüllt.

Verstand, Vernunft und die Macht der Gefühle

Besonders stolz sind wir Menschen auf unseren Verstand. Das Wort ist ja von der Tätigkeit des Verstehens abgeleitet. Gemeint ist das Verstehen der Zusammenhänge der uns umgebenden Welt des Lebens, einschließlich von uns selbst, in logischer Schlussfolgerung. Doch halt! Wir haben Verstand, aber trotzdem verstehen wir vieles nicht. Unser Verstand ist also höchstens die Voraussetzung für ein Verstehen. Und Verstehen kann man nur, wenn man eine neue Information zu bereits vorhandenen Kenntnissen in Beziehung setzen kann. Will man zum Beispiel die Handlung eines Mitmenschen verstehen, muss man wissen, welche Voraussetzungen und Gegebenheiten ihn zu dieser Handlung führten. „Du verstehst mich nicht“ – wer hätte das nicht schon einmal gehört, vor allem in der Partnerschaft? Im Bereich der Erkenntnissuche, beispielweise bei der wissenschaftlichen Grundlagenforschung, versucht man die beobachteten Dinge „zu erklären“ und damit verständlich zu machen, das heißt, man versucht sie auf bekannte grundsätzliche Fakten zurückzuführen. Dieses Zurückführen auf grundsätzliche Fakten findet seine Grenzen. Das heißt, man stößt zuletzt auf Grundannahmen, die Axiome, die man nicht erklären kann sondern hinnehmen muss – unser Verstand weiß dann auch nicht mehr weiter.

Immerhin kann es uns im praktischen Leben gelingen, mithilfe unseres Verstandes so zu handeln, dass es sich günstig auswirkt oder Ungünstiges vermieden wird. Beispielsweise vermögen wir einzusehen, dass Rauchen gesundheitsschädlich ist. Wer daraus den Schluss zieht, nicht zu rauchen, handelt vernünftig. Die Vernunft hat allerdings einen mächtigen Gegenspieler, nämlich die von den Gefühlen, insbesondere den Süchten beherrschte Unvernunft. Bei kritischer Beurteilung der Vorgänge unter den Menschen lässt sich feststellen, wie sehr wir von unseren Gefühlen bestimmt sind. Da sind diese wunderbaren Gefühle der Zuneigung, der Begeisterung bis zur Leidenschaft, der Lust, der partnerschaftlichen Hingabe. Denen stehen die Gefühle des Hasses, des Abscheus bis zur terroristischen Selbstaufgabe, des Widerwillens, der Verweigerung, der Eifer- und Rachsucht gegenüber, die so viel Leid erzeugen.

Die Erfahrung lehrt, wie unterschiedlich Verstandes- und Gefühlsbestimmtheit auf die Menschen verteilt sind. Frauen zeigen in der Regel mehr Gefühlstiefe als Männer. Auch daraus erwachsen die großen Konflikte des menschlichen Zusammenlebens, die nicht nur den Scheidungsanwälten zugute kommen, sondern auch den Roman-, Bühnen- und Filmstückeschreibern. Damit ist eine Polarität in der Zweierbeziehung gegeben, die durch die Unterschiedlichkeit der sexuellen Begierden und Empfindungen noch verstärkt wird. Schließlich ist biologisch ja auch die Aufgabe des Mannes eine andere als die der Frau, indem der Mann begehrt um zu zeugen, die Frau lockt, um zu empfangen, der Mann kämpft, um zu erobern, nicht selten wiederholt, die Frau will behüten und bewahren, denn der Zeugungsvorgang ist kurz, während die Frau mit den langwierigen Folgen zu tun hat. Doch schon die Evolution hat die Männlichen immer wieder darauf eingestimmt, mit für die Folgen einzustehen, was zum Teil zu rührender Brutpflege führte. Bei dem Geistwesen Mensch finden sich dann wieder sämtliche Spielarten nebeneinander, und so mancher Erzeuger stiehlt sich davon. Geradezu gefördert wird das durch den modernen Trend zum reinen Genuss der sexuellen Früchte.

In unserer Kultur wird heute der Versuch unternommen, in wesentlichen Punkten die Bedeutung der Geschlechtsunterschiedlichkeiten abzuschwächen. Das ist gewiss positiv in der rechtlichen Gleichstellung von Mann und Frau, in vielfältiger Chancengleichheit, wie auch in der gleichen Entlohnung für gleiche Arbeit. In anderen Fällen dürfte es bedenkliche Auswirkungen haben, zum Beispiel beim Militär. Biologische Gegebenheiten sind letztlich nicht zu verleugnen. Es lässt sich auch nicht bestreiten, dass im Verlaufe der Menschheitsgeschichte es doch fast immer Männer waren, die die Dinge, zumindest vordergründig, vorantrieben, die Völker führten, Religionen stifteten und predigten, philosophierten, die Wissenschaft und Technik erfanden und die Künste sowohl schufen als auch zur Blüte brachten. Firmen werden nach wie vor überwiegend von Männern gegründet und geleitet. Selbst die prominenten Köche sind immer noch fast nur Männer, wo doch andererseits die Frauen traditionell den häuslichen Herd regierten. Die größere Verehrung aber erhielten in weiten Teilen der Welt die Frauen und im Besonderen die Mütter. Wenn in Zukunft weibliche Wesensart und Intelligenz außerhalb des Familiären jedoch wirklich mehr zum Zuge gelangen sollte – wie wünschenswert.

Mögen die Männer nicht die Verehrung vergessen.
s. auch P20 Seite 190

Ein geradezu übergeordnetes Gefühl, vom Verstand gestützt und getrieben, ist das der Vorteilswahrnehmung. Noch nie habe ich einen Menschen kennen gelernt, der sich darüber gefreut hätte, übers Ohr gehauen worden zu sein, aber schon der geringste eigene Vorteil macht die meisten froh. Dieses Gefühl ist so stark, weil es der Urantrieb der Evolution ist und sich unbesiegbar die ganze lebendige Welt hindurch gearbeitet hat. Mit dem Auslese-, dem Selektionsprozess, wurde es auch immer stärker, denn die Sieger waren oft genug die Rücksichtsloseren, die dann ihre Gene weiter vererbten. Kein Wunder, dass auch der Sexualtrieb so groß wurde, denn wer am heftigsten danach verlangte, ihn auszuleben, zeugte logischer Weise auch die meisten Nachkommen mit ähnlichen Eigenschaften. Vielleicht lässt sich die Machtbesessenheit innerhalb der Menschheit, vor allem der Männer, aus demselben Grunde am besten verstehen, weil mehr Macht mit mehr Möglichkeit zum Ausleben des Sexualtriebes verbunden ist, zumindest früher war. Selbst die Bibel vermeldet mit Respekt, dass König Salomon in all seiner Gottesnähe tausend – soll wohl meinen: sehr viele - Frauen hatte, und zwar soll er sie geliebt, und sie sollen ihn verführt haben. (Mit wirklich tausend hätte er ja wahrhaftig viel zu tun gehabt.) Ein mönchiger, dem Keuschheitsgebot so streng verpflichteter Bibelkommentator schrieb dazu getreulich, auch treuherzig: „Der Besitz zahlreicher Frauen galt im damaligen Orient und auch in Israel als Zeichen der Macht und Größe.“ – Tolle Zeiten! (Wer das Alte Testament noch nicht gelesen hat, sollte das unbedingt nachholen: Was sich da neben zartester Poesie, interessanter Geschichtsbeschreibung, überzeugender wie auch heuchlerischer Gottesfurcht, tiefer Weisheit und einfältiger Märchenpracht neben Sex und Crime tummelt, ist einmalig.)

In der Tierwelt ist evolutionsbedingt die Vorteilswahrnehmung zwar gang und gäbe, doch fehlt dort das geistige Überhöhen. Das muss dann wohl auch der Grund dafür sein, wenn Tiere sich damit zufrieden geben, ihr Revier und ihre Fortpflanzungsmöglichkeit gesichert, ihren Hunger gestillt und in der Gruppe die Rangordnung hergestellt zu haben. Dafür gewiss kämpfen sie. Der Mensch geht oft genug weiter und versucht, seine eventuelle Macht „zu genießen“ – im Kleinen und im Großen. Da genügt es manchmal nicht, dass der Nebenbuhler ausgeschaltet ist, nein, er muss auch noch büßen oder wird gar irgendwie genüsslich vernichtet.

Fassen wir zusammen: Das hoch entwickelte menschliche Gehirn zeichnet sich durch Verstand und Vernunftfähigkeit aus. Dennoch sind die menschlichen Handlungen von Gefühlen beherrscht. Evolutionsbedingt spielt die Vorteilwahrnehmung eine herausragende Rolle, und niemand ist davon frei, möge er es auch noch sehr bestreiten. Ferner ist der Sexualtrieb, ausgelebt oder unterdrückt, ein evolutionsbedingtes Hauptmotiv. Das typische menschliche Machtstreben lässt sich gut mit der Vorteilswahrnehmung und dem Sexualtrieb in Bezug bringen.

Der Fantasieflug des Geistes und sein Kulturschaffen

Das Gehirn bildet die Außenwelt mehr oder weniger deutlich in sich ab und schafft das Innenleben, von dem schon gesprochen wurde. Seine Eindrücke verallgemeinert es und schlägt Brücken zwischen den aufgenommenen Eindrücken. Es kann sogar eine Scheinwelt schaffen, bei weitem mehr und genauer als es im Traum geschieht. Wir sprechen dann von Fantasie. Menschen mit „blühender Fantasie“ äußern sich häufig anders, als es der Realität entspricht, oft in der Meinung, die Dinge wären so (gewesen), wie sie sagen. Das ist typisch für Kinder, deren Vorliebe für Zauberei damit zusammenhängt. Romanschriftsteller benötigen in besonderem Maße eine reiche Fantasie.

Gutes Gedächtnis und Fantasiefähigkeit sind gewiss von der Grundlage her verwandt miteinander, aber nicht zwangsläufig gleichbedeutend für einen Menschen. Wer die Gabe einer reichen Fantasie hat, muss besonders darauf achten, Gewusstes und Erdachtes zu unterscheiden. Das dürfte schon deshalb oft schwierig sein, weil die innere Kontrolle über die ausreichende Richtigkeit dessen, was das Gedächtnis übermittelt, ein besonderes Problem darstellt. Vor allem ist der Wunsch oft Vater der Gedanken – die Dinge stellen sich beim Erinnern im Nachhinein so dar, wie es dem Betreffenden angenehmer ist. Das ist kombiniert mit dem Verdrängungsphänomen – unangenehme Dinge werden ins Abseits des Gedächtnisses gedrängt, womöglich sogar ins Unterbewusstsein. Andererseits zeichnet sich ein präzises Gedächtnis – oft nur in Teilbereichen des einst Erlernten oder Erlebten – mit dem sicheren Gefühl der Richtigkeit aus und wird klar von reinen Vorstellungen unterschieden. Selbstkontrolle ist aber bestimmt immer notwendig.

Fantasiefähigkeit kann offensichtlich einem schlechten Gedächtnis helfen. Tatsächlich erfuhr ich Menschen, die – nach ihren Angaben – ein schlechtes Gedächtnis haben, aber sich dennoch sehr zutreffend und ausführlich zu erinnerungsbedürftigen Dingen äußern konnten, wobei sie zugaben, dass sie es nicht genau mehr wüssten. Oft hilft dann die Fantasie zum Wiederfinden der echten Information im Gehirn, die ihnen so schwer zugänglich ist. Abgesehen davon ist die im Gehirn gespeicherte Information immer mehr oder weniger schemenhaft. Dennoch kann sie sich beim Äußern stark präzisieren. Es gibt doch Maler, die sich ein erlebtes Naturbild so einprägen, dass sie es im zeitlichen Abstand recht genau auf die Leinwand bannen können. Mehr im Kurzzeitgedächtnis gibt es bekanntlich Meister, die in Gedanken eine vorher schnell gesehene Schrift ablesen und exakt wiedergeben, längere Reden von Fremden recht genau wiederholen. Manche Leute behalten ganze Telefonbücher auswendig, die Bibel oder den Koran Wort für Wort. Zahlenkünstler benutzen, wie man hört, spezielle Tricks, die sie gewiss auch memorieren können müssen, die ihnen aber das Wiedergeben erleichtern.

Gedächtnis hat für sich nicht unbedingt etwas mit Intelligenz zu tun, ist jedoch auch für den Intelligenten hilfreich. Es gibt sehr intelligente Leute mit großem Gedächtnis, und solche mit schlechtem Gedächtnis. Gibt es wirklich den „Halbidioten mit dem enormen Gedächtnis“? Intelligenz ist vor allem die Fähigkeit zu abstrahieren. Was haben eine Bohnenstange und ein sehr schlanker Mensch gemeinsam? – Die Abstraktion macht es deutlich und schlägt eine Brücke, sodass die Bemerkung „der ist eine Bohnenstange“ sogar jedem leicht über die Lippen kommt. Fantasie stützt aber auch den Intelligenten. Albert Einstein wies darauf hin, dass seine Fantasiefähigkeit ihn in die Lage versetzte, abseits der erlernten Physik zu denken. Seine Intelligenz und erlerntes Wissen, vor allem in der Mathematik, verband seine absurd anmutenden Vorstellungen mit den sachlichen Gegebenheiten. Nun musste noch der Mut dazukommen, sich zu äußern. (Übrigens sagte Einstein auch, dass er Probleme mit der Mathematik hatte und sich da helfen lassen musste.) Bekannt ist, dass Menschen sich in einer überraschenden Äußerung im Sinne einer Neuerkenntnis völlig sicher sind, das aber selbst nicht oder sogar nur falsch beweisen können, während die Bestätigung der Richtigkeit dann von anderer Seite kommt. In der Physik gibt es dazu mindestens ein berühmtes Beispiel (Boltzmann). Das gar plötzliche, unmittelbar richtige Erkennen und Erfassen oft großer Zusammenhänge ohne bewusstes Nachdenken erfährt mit dem Begriff Intuition, Eingebung, seine besondere, fast mystische Würdigung. Ähnlich der „göttliche Funken", den Künstler gerne beanspruchen.

Napoleon war zweifellos ein hervorragender Kriegsherr (und ohne Gefühl für das von ihm angerichtete Elend). Er musste die Fantasie haben, den möglichen Verlauf einer Schlacht ungefähr und wohl in Varianten vorauszusehen, denn deren Abläufe sind viel zu kompliziert, als dass sie ein einzelner Mensch vorab im Kopf durchrechnen könnte – wie Derartiges überhaupt nicht ausreichend vorausberechenbar ist. Fantasie wird gerne mit dem Bauch in Verbindung gebracht, weil undefinierbare Gefühle mitwirken, die Richtig! oder Falsch! sagen. Dazu passt des Korsen Behauptung, er habe die Schlacht bei Leipzig nur verloren, weil er zu viel gegessen hatte. Tatsächlich behindert ein voller Bauch bekanntlich das Denken.

Ein besonderes Merkmal des Menschen ist sein Kulturbedürfnis und sein Kunstschaffen. Was ist Kultur, was ist Kunst? Nun, *Kultur ist eine versuchte und vielfach gelingende Überhöhung der Lebensgestaltung über das Gewöhnliche, wofür der Mensch ein heftiges Bedürfnis empfindet.* Doch was ist Kunst? Man hört, diese Frage sei nicht recht zu beantworten.

Das Bedürfnis, Kunst zu schaffen, Kunst zu erleben scheint aber ebenso immanent zu sein, was man auch immer unter Kunst versteht. Wo ist der Übergang vom Kunstgewerbe zur Kunst, vom spielerischen Tun zum Kunstschaffen, von der Unterhaltung zum Kunstgenuss, vom technischwissenschaftlichen Konstrukt zum ästhetischen Werk?

Es wurde auch gemeint, in all unserer Gestaltung sei bereits Kunst. Auf jeden Fall muss Kunst die Gefühle bewegen. Hohe Kunst begeistert den Empfänglichen, lässt ihn Trübsal, ja Leid vergessen. Wie heißt es doch „Music charms the fiercest grief", und wie kann man ins Träumen gelangen beim Anblick eines wunderschönen Gemäldes. Wie kann man andererseits aufgewühlt werden, wenn das Können eines Meisters sogar fern der Ästhetik in die Tiefen unserer Seele eindringt. Auch das Erzeugen von Abscheu zählt man ja heute zur Kunst.

Eine Definition sei gewagt: *Kunst ist als Teil der menschlichen Kultur gekonntes Werk, das mit großer Hingabe den Gefühlen dient.*

Ästhetik und Schönheit haben ihren Rang nicht eingebüßt. Es gibt tief schürfende Überlegungen über das Wesen dessen, was als schön empfunden wird. Eine schöne Frau überwindet bekanntlich leicht die massivsten gesellschaftlichen Schranken, und auch schöne Männer finden gesteigerte Aufmerksamkeit. Malerei und Skulptur bannen Schönheit bildhaft. Der Eiffelturm in Paris ist eigentlich nur ein Eisengerüst, aber alle Welt kennt und schätzt ihn, ja er wurde zum Wahrzeichen einer Stadt, die sehr viel Bedeutenderes zu bieten hat, und obwohl es noch andere ähnliche Türme in der Welt gibt, die nicht derart beachtet werden. Es ist die gelungene Ästhetik dieser Konstruktion, die uns fesselt. In aller Welt schafft hohe Baukunst, bringen Architektur und gelungener Städtebau den Menschen das große Lebensgefühl. Das klassische Gedicht hat gegenüber der Prosa nicht den Inhalt sondern Vers und Versmaß voraus, den bewegenden Rhythmus, den Wohlklang des Reims. Der menschliche Geist fasst Schönheit mit Hochempfinden auf. Die Wohlgestaltetheit eines Raumes kann Menschenmassen so beeindrucken, dass er sorgfältiger genutzt wird – ein Vorteil für schöne öffentliche Verkehrseinrichtungen.

Im deutschen Sprachraum unterschied man gerne zwischen Kultur und Zivilisation. Bei der Kultur war dann die geisteswissenschaftliche Bildung und die Kunst angesiedelt, während die Zivilisation mit der schnöden, naturwissenschaftlich verschwisterten Technik zu tun hatte. Die Unterscheidung scheint aber nun auch in diesem Bereich weitgehend verschwunden zu sein, wenn der Eindruck nicht trügt. Immerhin gibt es noch diesen jämmerlichen „Graben“ zwischen Geistes- und Naturwissenschaften, die zugehörigen Grabenkämpfe auch noch. Der schlichter denkende Mensch wird sich nicht lange darum kümmern, auch nicht darum, ob ihm sein Kühlschrank und sein Auto Kultur oder Zivilisation bescheren. Der Fantasieflug des menschlichen Geistes ist ferner wesentlich verantwortlich für die technischen Erfindungen, soweit nicht der reine Zufall dazu führt. Doch darauf kommen wir an anderer Stelle zurück.

Fassen wir zusammen: Der menschliche Geist bestätigt sich besonders durch seine Fantasiefähigkeit. Er hat das Bedürfnis, das menschliche Leben über das Gewöhnliche zu erheben – Kultur und Kunst sind das Ergebnis. Schönheit und Ästhetik beglücken den Menschen.

Eine Welt der Geister oder nur ein „Gedanken-Energiefeld"?

Seit altersher sprechen die Menschen von allerlei Wesen, teils gut versteckter teils immaterieller Art um uns herum. Kobolde, Elfen, „Gespenster" (= verstorbene, vorwiegend ermordete Menschen), gewisse Geister, Dämonen. Diese geheimnisvollen, und so weit materiefrei „übersinnlichen" Welten sind aber offensichtlich „diesseitig" zu verstehen, mit Erde und Menschheit verbunden, und nicht etwa „jenseitig", dem religiösen Himmel zugehörig. Allenfalls bei den Dämonen gibt es wohl Vorstellungen, diese oder „gleichnamige Verwandte" seien im „bösen Teil des Jenseits", also der Hölle, zu Hause, unter der Regie des gefallenen Engels Luzifer (= Satan = Teufel), denn sonst würden sich ja doch wohl nicht qualifizierte und ansonsten vermutlich vernünftige Priester mit „Austreibungen", also Exorzismus dieser Unholde aus geplagten Menschen durch intensives Gebet und Weihwasser bemühen – wie wir wissen noch in heutiger Zeit. Selbst Jesus von Nazareth betätigte sich so, erlöste zwei Menschen von Dämonen und verbannte diese in die Schweine einer Herde. (Ob hierdurch der bedauernde Ausdruck „armes Schwein" entstanden ist?) Bei den „Hexen" handelt es sich nach meinem Verständnis um Menschen, die durch Pakt mit Teufel und Dämonen außergewöhnliche Fähigkeiten erlangt haben sollen und darauf aus sind, anderen Menschen zu schaden. Was da aber auf dem Brocken im Harz angeblich zu tanzen pflegt und Goethe beschäftigte, kann ich nicht recht einordnen. Man sollte aber vielleicht eine Gedenkminute einlegen für all die armen Frauen, die schon Opfer des Hexenwahns wurden. Das Märchen von Hänsel und Gretel ist deshalb ein sehr bedenkliches Märchen, denn es stützt den Hexenwahn. Wie jubeln doch die unschuldigen lieben Kleinen, wenn die Hexe im Ofen verbrennt!

Zwischenbemerkung: Eines Tages fuhr ich auf der Autobahn vom Allgäu kommend nach Hause und parkte kurz am Rasthaus im Spessart. Als ich weiterfahren wollte, traf ich auf einen freundlichen Niederländer mittleren Alters, den ich nach kurzem Gespräch im Wagen mitnahm. Er erzählte mir, von einem Treffen von „Pfingstlern“ in Bulgarien zu kommen. Er selbst habe die Fähigkeit, mit Geistern zu sprechen und bemühe sich vor allem, Dämonen zu bekämpfen. Da er überhaupt nicht irgendwie exaltiert war, sondern ganz ruhig und vernünftig reden konnte, ließ ich mich mit ihm in ein längeres Gespräch ein. Ich wandte ein, dass diese Dinge wohl allein in seinem Gehirn abliefen, Trugbilder sind und keinen realen Hintergrund haben dürften. Das nahm er als Argument leidenschaftslos an, blieb aber bei seiner Überzeugung. Auch hielt ich ihm entgegen, dass ich kein Bedürfnis hätte, mich bedrängender Dämonen zu erwehren. – Wir verabschiedeten uns nachdenklich und freundlich.

Auch manche Naturwissenschaftler sind der Meinung, dass es „übersinnliche“ Fakten gibt. Davon abgesehen lese ich seit längerem Schriften von Experten zu diesem Thema, die nüchtern einschlägige Beispiele bringen.

An die erste Stelle möchte ich die Frage stellen, ob die eventuelle übersinnliche Welt eine Welt sein soll, die unabhängig vom Menschen existiert, also bereits vor der Entstehung der Menschheit, ja des Lebens vorlag – mit Ausnahme gewiss derer, die verstorbene Menschen seien? - Soll es gleichsam eine Welt sein, die auch auf anderen Planeten oder womöglich im freien Weltraum besteht, in anderen Sternsystemen, ja anderen Galaxien? Auch hierzu habe ich noch keine verbindliche Antwort gefunden.

Dass „Naturvölker“, die mit der Pflanzen- und Tierwelt noch so recht eine Einheit bilden, hinter den Büschen Spuk und Geister sehen, ist verständlich. Es zeigt – für mich jedenfalls - die Entwicklung des menschlichen Gehirns, seiner Fantasie und damit seines Geistes auf. Leider ist das deutsche Wort Geist für eine übersinnliche personale Erscheinung gleich lautend mit dem menschlichen Geist, doch sind das völlig verschiedene Dinge.

Eines lässt sich aber auch sagen: Wem offenbar das Glück beschert ist, dass sein Gehirn ausreichende Mengen Endorphine

o. Ä., die Glücksbringer, produziert, der braucht sich um Dämonen, die ihn bedrängen könnten, nicht zu kümmern. Er lacht schlichtweg darüber. Heute bietet uns auch die so oft geschmähte Pharmaindustrie teuren Ersatz für die eigenen kostenlosen Glücksbringer und hilft dem Leidenden. Dass die meisten nicht ganz so harmlos sind wie die körpereigenen und beträchtliche Nebenwirkungen haben können, darf nicht verschwiegen werden. Innerhalb des Gehirns ist der Weg für die eigenen Produkte eben geebneter als der von außen durch Magen oder Haut.

Auch ich halte deshalb die besagte Geisterwelt für reine Einbildung, Erfindung ohne Realität, die jedoch im Gehirn eine quälende, einen Menschen gegebenenfalls verwirrende und zugrunde richtende Wirkung entfalten können, eventuell nicht unähnlich den längst als reines Hirnproblem erkannten Depressionen. Der Psychiater, zumindest der Psychotherapeut fühlt sich zuständig. Es dürften Hirngespinste sein, die mit dem Menschen gekommen sind und spätestens mit seinem Tode vergehen. Oder ist da doch mehr?

Gehirne der Menschen und der Tiere arbeiten mittels elektrischer Ströme, die im EEG gemessen werden können, ja, die es vielleicht bald möglich machen, externe Geräte durch bloßes Denken zu steuern. Ohnehin werden wir immer mehr in einen umfassenden „Elektrosmog“ selbst im stillen Kämmerlein eingebettet, den manche Menschen körperlich belastend empfinden, von den so genannten Erdstrahlen abgesehen, Wirkungen von Wasseradern, die ja auch mitspielen sollen - und was noch alles.

Kann es nicht so etwas wie einen allgemeinen unsichtbaren Verbund der Gehirne, zumindest der der Menschen geben, auf welcher natürlichen Ebene auch immer? Damit stößt man in das Gebiet der Esoterik vor, jedenfalls wissenschaftlich in die Parapsychologie, denn die Physik hat noch keinen Ansatz gefunden, obwohl man sich darum bemüht. Ich erlaube mir eine eigene Wortwahl und meine so etwas wie ein *Gedanken-Energiefeld,* in dem für uns an sich rätselhafte Informationen von Gehirn zu Gehirn innerhalb der Menschheit fließen könnten. Telepathie wäre damit verständlich, auch dass Menschen plötzlich in fremden Sprachen sprechen, die sie nie gelernt haben, dass Gegenstände „psychokinetisch“ bewegt werden und vieles mehr. All das scheint ja belegt zu sein – von Spiritismus, Okkultismus, Magie, Kabbalistik und all jenen ominösen Geheimwissenschaften abgesehen. In einem solchen Energiefeld könnten womöglich auch Informationen von bereits Verstorbenen „aufbewahrt“ sein und medial veranlagten Menschen bewusst werden. Selbst Vorahnungen und „Wahrsagungen“ könnten dadurch entstehen, dass unbewusst Schlüsse aus solchen Informationen gezogen werden können, die eine höhere Wahrscheinlichkeit einzutreten haben, als gewöhnliche Vermutungen, und damit verblüffen.

Wirkliche, absolut sichere Voraussagungen, Wahrsagungen, sind jedoch nicht möglich, denn dann müsste es einen Blick in eine noch nicht vorhandene Zukunft des Universums in seiner Gigantik geben. Diese Zukunft ist aber in ihrer unfassbaren Vielfalt nicht genau extrapolierbar, logisch erschließbar. Sie kann auch nicht etwa bereits „irgendwo“ existieren. Es müsste dann ja das Universum in all seinen zukünftigen Varianten bereits vorliegen, und zwar eine praktisch unendliche Anzahl von Universen, in die die Gegenwart vorherbestimmt hineinwanderte. Dasselbe gilt für den Blick zurück in die Vergangenheit oder gar ein körperliches Eintauchen in vergangene Zeiten, wie es Bücher und Filme weismachen wollen. So etwas würde erfordern, dass das gigantische Universum nun auch praktisch unendlich vielfach in seinen vergangenen Zuständen konserviert vorliegen müsste. Auch würde der Schritt eines Menschen zurück in eine vergangene Zeit diese ja verändern, denn ein heutiger Mensch war eben damals noch nicht präsent, zumindest nicht in seiner augenblicklichen Gestalt, und würde aus der vergangenen Zeit eine andere machen. Solche, selbst von einigen Wissenschaftlern (spaßeshalber? Immerhin mit allen Vorbehalten) gepflegte Gedanken sind derart absurd, sind derart blanker Unfug, dass man „die Finger davon lassen sollte“. Sie verwirren nur Köpfe, die schon genug mit unsinnigen Dingen belastet werden.

Ein besonderes Gebiet sind die „Erscheinungen“ von Heiligen und „Damaskuserlebnisse“ im religiösen Bereich. Lourdes und Fatima tat es gut, dass jene Mädchen solche behaupteten. Weil Saulus mit seiner Krankheit (Epilepsie?), die er andeutete, vor Damaskus vielleicht von seinem Gewissen als Christenverfolger geplagt wurde und zum Paulus mutierte, gestaltete er die neue christliche Religion. Wer das alles erhaben sieht, mag es ja tun. Ich möchte das lieber zum Obigen einordnen.
s. auch P13 Seite 174

Fassen wir zusammen: Seit alters her meinen die Menschen, um uns herum gäbe es allerlei Geister, Gespenster, Kobolde usw. Vermutlich gibt es die Geister erst, seit es Menschen gibt, und alles ist nur menschliche Vorstellung. In unserer Zeit untersucht die Parapsychologie ernsthaft eine Reihe von erstaunlichen Vorgängen, die vielfach belegt sind, so die Telepathie, Psychokinetik, das plötzliche Sprechen in fremden, nie gelernten Sprachen. Deshalb wird hier das Vorhandensein eines „Gedanken-Energiefeldes“ über die Menge der menschlichen Gehirne hinweg angenommen, das all diese Vorgänge und religiösen „Erscheinungen“ insgesamt begründen könnte.

Mystik, Seele, die transzendente Welt der Religionen

Das in sich Versenken, fast ganz in seinem Inneren zu leben, dort seine eigene und eigentliche Welt zu finden, kann einen Menschen weitgehend der äußeren Mühsal entheben, die Zeit überspringen lassen. Es muss deshalb auch nicht verwundern, dass eine aufgebaute Traumwelt außerhalb des echten Schlafes, wie Trancezustände, eventuell verbunden mit rhythmischen Tänzen und monotoner Musik, die reale Welt gleichsam zum Vergessen bringen. Vorstufen dazu treten bei autogenem Training ein, dessen das Nervensystem beruhigende und glättende Wirkung so wohltuend und kraftspendend ist. Bekannt ist ja, wie manche Menschen auf solche Weise auch sehr lange Kerkerhaft unter primitivsten Bedingungen relativ unbeschadet überstehen können, falls sie einigermaßen in Ruhe gelassen werden und ihre Lebensnotwendigkeiten minimal abgedeckt sind. Einsamkeit und abstoßende äußere Umstände sind dann kaum ein Problem, ja fast Voraussetzung für das vorherrschende Innenleben.

Damit erschließt sich doch auch den geeigneten Personen die mehr oder weniger ausgeprägte religiöse Mystik, das Gefühl, über das „Diesseits“ hinaus, wenn auch nur vorübergehend, zu entschweben. Berichte von Sterbenden, die dennoch wieder „zurückgeholt“ wurden – ein bereits eingetretener Tod wird dann oft behauptet – deuten in dieselbe Richtung (Nahtoderfahrung). Haben wir Menschen – nur wir Menschen? – tatsächlich sogar ein zweites Ich, ein rein geistiges Ich, genannt Seele? Dabei ist nicht die Seele gemeint, die als die Summe feiner Gefühle oft scherzhaft benannt wird: „Die hat eine zarte Seele". Nein, dann geht es tatsächlich um ein zweites Ich. Nach asiatischen Vorstellungen soll das bekanntlich sogar wandern können: Seelenwanderung von einem Sterbenden zu einem neuen entstehenden Lebewesen, Mensch oder Tier. Das eigentliche Ich ist danach die unsichtbare Seele, während die Körper austauschbar sind. In unserer jüdisch-christlichen Kultur gibt es nach der Theorie pro Mensch – und nur für den Menschen – je eine Seele in Leib / Seele-Einheit, die den Körpertod nicht nur übersteht, sondern im Weggehen sogar kennzeichnet und in eine übernatürliche Welt eintritt. Sie nimmt die guten und schlechten Taten des Leibes verantwortlich vor Gott mit und hat deren Folgen zu tragen. Im Christentum herrscht zusätzlich die Vorstellung, solche Seelen könnten den ganzen Menschen, dessen Leib noch auf Erden zu sehen sein mag oder längst zu Staub zerfallen oder im Feuer verdampft ist, in einer transzendenten Welt voll darstellen. Seelen von Seligen und Heiligen stehen danach bereits in der Nähe des Allmächtigen, verfolgen die Vorgänge auf der Erde und vermögen sich einzumischen, weshalb Millionen von Menschen vertrauensvoll ihren Beistand anrufen. Dagegen müssen die Massen von anderen Seelen Verstorbener auf das Jüngste Gericht warten, bis sie ihren endgültigen ewigen Aufenthaltsort erfahren.

Das schwerste Problem beim Seelenthema ist, so meine ich, nicht so sehr das, ob es dieses zweite, auch nach dem Christentum sogar wichtigere Ich für uns Menschen tatsächlich gibt, sondern wann es entstanden ist, beziehungsweise sich mit dem Körper vereinigt. Hierzu gab und gibt es die unterschiedlichsten Auffassungen, auch über die Jahrhunderte hinweg. Nach dem Schöpfungsbericht der Genesis des Alten Testamentes bildete Gott den Adam materiell aus Erde und hauchte ihm eine Seele ein, wodurch er zum ersten lebendigen Menschen wurde. Das bedeutet nichts weniger, als dass eine fertige Seele aus dem „Atem" Gottes entscheidend war für das Lebendigwerden des Körpers und der beim Zutritt der Seele mit all seinen Feinheiten plötzlich existent war. Wie großartig das Wandgemälde von Michelangelo in der Sixtinischen Kapelle, vor dem wir alle mit Ergriffenheit stehen! - Nun ist bei Gott natürlich nichts unmöglich. Immerhin, die auch nach diesem Bericht bereits existierenden Tiere waren und blieben danach offenbar ohne Seelen und waren trotzdem lebendig. Es wurde schon ausgeführt, dass dieser Bericht der Genesis (es sind eigentlich zwei Berichte) absolut nicht mit der Evolutionstheorie vereinbar ist und aus dieser Sicht – ich meine aber auch nach schlicht vernünftigem Denken - nicht im geringsten ernst genommen werden kann. Eine uralte Legende ist eine uralte Legende, womöglich eine schöne, jedoch nicht mehr. (Wohl sehen das heute viele Christen, auch Theologen so, aber die Genesis ist Dokument für die Erbsünde, die Entfremdung von Gott und immer noch Begründung für die Erlösung durch Jesus Christus und die Bedeutung der christlichen Taufe. Viele, insbesondere amerikanische Christen bestehen weiter auf dem Wortlaut.)

Zwischenbemerkung: Sagen wir es ohne Umschweife: Der biblische Bericht über die Erschaffung von Universum, Welt und Mensch ist von nicht mehr zu überbietender Einfältigkeit. Dass er dennoch so bedeutsam für drei Religionen, davon zwei Weltreligionen ist, macht das nur noch bedrückender. Das gilt durchaus nach wie vor. Allein schon die Darstellung, dass die Frau für den Mann aus ihm und nach ihm als Gehilfin geschaffen und ihm beigegeben worden sei, „weil es nicht gut ist, dass der Mensch allein ist“, hatte bekanntlich unabsehbare Folgen bis in unsere Zeit. Im Paradies am Fluss Tigris im Vorderen Orient soll Gott regelrecht herumspaziert sein und nach Adam gerufen haben, der, von Eva verführt, den verbotenen Apfel aß. Die Frau, gerade mal als Gehilfin des Mannes, auch noch dessen Verführerin und Anstifterin letztlich allen Übels. Gott als flanierender Despot, der zuvor den beiden Menschen die Erde zu Füßen legte – „macht euch die Erde untertan“ – und kurz danach schon aus grotesk geringem Anlass seine besten Geschöpfe zu Leid und Sterblichkeit verdammte. Die beiden wahrhaft bedauernswerten Erstmenschen mussten dann auch noch feststellen, dass sie nackt waren und beeilten sich, Feigenblätter umzubinden. – Man mag das ja alles gehörig distanziert beurteilen, vielleicht mit einem Lächeln in den Mundwinkeln, aber nein – nicht nur die Kunst hatte ihre Vorlagen. Die Wirkungen „des Berichtes“ wurden mehr als tief greifend. Wer zählte die Tränen, die sie auslösten?

Die Evolutionstheorie sagt, der Mensch, sein Körper, hat sich aus dem Tierreich heraus entwickelt. Was war aber mit der Seele? Auch für den neu geborenen Menschen besteht die Frage nach der Seele. Erfährt der gezeugte Mensch die Beigabe einer „fertigen“ Seele und wann? Doch zunächst: Wie war das seinerzeit beim allmählichen Übergang vom Tier zum Menschen im Zuge der Evolution? Unterliegt die Seele möglicher Weise auch einem Entwicklungsprozess? Etwa so, dass Tiere eben doch auch eine Seele haben, die allmählich parallel zur Evolution des Körpers zu einer

Menschenseele wurde, darüber hinaus beim neu entstehenden Menschen ab der Zeugung sich vielleicht wie der Körper im Mutterleib allmählich voll ausbildet? Wenn übrigens die Seele den ganzen Menschen, alle Zellen also, erfassen würde, was ist dann mit dessen Keimzellen, die bei der Befruchtung einen neuen Menschen ermöglichen? Und dann bei der Organtransplantation: Zwar könnte man davon ausgehen, dass das noch lebende entnommene Organ eines Toten nicht mehr beseelt ist, geht aber dann in den Körper des zu Rettenden über. Wird das Organ von der Seele des Lebenden miterfasst? Das sind gewiss spitzfindige Fragen, mit denen sich die Theologen vielleicht noch nicht sehr beschäftigt haben. Das Ganze leidet zusätzlich darunter, dass Seelen in diesem Sinne bisher eine reine Glaubensfrage sind. Wo die Seele im Körper angesiedelt ist, wird wenig besprochen. (Ein eitler Priester meinte einmal in meiner Gegenwart lachend, auch seine schönen Haare seien wohl beseelt.)

Auch wenn das Thema bei manchem völliges Unverständnis auslösen wird, es ist eminent wichtig, weil die Seele aus der Sicht des religiösen Glaubens darüber entscheidet, wodurch und ab wann ein Mensch ein voller Mensch, eine Person ist. Die Wogen gehen hoch bei diesem Thema. Man denke an die Problematik der Behandlung von Embryonen, insbesondere der überzähligen bei künstlicher Befruchtung, sowie an die Abtreibung. Wenn in der Tat, wie heute von den Kirchen behauptet wird, die „Beseelung" schon bei der Eizelle im Augenblick der Befruchtung eintritt, ist gewiss jede absichtliche und ohne Notwehr vorgenommene Tötung dieser befruchteten Eizelle, im Besonderen beim Embryo, bereits ein Mord. Andere Theologen, so im Judentum und im früheren Christentum, auch Thomas von Aquin, setzen einen späteren Zeitpunkt an. Vom 40. Tag ab im Mutterleib war und ist zu hören. Der Meinungsunterschied ist heutzutage sogar ein Politikum. Das deutsche Bundesverfassungsgericht hält sich ebenfalls an die Vorstellung der Personentstehung mit der Zeugung, bleibt aber in der Abtreibungsbeurteilung inkonsequent. Zwar redet man dort nicht von Beseelung, aber im Hintergrund dürfte die christliche Sicht stehen. Man muss zudem eines bedenken: Wenn die Seelen in das Jenseits kommen sollten und bereits eine befruchtete Eizelle, eine Zygote oder dann ein Embryo eine Seele hat, dann werden sich im Jenseits mehr Seelen von nicht ausgebildeten Menschen versammeln, Menschen, die nie die Welt mit ohnehin nicht vorhandenen eigenen Augen gesehen haben, als Seelen von „fertigen" Menschen. Ein wahrhaftig äußerst seltsamer Gedanke. Vielleicht wird man doch eines Tages bereit sein, die Dinge zumutbarer zu beschreiben, was dann allerdings den ganzen derzeitigen kirchlichen Eifer in Fragen frühe Abtreibung, künstliche Befruchtung, Präimplantationsdiagnostik, überzählige Embryonen vermutlich etwas dämpfen würde.

Die Vorstellung, der lebende Mensch hat zwar einen sterblichen Leib, aber dazu auch und gerade eine unsterbliche Seele – zusammen also die Leib / Seele-Einheit - mag von der Angst vor dem Tode und von Wunschdenken ausgelöst oder wenigstens gestützt sein. Die Offenbarungsreligionen verweisen auf die Mitteilung durch Gott selbst. Immerhin scheinen in allen Kulturen der Menschheit ähnliche Gedanken immer eine Rolle gespielt zu haben. So mag mancher selbstsichere Atheist über das ganze Thema kopfschüttelnd hinweggehen, für die meisten Menschen wird es dabei aber mitunter bitterernst. Alle über das reine Erinnern hinausgehenden Totenverehrungen dürften davon ausgehen, dass irgendetwas Ansprechbares von ihren verstorbenen Lieben oder Helden irgendwo noch existiert. Beigaben in Gräbern der Vorzeit bezeugen solche Vorstellungen und wohl den Beginn von Religionen. Wenn religiöse Splittergruppen ihren Anhängern die Bluttransfusion verbieten, weil nach ihrer Auffassung im Blut die Seele angesiedelt ist, heißt das in manchen Fällen ein Todesurteil. (Wir hatten einen solchen Fall in der weiteren Verwandtschaft.)

Eine ebenso grundsätzliche Frage wie die über den Beginn des Lebens ist halt die nach dessen Ende. Bleiben wir dabei zunächst ganz bei der naturwissenschaftlichen Aussage. Wir wissen, dass ein Körper sich ständig erneuert. Zellen sterben ab, neue werden gebildet. Gewiss, der Gesamtorganismus sieht so aus, als bliebe er derselbe – wirklich? Wir wachsen aber heran in der Kindheit und Jugend, danach setzt bald sichtbar der Alterungsprozess ein – also bleibt der Gesamtorganismus eben nicht derselbe. Zwar ist das Gehirn nicht dem ständigen Austausch von Zellen unterworfen, aber es altert eben auch. Und dann ist das Geistige: Wir verändern fortgesetzt unser Wissen, unsere Meinung, unsere Persönlichkeit. Wir werden sogar geistig zumindest allmählich jemand Anderes, also „sterben" wir in gewisser Weise auch ständig körperlich und geistig, allerdings unter Erneuerung: Wir vergehen und werden neu, ohne das unbedingt dramatisch zu nehmen – es sei denn, wir leiden unter dem Alterungsprozess. Ganz deutlich wird das, wenn Organe von uns ausgetauscht werden. Die ersetzten Teile unseres Körpers sind dann schon tot. Umgekehrt, wenn wir als Ganzes sterben, tritt der Tod unserer einzelnen Organe nicht gleichzeitig ein. Entnommene Organe leben in anderen Menschen weiter. Entscheidend ist körperlich und juristisch der Hirntod. - Um auf das Seelenthema zurückzukommen, wann verlässt nach dem religiösen Glauben die Seele den Menschen? Wohl dann beim Hirntod?

Wir sind längst nun ganz beim Thema Religionen. Diese basieren bekanntlich auf der Vorstellung, dass es unabhängig und bereits vor unserem Universum ein „Jenseits" gab, ein Über-Universum nichtmaterieller Art. Welcher Art dann, wird sehr unterschiedlich, wenn überhaupt beschrieben. Hierzu einige mehr grundsätzliche und allgemeine Betrachtungen.

Es gibt Leute, die behaupten, die Religionen hätten mehr Elend in die Welt gebracht als bewältigt, hätten mehr Nachteile als Vorteile. Ich meine, diese Leute machen es sich zu einfach. Wer mit einiger Bewegtheit zur Kenntnis nimmt, wie tief Millionenmassen durch ihre jeweilige Religion bestimmt sind, auch die meist felsenfest überzeugten Anhänger kleinerer Religionsgruppen, der kann nicht leichtfertig über dieses Phänomen hinweggehen. Ich möchte auch behaupten, dass jeder Mensch eine Religion hat, selbst der so genannte Atheist. Vielleicht gibt es so viele Religionen wie Menschen, weil doch jeder seine eigenen Vorstellungen auch als Glied einer großen Glaubensgemeinschaft pflegt. Es fällt zudem auf, dass die Gläubigen sehr oft ihre Glaubenslehre nicht ausreichend kennen. Man muss auch unterscheiden zwischen Glaubenslehre und religiöser Tradition. Letztere bestimmt eigentlich das Leben der Menschen. Die Lehre ist Sache der Theologen, Priester und Prediger, die sich oft genug in den Haaren hatten und ja auch schon massenhaft Scheiterhaufen anzünden ließen. Dass in Europa die Frage, ob der Glaube allein oder nur in Kombination mit guten Werken „selig macht", einmal entscheidend war beim Zerfall des Christentums in Protestanten und Katholiken, ist schon deshalb so bedrückend, weil dieser Zerfall zu entsetzlichen Kriegen führte, die bis heute ihre Nachwirkungen haben.

Zwischenbemerkung: Unsere Schülerfrage, wieso es zur schrecklichen Inquisition im Mittelalter hatte kommen können, beantwortete der von uns befragte, tatsächlich hochgebildete Geistliche mit um Verständnis werbenden Worten. Er meinte, die Vorstellung, dass ein Ketzer viele Menschen durch seine Irrlehre um die ewige Seligkeit und damit in die Hölle bringen würde, sei für die Kirche so schrecklich gewesen, dass sie mit äußersten Mitteln, dem Verbrennen des lebenden Ketzers also, hätte vorgehen müssen. Wir konnten danach nicht weiter fragen.

Des Menschen ursprünglichstes Motiv, in den Eltern Sicherheit und Geborgenheit zu suchen, bedarf nur eines kleinen Schrittes bis zur Annahme eines über allem thronenden göttlichen Vaters „über den Wolken", der in der Geschichte folgerichtig mehrfach vollzogen wurde. Ein übernatürlicher Vater ist menschlichen Unzulänglichkeiten eher oder vollständig enthoben, allerdings oft nur für sein Volk zuständig oder er ist der absolut Allmächtige, Herrscher über alle Menschen. Priestergruppen und –kasten vertraten diese Theorien und verstanden sie verbindlich zu machen, wobei sie oft gewisse Macht über den irdischen König gewinnen konnten. Man erfährt, wie Propheten den Königen „die Leviten zu lesen" vermochten. Allerdings ging das häufig auf Dauer nicht gut und sie wurden grausam zu Tode gebracht. So eine Sicht der Religionen kann nicht ganz unnütz sein und auch die Kirchen sollten den Mut dazu haben, wie man den Mut haben sollten, sich selbst einmal ohne Eigenliebe zu betrachten. Seltsam ist, dass der Allmächtige der Religionen bei aller Abgehobenheit doch in der Regel noch sehr menschliche Züge zu haben pflegt. Er kann beleidigt werden, kann zornig werden, kann Rache üben, jedenfalls hart strafen, ja sogar eine ewige Hölle vorsehen. Positiv kann er die vollendete Liebe zu seinen Geschöpfen sein, die Barmherzigkeit schlechthin, was sich dann aber nicht so recht mit der Verdammung von Sündern zu ewiger Hölle in Einklang bringen lässt. Immerhin meinte sogar ein christlicher Mönch im Fernsehen, er könne nicht glauben, dass es wirklich eine Hölle gibt. Dem biblischen „So schuf Gott den Menschen als sein Abbild" steht der Eindruck entgegen „Der Mensch denkt sich Gott als sein Abbild". Warum aber nicht so: „Wie Gott ist, wissen wir nicht, werden wir wohl auch nicht begreifen können" – so es ihn denn gibt.

Die Verheißung der Seligkeit nach dem Tode ist das stärkste Angebot des Christentums und soll als frohe Botschaft der Menschen Lebensangst vertreiben. Jesus Christus selber verhieß noch am Kreuze dem einen Mitgekreuzigten, dass sie beide bald zusammen im Paradies seien, also im Jenseits der Seligen und Heiligen. Beeinträchtigt wird allerdings die ewige Glückseligkeit im Jenseits dadurch, dass ihr eine ebenso ewige Unglückseligkeit, eben die so genannte Hölle, gegenübersteht, es also nicht sicher ist, wo man als Seele (die zum Jüngsten Gericht mit einer Art Körperlichkeit wieder versehen werden soll) verbleiben wird. Mir ist nicht ganz verständlich, wie man in der Nähe Gottes wird glücklich sein können, wenn man einen einst geliebten Menschen in der Hölle weiß, egal aus welchem Grund.

Zwischenbemerkung: Nach der Lehre der römisch-katholischen Kirche kann man ziemlich schnell für die ewige Verdammnis in Frage kommen. Wenn man im Zustand einer unbereuten schweren Sünde stirbt, ist es soweit. Aber was ist eine schwere Sünde? Mord gewiss, aber auch das mutwillige Fernbleiben von einem Sonntagsgottesdienst (wird inzwischen anscheinend großzügiger gehandhabt), fast alles aus dem Bereich der Sexualität, selbstverständlich Verleugnung des Glaubens. Wer Dantes große Dichtung „Göttliche Komödie“ liest, kann sich davon überzeugen, welch feine Gesellschaft in der Hölle schmachtet. Kein Wunder, dass sich allerlei Spott über das Jenseits ergießt mit einem leeren Himmel und voller Hölle. Welche Qualen aber ein wirklich Tiefgläubiger in früheren Jahrhunderten durchleben musste bei dem Gedanken, nicht gut genug für die ewige Seligkeit zu leben, können wir uns in unserer freier denkenden Gegenwart wohl kaum noch vorstellen. Auf solche Weise kann man jedenfalls die Hölle bereits im Diesseits vorwegnehmen. Interessanter Weise löste das aber auch das Gegenteil aus: Man vertraute auf die noch rechtzeitige Absolution des Beichtvaters und schlug über alle denkbaren Stränge, ganz besonders in der Renaissance im Zentrum Rom. So gerieten die Katholiken auch in den Geruch der Heuchelei bei den Protestanten. Schade das alles.

Die Hölle widerspricht, wie schon ausgeführt, der unermesslichen Barmherzigkeit Gottes. Andererseits erfüllt es den „guten“ Menschen mit Befriedigung, wenn die ganz furchtbar bösen Typen auf der Erde doch einmal würden büßen müssen – aber ewig?

Die Existenz einer transzendenten Welt ist Kernpunkt einer Religion, selbst im Sinne eines Nirwanas der Buddhisten und Hinduisten. Jedenfalls ist nur das wirkliche Religion, ansonsten Ideologie oder eine ins Religiöse und zur Weltdeutung hinleitende Mythologie. Allerdings erfährt man Beschreibungen der transzendenten Welt, die prekär an die Zustände im Diesseits erinnern. Da ist von Kämpfen zwischen Gut und Böse die Rede, von Götterhierarchien mit menschlichen Problemen. Selbst im Angesicht des Allmächtigen, so jüdisch-christliche Vorstellung, maßte sich dessen Erzengel Luzifer (Lichtbringer) an, es mit seinem Schöpfer gleichziehen zu wollen. Die absehbare Folge war sein Sturz, der ihn aber nicht davon abhielt, mit seinen Gefolgsleuten ein eigenes Jenseits, also die Hölle, zu gründen.

Man kann das sehr gut als menschliche Dichtungen verstehen. Doch was kann daran wahr sein? Was ist bei den Offenbarungsreligionen, den Buchreligionen, wirklich Gottes Wort? Auch in heutigen, kirchlich genehmigten Bibelkommentaren erfährt man die Unsicherheit über diese Frage, während im Islam immer noch kein Zweifel am vollständigen Offenbarungswert des Korans gestattet ist.

Letztlich gibt es bei Religionen keinen fruchtbaren Reformansatz, wenn und solange unnachgiebig fest geglaubt wird und sogar Unmengen von seltsamen Beweisen angeführt bzw. empfunden werden. Nahe liegende Bedenken wegen offensichtlichen Ungereimtheiten werden weggewischt, die Ungereimtheiten werden als überirdische Geheimnisse der Kritik entzogen. Wenn aber Zweifel, dann müssen sie in den eigenen Reihen verarbeitet werden. Falls die besorgten Kritiker dabei überleben, kann sich etwas bewegen. Was von außen an Kritik herangetragen wird, mag zwar auf die Dauer auch Wirkung haben. Man muss aber beachten, wie tief greifend Religionen, zumindest die religiöse Tradition, die Menschen und die Kulturen bestimmen, was zu leidenschaftlicher Bewahrung veranlasst. Bei den Amtsträgern kann Kritik die finanzielle Existenz, den Nimbus, das ganze persönliche Lebenskonzept gefährden – und wer würde sich nicht mit aller Kraft dagegen wehren?

Das Gefühl der Beheimatung im Glauben, der Trost, der vielen daraus erwächst, die Treue zum Angestammten, sind alles Säulen des Innenlebens von Millionen Menschen. Ob es eine transzendente Welt wirklich gibt, ob Gott als der existiert, als der er beschrieben wird, letztlich bleibt das reine Glaubensangelegenheit. Und wenn jemand sagt „Ich frage garnicht, ich nehm's so hin," kann man das irgendwie auch verstehen, denn wer zieht sich schon gerne den Boden unter den Füßen hinweg. Auch ich bleibe dort, wo mich das Schicksal hingestellt hatte – beim Christentum, allerdings nicht ohne zu hinterfragen, denn *Thesen, Behauptungen, Lehrsät-*

ze, Dogmen, die nicht in Frage gestellt werden dürfen, sind von daher gefährlich, so gut und schön sie auch zu sein scheinen.

Möge ein Kampf der religiös motivierten Kulturen schließlich doch nicht voll ausbrechen und möge die Menschheit vor neuem Elend bewahrt bleiben!
s. auch P15 Seite 176

Fassen wir zusammen: Das Gehirn schafft uns Menschen die Möglichkeit, uns gleichsam dahinein weitgehend zurückzuziehen und die wirkliche Welt zu vergessen, vorausgesetzt gewiss, unserem Körper sind die Lebensnotwendigkeiten wenigstens auf unterster Stufe gesichert. Geistiges Innenleben – wenn nicht doch Offenbarung - dürfte wohl der Anlass gewesen sein, die Existenz eines zweiten nichtkörperlichen, nichtmateriellen, vom Tode des Körpers nicht betroffenen Ichs anzunehmen, die Seele. Das Hauptproblem mit der menschlichen Seele ist dadurch gegeben, dass man nicht weiß, wie sie sich erstmals im Zuge der Entwicklung des Menschen aus dem Tierreich mit dem Körper vereinigt bzw. entwickelt hat und dies immer wieder aufs Neue beim Entstehen eines Menschen erfolgt. Dabei ist die Existenz einer unsterblichen Seele zentrales Thema derjenigen Religionen, die von einem Weiterleben des Menschen durch seine Seele in einer jenseitigen Welt ausgehen, wobei die Taten oder Untaten des verblichenen Körpers im Diesseits dann in der jenseitigen Welt als Seligkeit honoriert beziehungsweise bestraft würden. Die Religionen basieren letztlich auf dem Glauben an höhere Mächte, die stärker sind als alle diesseitigen Gewalt-Herrscher und deren Hilfe man erbitten kann. Die markanten Unterschiede zwischen religiösen Vorstellungen in der Menschheit sind allerdings ihrerseits fortgesetzt Anlass zu schwerwiegenden Auseinandersetzungen.

Unzulänglichkeiten und Wunschdenken

Den vollkommenen Menschen, was das auch immer sein sollte, den gibt es nicht. „Nobody is perfect". Das erfährt der heranwachsende Mensch normaler Weise sehr früh, wenn er gelenkt, zurechtgewiesen, erzogen wird. In den Bemerkungen aus seiner Umgebung und sobald er in den Spiegel schaut, sieht er so manche seiner Unzulänglichkeiten bestätigt. Das mag ihn bedrücken und fehlleiten. Unser Schulsystem mit den ständigen Bewertungen tut ein Eigenes dazu, wenn der Erfolg ausbleibt. Ein nie gelobter junger Mensch kann später enorm gefährlich werden, das wissen wir. Häufige harte Züchtigungen durch Eltern haben schon grausame Diktatoren heranreifen lassen. Aber auch Verwöhnungen von Kindern, die Unzulänglichkeiten aus übertriebener Liebe nicht nur überdecken, sondern sogar fördern, können schlimme Folgen haben. Der an sich verdiente häufige Erfolg im frühen Kindesalter kann als Kehrseite die Eigenüberschätzung zur Folge haben, mehr schaden als gut sein. Es ist gewiss schwer, in den verschiedensten Lebenslagen angemessen und geschickt zu handeln. Da stehen die eigenen ursprünglichen und gewordenen Unzulänglichkeiten im Wege; sie zu beherrschen ist die Kunst, von den mitunter ungünstigen Zufällen abgesehen. Eine gute Mischung aus positiven und negativen Erlebnissen im Jugendalter dürfte für den späteren Menschen das beste sein, doch was ist dabei „gute Mischung"? Die körperlichen Unzulänglichkeiten und Behinderungen tun ihr Übriges. Sie können aber auch enorme „seelische" Kräfte positiv freisetzen.

Während normaler Weise der Mensch von zumindest gelegentlichen Krankheiten begleitet ist, gibt es ja in der Tat Personen, die lebenslang ohne, zumindest ohne schwere Krankheiten bleiben. Das ist also möglich.

Zwischenbemerkung: Wie glücklich war jener ältere Franzose, der mir bei einer Zugfahrt erklärte, noch nie im Leben krank gewesen zu sein. Es war ein einfacher Mann, der deshalb wohl große Erfolge seines Daseins nicht vermisste. Auch meine eigene Großmutter mütterlicherseits wurde fast 90, bis sie dann doch von einer todbringenden Erkrankung eingeholt wurde, die sie gelassen hinnahm. Mit etwa 60 hatte sie einmal eine Gallenblasenoperation, aber sonst ist mir nichts Wesentliches bekannt. Dabei war sie immer zurückhaltend, freundlich, arbeitsam und hilfsbereit. Ein entsprechend heiß geliebter Mensch. Ist so der wünschenswerte, nahezu perfekte Mensch?

Wunschdenken wehrt sich gegen die Unzulänglichkeiten, sowohl der eigenen Person als auch der Lebensumstände, und trübt bei Eltern oft die Beurteilung der geliebten Kinder. Weil in jedem Gehirn sich eine eigene Welt herausbildet, in der man selbst der Mittelpunkt ist, entsteht dort auch der Anlass des Wunschdenkens. Dabei wird nicht nur für sich die schöne Zukunft ersehnt, es werden auch Vorbilder, verehrenswerte Gestalten eingenistet. Dies ist die Chance der charismatisch genannten Personen, jener, die Eigenschaften haben, mit denen sie herausgehoben sind oder zu sein scheinen oder die besondere Fähigkeiten haben, diese schauspielerisch vorzutäuschen. Wenn man schon einsieht, zu viele Unzulänglichkeiten zu haben, so möchte man wenigstens zu den Anhängern einer verehrenswürdigen Person gehören. Deren Unzulänglichkeiten werden gern übersehen, verniedlicht, gegebenenfalls als interessant verarbeitet, vielleicht nur flüsternd erwähnt, unter Umständen auch völlig geleugnet. Mir sagte einmal jemand, er habe als junger Mensch nicht glauben können, dass eine von ihm verehrte Person die üblichen menschlichen Bedürfnisse habe. In früheren Jahrhunderten soll die Regel gegolten haben, ein Papst wird nicht krank, er kann nur sterben – was nun halt nicht zu leugnen war. Es ist schon ein großer Fortschritt, wenn dies heute anders ist, und ein kranker Pontifex sogar die Herzen bewegt. „Wir werden siegen, weil wir den Führer haben“ war das letzte Durchhalte-Argument des Meisterlügners Dr. Goebbels im 2. Weltkrieg zum Ende des Hitlerreiches. Seine Verherrlichung des weiß Gott unzulänglichen Diktators schuf neben den Versprechungen von weiteren Wunderwaffen die Basis für das anhaltende Wunschdenken vieler Deutscher, der Katastrophe doch noch zu entgehen, und riss Massen in den Tod.

Zwischenbemerkung: Auf das menschliche Wunschdenken können sich die Lotterien verlassen. Millionen träumen vom großen Gewinn ohne Anstrengung. Mein Großvater väterlicherseits spielte hartnäckig aber vergeblich bei einer Klassenlotterie, mein Vater vertraute dem Lotto. Mehrmals erzählte mir mein Vater, dass er das vor allem für seine Kinder tue, und wir hatten natürlich nichts dagegen. Tatsächlich erfüllte sich sein Traum vom Einschlag der „6-Richtigen“ mit der Genauigkeit einer amerikanischen Präzisionsbombe, allerdings 5 Meter zur Seite im Hause des Nachbarn.

Die Unzulänglichkeiten des Körpers, ja dessen Lebensunfähigkeit machen sich schon mit und nach der Befruchtung bemerkbar. Die meisten gezeugten Menschen werden nach der im Mutterleib stattfindenden Beurteilung oder den gegebenen Bedingungen an weiterem Wachstum gehindert und gehen ab, üblicher Weise für die Mutter unbemerkt. Was bleibt und heranwächst, ist nicht immer ohne erheblichen Körper- oder geistigen Schaden. Schwere Lasten kommen so auf den neuen Menschen selber wie auch auf seine Eltern zu. Immer mehr versucht man, dem in bekannter Weise zu begegnen. Danach sind es die zahlreichen Krankheiten, die heimsuchen. Das Übrige fügen sich die Menschen in ihrem mit Waffen ausgetragenen Lebenskampf zu, der sogar noch poetisch verherrlicht wird. Auch das ist eine Besonderheit des Menschen und durch seinen Geist verursacht.

Aber warum sind wir, sind alle Geschöpfe unvollkommen? – Die Antwort ist so einfach wie ernüchternd: *weil der Gang der Evolution mit den vorliegenden und eintretenden Unvollkommenheiten dennoch weiterlaufen konnte, also kein Zwang zu mehr Vollkommenheit bestand.* Zudem ist es unerhört aufwendig, wenn Vollkommenheit erreicht werden soll. Unsere Unvollkommenheit mag unseren Geist und Stolz beleidigen, mag unser Wunschdenken verstärken und allerlei Schauspielerei herausfordern, es ist besser, sich freimütig dazu zu bekennen. Andererseits ist es kümmerliches Verhalten, sich selber noch gesteigert zu erniedrigen, Armseligkeit und Sündhaftigkeit herauszustellen, gar in Selbstgeißelung durch die Straßen zu ziehen. Das schöne Wort von der Würde des Menschen – sie gebührt jedem und wir müssen sie jedem zugestehen. Auch dem heruntergekommenen Mitmenschen kann man achtend begegnen und ihm zum Beispiel im Deutschen das „Sie" nicht vorenthalten. Es ist rührend zu erfahren, wie dankbar das entgegengenommen wird.

Die für uns Menschen typischste Unvollkommenheit ist unser beschränktes Wissen, das uns bestimmt. Gewiss, unsere Grundbedürfnisse haben wir recht gut „im Griff", weltweit. Wo wir auch hinkommen, in den fernsten Winkeln dieser Erde, der ungehemmte Mensch weiß recht gut, sich zurechtzufinden. Und dort, wo wir auf fremde Menschen treffen, pflegt ein freundliches Lächeln Wunder zu wirken. Beobachtet man kleine Kinder aller Ethnien und Kulturen, sie reagieren ganz ähnlich und haben untereinander kaum Schwierigkeiten, mit einander auszukommen. Auch mit den Tieren wissen wir recht gut zurechtzukommen, sie verstehen unser Streicheln, unsere Stimmlage, unsere Gesten. Dennoch, jeder Mensch fängt schließlich mit seiner Geburt „von vorne an". Was nützt alle Erfahrung, alles erarbeitete Wissen der Menschheit, wenn es dem jungen Menschen nicht ausreichend vermittelbar ist, ja es gibt sogar keinen Konsens darüber, welches Wissen entscheidend ist. Alle Kulturen, alle Eltern und Erzieher haben dazu ihre speziellen, oft kontroversen Vorstellungen. Je mehr wir denn heranwachsen, desto mehr unterliegen wir den Fehlschlüssen unseres insgesamt kümmerlichen Wissens, den Fehlleistungen der speziellen Einflüsse, denen wir ausgesetzt sind, trotz Vermehrung des Anteiles an immerhin allgemein vorteilhaftem Wissen, wie es normaler Weise doch der Fall ist.

Unser beschränktes Wissen ist umso bedenklicher, als es dazu ausreicht, die raffinierteste Technik zu entwickeln und uns auch verführt, die weit reichenden Folgerungen zu ziehen. Darf man dann aber zum Beispiel so etwas wie diese Abhandlung schreiben, wenn man schon einsieht, wie unzulänglich wir sind, wie unzulänglich man selber ist? – Ich meine, es gehört zu unserem Menschsein, Erkenntnis zu versuchen und den Dialog fortzusetzen, der entstanden ist. Aber gleichzeitig müssen wir Demut obwalten lassen und daran erinnern: Irren ist menschlich. Viele tun das nicht und sprechen z. B. von Kanzeln herunter, als hätten sie direkten Draht zum Allmächtigen in all seiner Weisheit. Und damit sind wir da, wo wir heutzutage sind.

Immer wieder wesentlich sind in der Tat unsere Gefühlsgründe, ist unsere Motivation, im Guten wie im Schlechten, kreativ beim Schaffen von Kunstwerken und destruktiv, wenn wir begeistert in irgendeinen Krieg ziehen, natürlich einen gerechten, gegen das Böse und mit Gott im Rücken für das Gute, das wissen wir dann genau; unsere Unvollkommenheit, unser beschränktes Wissen, vor allem zu erkennen in der Spezialisierung, die so notwendig für die nach „Fortschritt“ süchtige Menschheit ist. Aber die Menge der klugen Spezialisten, ja, der wirklich klugen und tüchtigen, auch der im Einzelfall genialen, redet doch immer wieder überzeugend an einander vorbei. Sie können garnicht anders, denn sie sind durch ihre Spezialisierung und ihre Einzeltalente unterschiedlich „programmiert“, wie wir analog dem Computer heute sagen. Sie reden an einander vorbei, mitunter sogar in denselben Formulierungen, denn ihre Worte und Sätze mögen gleichlauten, haben aber unterschiedliche Bedeutung, ohne dass sie es immer merken. Jede Kultur versucht, durch einen einheitlichen Bildungsuntergrund dagegen anzugehen, aber es gelingt nun mal nicht ausreichend, und schon garnicht weltweit.

Sehr geschickt ist es, wenn Weisheiten in ein poetisches Gewand gehüllt werden. Es geht dann nicht mehr allein um die Tragkraft des Inhaltes, nein, die Schönheit der Formulierung überwindet etwaige Unzulänglichkeiten. Weniger milde sind die Fertigkeiten der Demagogen zu beurteilen, die bei aller charakterlichen Unzulänglichkeit das Talent haben, Halbwahrheiten, ja bewusste Unwahrheiten so mitreißend zu präsentieren, dass sie wahrhaft Massen nicht nur in Begeisterung sondern gegebenenfalls in verheerende Bewegung versetzen können. Der Massenrausch, der dem Einzelnen dann die Möglichkeit gibt, sich mit seinen Kümmernissen in der Scheingewissheit einer Gemeinschaft zu beglükkenden Gefühlshöhen aufzuschwingen, erfährt zwar danach die Ernüchterung, aber nicht jeder bedauert das Erlebte, und seien die erzeugten Trümmer noch so schrecklich.

Um es noch etwas zuzuspitzen: Die Welt wird regiert von viel Unwissen und Unsinn – natürlich auch echte Lügen - und von vielen Emotionen. Je komplizierter die Welt wird mit der Unsumme von verstreutem, nicht selten irrtümlichem Wissen und der chaotischen Flut von vorwiegend unwichtiger oder falscher Information, desto skeptischer muss man die Zukunft beurteilen. Doch wie heißt es so schön gefühlsbetont: Nicht den Mut verlieren! Oder: Haben wir es nicht trotz allem weit gebracht? Und: Seid umschlungen, Millionen, diesen Kuss der ganzen Welt! Wie aufgewühlt und beglückt können wir sein, wenn diese Ode verhallt.

Fassen wir zusammen: Wir Menschen sind unzulänglich, jedenfalls verglichen mit dem, was sich unser Geist vorstellt, wie wir sein sollten, körperlich unzulänglich und auch im Geist selber. Wir sind beherrscht von Wunschdenken und lassen uns immer wieder davon verführen. Eine Flut von Eindrücken und Informationen strömt auf uns ein, die wir letztlich nicht richtig verarbeiten können. Wir sind auch Opfer von Fehlinformationen, getrieben von Emotionen, und verstehen es meistens doch, uns zu behaupten.

Vorteilswahrnehmung, Machtstreben, Verbrechen

Die biologische Evolution wurde möglich infolge Veränderung, zufällige (eventuell doch auch nicht ganz zufällige) Mutationen der Erbmassen und darauf der bereits mehrfach erwähnten Vorteilswahrnehmung der neuen Lebewesen, die zur Selektion, zur Hervorhebung der besser Angepassten oder Glücklicheren und Unterdrückung der anderen führt. Die Vorteilswahrnehmung ist charakteristische Eigenschaft aller Lebewesen, nicht zuletzt des Menschen. Der Mensch mit seiner erheblichen Einsichtsfähigkeit wiederum nutzte den Evolutionsmechanismus zur Züchtung von Pflanzen und Tieren: Er wählte die ihm nützlicher erscheinenden aus, förderte ihre Vermehrung und verhinderte die Vermehrung der anderen. Eine gewisse Züchtung versuchen wir sogar unter uns selbst bei der Wahl unserer Partner. Auch Tiere tun das. Da wir inzwischen wissen, was Erbanlagen bedeuten und wie sie sich in den Genen darstellen, nimmt der Mensch mehr oder weniger gezielte Eingriffe, genannt Gentechnologie, darin vor. Jetzt also wird in die Mutation eingegriffen und nicht nur in die Selektion.

Infolge der Art und Weise der Evolution sind demnach Lebewesen entstanden, die, insbesondere in Gestalt des Menschen, die Evolution ihrerseits massiv beeinflussen und beschleunigen. Über den Menschen mit seinem Gehirn, einem regelrechten „Planungsinstrument", gelangte die Evolution in eine völlig neue Phase und der Zufall wird überspielt. Die Evolutionsschritte können – zunächst noch stümperhaft – gemäß Strategie und Planung nach logischen Abwägungen und Willensentscheidungen erfolgen. Ob diese neue Phase der bisherigen Zufallsbedingtheit auf die Dauer überlegen ist, wird sich zeigen.

Die Vorteilswahrnehmung wird besonders deutlich bei den Kämpfen um Machtpositionen innerhalb der Populationen von Lebewesen. Die berühmte Hackordnung auf dem Hühnerhof ist das getreuliche Abbild dieser Vorgänge. Je größer die Population, desto bedeutsamer wird das Thema Macht. Die Verbindung von Macht und Sexualität ist bereits weiter oben angedeutet worden.

Macht zu haben, heißt, den Beherrschten seinen Willen aufzwingen zu können. „Du bist der Wille zur Macht, und nichts außerdem" ließ sich Friedrich Nietzsche vernehmen. Leider versteifte sich dieser wortgewaltige Mann kurz vor seiner „Umnachtung“ etwas zu sehr auf dieses Thema, das späteren Gewaltherrschern so sehr zupass kam. Derselbe Philosoph empfahl ja auch schon dem Mann die Peitsche, wenn er zur Frau geht. Gewiss, er hatte bei einer solchen schlechte Erfahrungen gemacht und musste bittere Folgen tragen. Das sollte man bedenken und ihn nicht so wichtig nehmen, wie das vielfach geschieht oder geschah. Behandeln wir also das Thema Macht etwas sachlicher. Im Familienverband wird es noch überlagert von der Eltern-, Kind- und der Geschwisterliebe. In den Verwandtschaftsbeziehungen, die darüber hinaus gehen, schwächen sich die natürlichen Bindungen dieser Art immer mehr ab, wenn auch „die Stimme des Blutes“ noch beschwört werden kann. In Sippenverbänden und Volksgruppen wird es immer schwerer, einen normalen gefühlsgetragenen Zusammenhalt zu bewahren. Dafür erweitert sich der Vater- und Mutterbegriff in abstrakter Form auf die sich fast immer herausbildenden hierarchischen Herrschaftsstrukturen, vor allem bei den Menschen im Zusammenhang mit einer Staatsbildung.

Zwischenbemerkung: Kaiser und Könige wollen zwar meistens auch wie Väter geliebt sein, aber einer machte den Unterschied deutlich, als er zwar bedauern musste, dass er wohl kaum vom Volke geliebt werde, dennoch meinte, „wenn sie mich nur fürchten“. Das „geliebte Väterchen“ Stalin und der „geliebte Führer“ waren seinerzeit gängige Begriffe und sind erneut aus den gegenwärtigen Diktaturen in ähnlicher Form zu vernehmen.

Immer wieder kann man bei Geschichts- und Gegenwartsbetrachtungen feststellen, dass die Herrscher den Abstand zu den Regierten zu vergrößern suchen oder von ihrer direkten Umgebung – gewiss bei denen aus eigensüchtigen Gründen – dazu gebracht werden. (Bei echten Demokratien ist das eher umgekehrt, weil man vom Volke wiedergewählt werden will.) Neue Herrscher erwachsen häufig aus militärischen Befehlshabern, die ihre Stellung dann durch Titel, Vermögen und Riten, unterstützt durch Staatsreligionen, weiter festigen. Von altersher entstanden so auch die Adelskasten, in manchen Fällen wurden die Eroberer dazu. Die herrschaftliche Erbfolge über die eigenen Kinder wird immer wieder bevorzugt. Das entspricht elterlichen Gefühlen, vereinfacht die Nachfolge, lässt aber auch die Macht in der Familie und ermöglicht eine andauernde Herausgehobenheit. Es lässt sich sogar idealistisch begründen bis hin zur Gottgewolltheit (Gottesgnadentum) bzw. sogar göttlicher Abstammung. Hier schlägt die natürlichste und damit stabilste Cliquenformierung infolge Verwandtschaft durch.

Die „Untertanen" der hierarchisch stabilisierten Population werden dann von ihren Herrschaften zu Diensten verpflichtet bis hin zur Opferung des eigenen Lebens im Kriegsfall. Das alles wird ideell überhöht durch Begriffe, die dem Angehörigen von Volk und Staat den Stolz ins Herz senken. Dem folgen auch die Demokratien: Das eigene Volk ist bestimmt besser als andere, eventuell von Gott auserwählt, man lebt „in god's own country". So etwas oder Ähnliches glauben alle Völker. Es fällt damit nicht mehr schwer, die geläufigen Grundsätze des guten Umgangs mit den Mitmenschen danach zu bemessen, ob es um das eigene Volk geht oder um ein fremdes. Selbstverständlich wird auch der Reiz für den Untertan größer, selber nach Macht und Einfluss zu streben. Im Rahmen der Staatspolitik führt das zu Auseinandersetzungen, ja Revolutionen innerhalb der Populationen, vor allem dann, wenn das Gefühl bei den „unteren" Gruppen oder bei Minderheiten gewachsen ist, „ungerecht" behandelt und grundsätzlich schwer benachteiligt zu sein. Besonders heftig werden solche Kämpfe, wenn die eine Population eine andere beherrscht und unterdrückt, falls nicht rechtzeitig eine einigermaßen glatte Durchmischung erfolgt.

Gegenüber den Herrschaftsstrukturen hat das demokratische Prinzip häufig einen schweren Stand, zumal es doch sehr von verbreitetem Wohlstand und entwickelter Volksbildung abhängig ist, zumindest bei einer größeren tragenden Schicht. Aber auch in der Demokratie sind reiche Familien oft führend. Durch Titel, insbesondere Adelstitel, durch öffentliche Funktionen und eingeübtes abgehobenes Verhalten („noblesse oblige"), durch Schein- und echtere Wahlen autorisiert, bestimmen Personen und Familien, auch Cliquen, überall in der Welt die Massen, die es teils widerwillig hinnehmen, teils sich dabei sogar wohlfühlen. Demokratie ist immerhin das beste Staatssystem, mit dem eine unberechenbare und damit stets höchst gefährliche Diktatur in der Regel verhindert werden kann. Leider gilt das nicht immer, denn das Parteiensystem – daneben die Interessenverbände – kann bekanntlich sogar zu den schrecklichsten Regierungen mit darin hochgespülten Gewaltherrschern entarten. Extremistische Parteien mit stabilisierten Führungsstrukturen und charismatischen Führerpersönlichkeiten –

zunächst von den Massen als Heilsbringer empfunden – sind dafür geradezu prädestiniert. (Besonders schwerwiegend könnte das einmal im Rahmen einer sich ergebenden Weltregierung oder einer einzelnen wirklichen Supermacht werden, weil dann ausreichende staatliche Gegengewichte praktisch entfielen.) Ideologische und religiöse Fundamentaltheorien mit Alleingültigkeitsanspruch pflegen dann jeglicher etwa dem Ausgleich dienenden Gegenposition den Garaus zu machen – eine für den menschlichen Geist geradezu typische Fehlleistung. Würde gar die technische Entwicklung eine totale Kontrolle über die Massen ermöglichen, ist eine Rettung des Freiheitsgedankens für die Menschheit kaum noch vorstellbar. Ohne in Pessimismus zu verfallen, sollte man das doch ganz nüchtern sehen.

Während die Staaten ihre bedenklichen Unternehmungen mit dem Strahlenkranz der eigenen Souveränität zu umgeben pflegen, betätigen sich hochorganisiert mafiosische wie meist kleinere Gruppen oder Einzelpersonen in der Weise, die dann Verbrechen genannt wird. Sie verstoßen gegen staatliche Gesetze und ethische Empfindungen. Auf der staatlichen Ebene werden grausige Dinge dagegen mitunter geehrt. Allerdings versucht man neuerdings tatsächlich und ansatzweise, auch staatliche Untaten mit dem Geruch des Verbrechens zu versehen und vielleicht sogar irgendwie zu ahnden. Einen Nachbarn aus seinem Haus ohne jede Berechtigung zu vertreiben verstößt gegen Recht, Gesetz und Ethik mit entsprechenden Folgen. Ganze Volksgruppen aus ihrer angestammten Heimat zu verjagen, meist verbunden mit Peinigungen und Tötungen, bleibt oft genug folgenlos, wenn die Machtverhältnisse günstig sind und anhalten. Es finden sich dann sogar immer wieder die großartigsten Begründungen, so etwas zu vollziehen. Geradezu bewegend sind die eventuellen späteren Entschuldigungen, die unsere Gegenwart dankbar zur Kenntnis nimmt, sogar ohne erfolgende Kompensation - immerhin.

Anlass und Antrieb zu Verbrechen gibt es zahlreich. Eigentumsprobleme, Rachegelüste, die Sexualthematik, Geltungsbedürfnis bzw. Verlangen nach Selbstbestätigung sind bekannte Begriffe. Über das allgemeine ethische Empfinden hinaus sind Definitionen von Verbrechen abhängig von Staatsverfassungen und Staatsideologien, gegebenenfalls auch von Eigengesetzlichkeiten kleineren Gemeinschaften, Familien, Räuber- und Gangstergruppen. So wird zwar die Tötung eines Mitmenschen fast weltweit an sich als schweres Verbrechen angesehen, doch gibt es auch hier erhebliche Einschätzungsunterschiede bis dahin, dass eine solche Tat als Heldenstück oder als Leistungsbeweis angesehen wird. Tötung bei Blutrache schätzen entsprechende Volkssitten, Tötung im Duell unterliegt einem speziellen Ehrenkodex. Selbstverständlich ist die Tötung in Notwehr nach allgemeiner Auffassung kein Verbrechen, doch was ist Notwehr? Besonders ernsthafte Menschen lehnen auch die Tötung eines Gewaltherrschers ohne eigene unmittelbare Not des Töters ab, selbst wenn der damit Leid und Tod vieler anderer Menschen glaubt verhindern zu können. Andererseits gibt es für Selbstmordattentate mit irgendwie idealistischem Hintergrund abwägendes Verständnis, auch wenn dabei Unschuldige mit zu Tode kommen. Der Soldat, der im Krieg einen als Feind angesehenen Mitmenschen im Kampfeinsatz und meist unter eigenem Lebenseinsatz als Kriterium der Tapferkeit tötet, wird damit zum Helden. Nach anerkannten Regeln und soldatischer Tugend wird aus einer absichtlichen Tötung ein Verbrechen, wenn ein Feind sich bereits deutlich sichtbar ergeben hat, doch wo wird das je wirklich geahndet? Voraussetzung für eine negative Einschätzung ist ja auch immer die Schuldfähigkeit im Verbund mit solidem Rechtswesen.

In der Gemeinschaft können sich egoistische, eigensüchtige Untaten in altruistische, selbstlose, ehrenvolle Taten verwandeln, jedenfalls in der Beurteilung durch die Gemeinschaft und im Gewissen des Einzelnen. „Right or wrong, my country" – deutlicher lässt sich das kaum sagen. Und der Gangster innerhalb einer entsprechenden Clique, der einen am Geschäft hinderlichen Gegenspieler beseitigt, pflegt kaum seine Tat als eine schlechte zu empfinden. Aber auch Einzelgänger sehen sich selber in der Regel im besseren Licht als andere, wenn sie einen guten Vorteil für sich fühlen.

Das Verbrechen wird nicht aus der Welt zu schaffen sein. Seltsamerweise mögen auch sehr friedliche Menschen Kriminalgeschichten, in der Regel nicht nur, um zu wissen, welche Gefahren auf sie lauern. Meinte nicht Goethe, er könne sich vorstellen, selber die schlimmsten Verbrechen zu begehen? Was lebt da im Inneren unserer Gefühlswelt, was spukt da im menschlichen Geist herum? Ich bin mir sicher – das wurde nicht nachträglich vom Satan eingepflanzt, das ist Natur, das brachte die Evolution mit. Was

hilft es auch, den Satan verantwortlich zu machen, der ebenfalls ein Geschöpf Gottes wäre – so es den Satan wirklich gibt? Das Ausbrechen aus den Regeln, die wir uns gesetzt haben, ist letztlich sogar Freiheit. Die „böse“ Tat, zwar beim gut erzogenen Menschen beherrscht, ist in unreflektierter Form im Tier vorhanden, doch dem wilden Tier fehlt sowohl Schuldempfinden als aber auch – zumindest weitgehend - das Triumphgefühl des menschlichen Geistes. Dieser wiederum sieht im allgemeinen denn doch die Gefahren einer unbeschränkten Freiheit und Willkür, einer endlosen Vorteilswahrnehmung für sich selber und diejenigen, die er liebt. Er schuf eine Ethik, und mit ihr hat sich Wissen um Unrecht und Untat formiert, das verbreitet zum Gegenspieler seiner Lust am Ausbrechen aus den Regeln wurde, keineswegs aber selbstverständlich ist. So ist es weiterhin möglich, dass eigentlich biedere Bürger unter Umständen – beispielsweise eingereiht in uniformierte „Sonderorganisationen“ – so leichter Hand zu den schlimmsten Dingen verwendbar sind. Dass dann vielleicht der Nervenzusammenbruch folgt, während die meisten verdrängen, etliche sogar bei der Rechtfertigung und dem Machtgenuss bleiben, ist eine Angelegenheit für sich.
s. auch P16 Seite 184

Fassen wir zusammen: Der Evolutionsvorgang bei der Fortpflanzung der Lebewesen, bestehend aus Mutation und Selektion, führte zur Begünstigung derjenigen Lebewesen, die es verstanden, ihren Vorteil zu wahren. Deshalb ist die Vorteilswahrnehmung bei uns Menschen so markant und allgegenwärtig und besonders deutlich im Machtstreben. Während auf der einen Seite durch die Staatenbildung innerhalb der Staaten Gesetze erlassen und Ordnung hergestellt werden konnten, wurden andererseits „Gesetzesbrüche“ im Kleinen und Kämpfe zwischen den Staaten umso folgenreicher. Damit kam das so genannte Verbrechen auf, einen Begriff, den man neuerdings auch auf aggressives Verhalten von Staaten anzuwenden versucht.

Ethik, Verantwortung, Recht und Gesetz

War es Gott, der seine menschlichen Geschöpfe zum Einhalten bestimmter ethischer Verhaltensweisen verpflichtete oder der Mensch selber? Gibt es denn nicht viele, ja sehr viele Menschen, die um das Wohl von Mitmenschen zutiefst besorgt sind? Es pocht etwas im Inneren, das zur Hilfeleistung drängt, vielleicht oft der Gedanke, zumindest unbewusst, man könnte selber hilfbedürftig werden. Doch sollte man die gute Tat nicht relativieren. Dass die Heilberufe gerade die Gefühle junger Menschen erheben können, muss uns mit vielen Hässlichkeiten des Lebens versöhnen dürfen. Geholfen zu haben, vermag die schönsten Glückgefühle erzeugen. Aufrufe zu Spenden können halbe Völker in Bewegung setzen. Sich für andere intensiv bemühen, selbst unter eigener Gefahr für Leib und Leben, ist durchaus ein Charakteristikum nicht nur der Helden, sondern auch, vielleicht vor allem, der Schar unbekannter Helfer. Also lebt in uns auch das Ideal dessen, was wir kühn Menschlichkeit nennen – aber sogar bei Tieren manchmal ähnlich beobachtet werden kann.

An dieser Stelle drängen sich aus dem Text drei Begriffe gemeinsam heraus, die in einer Überschrift verblassen würden. Drei Begriffe, die das Blut in die Wangen treiben, den Atem rauben, gar das Herz sprengen können: *Lebenssinn, Gewissen, Liebe.* Sie erfassen den ganzen Menschen, können ihn zum Höchstgefühl oder zur Verzweiflung treiben. Können, ja, sehr oft können sie es, wohl nicht bei jedem. Für den Empfindsamen sind sie der Mittelpunkt des Daseins, Auslöser der schönsten Kunstwerke, auf jeden Fall Triumphe des menschlichen Geistes.

Was auch immer als Lebenssinn empfunden wird, es ist so wichtig für uns, die eigene Existenz gleichsam zu begründen, in der Tat ihr einen festen Grund und Boden zu geben. Das muss aber letztlich jeder selbst vollbringen oder die Hilfe der Religionen in Anspruch nehmen. Ein schönes Wort ist Erfüllung. Ein erfülltes Leben nach eigenem Gefühl gehabt zu haben, so in Familie, in irgendwelchen Aufgaben, in besonderen Erlebnissen und Leistungen, ist ein Geschenk, ein sehr großes.

Das Gewissen sollte uns behütend leiten. Es kann aber auch verbogen oder verschüttet sein, vielleicht auch so fein, dass es zur echten Last wird. Dann sollte der Mitmensch beispringen.

Die Liebe - sei sie im Gefühl verströmend, tätig helfend oder leidenschaftlich begehrend, sie ist das Beglückendste des Lebens. ....und hättet ihr die Liebe nicht ... – das besagt wahres Christentum, das so selten ist.

So kann denn gewiss der Lebenssinn in der dem besten Gewissen folgenden Liebeserfüllung gefunden werden, was die Begriffe zudem, und ich meine wunderschön, verbindet.

Mit der schlechten Tat fertig zu werden, wenn uns das Gewissen einholt, ist denn auch besonders schwer, zumal am Ende des Lebens. Geschieht es früher, kann es zu großen guten Taten bewegen, zumindest aber zur tiefen Bestürzung mit einer vielleicht aufhelfenden Neubesinnung.

Zwischenbemerkung: Ein Mitstudent seinerzeit erzählte mir aus seiner Kriegsgefangenschaft. Er habe die Sprache der Bewacher erlernt und einen guten Kontakt zu einem von ihnen gefunden. Der habe ihm von seinen Vergewaltigungen im Feindesland geschwärmt. Mein Gegenüber fragte ihn darauf, was er sagen würde, wenn das seiner Mutter und seiner Schwester passiert wäre. Darauf erstarrte der Maulheld und brach in Tränen aus.

Es gibt die guten Taten, es gibt die Scheu vor den schlechten, und es gibt ethische Grundsätze überall in der Welt, wenn auch unterschiedlich. Nicht überall wird Gott bemüht, wenn es sich auch Priesterschaften vielfach angetan sein lassen, über das zu befinden, was zu tun und zu unterlassen ist, angereichert mit religionsbedingten Sichtweisen. Das Ergebnis ist der arme Sünder, der um Vergebung ringen muss. Die Mächtigen wiederum zögern nicht, Recht und Unrecht ihrerseits zu definieren, oft mehr aus der Sicht ihres eigenen Vorteils. Doch bereits die alten Römer sahen, wie wichtig ein verbrieftes Rechtssystem ist, um Willkür „von oben“ einzudämmen. Daraus wurde ein vereinbarter und philosophisch untermauerter Kodex mit einem ethischen Kern. Das Ethische muss überzeugend sein, gewiss gebunden an Tradition und Vernunft. In der Praxis der historischen Jahrhunderte gab und gibt es jedoch massenweise Verstöße gegen ethische Kernaussagen. Bei den Kernaussagen läuft die vielleicht Wichtigste auf die schlichte Volksweisheit hinaus: „Was du nicht willst, dass man dir tut, das füg' auch keinem anderen zu“. Gewiss, das sagt auch noch nicht alles, weil es die persönliche Beurteilung zu sehr betont. So könnte man einwenden, was sich der eine noch gefallen lassen kann, muss dem anderen nicht passen. Außerdem setzt der Notwehrparagraf diesen hehren Satz außer Kraft, indem er letztlich nichts Anderes meint als: Wenn du nicht willst, dass der andere dich tötet, dann töte den anderen schnell vorher – stellvertretend auch schon mal durch die Staatsgewalt. Für die Kriegsherren ist jedenfalls damit der Präventivkrieg ethisch immer wieder abgesichert, soweit sie sich rechtfertigen, fürs Vaterland und nach Ehre, Pflicht und Treue.

Rechtsstaatlichkeit ist der Stolz einer modernen Demokratie. Doch was ist Recht? Die Rechtsgrundsätze werden von der Gemeinschaft bzw. ihren gewählten Vertretern ermittelt, wobei die philosophisch untermauerten Grundrechte unauflöslich sind. Da ist vor allem das Grundrecht auf Menschenwürde und auf Leben. Damit verträgt sich denn auch keine Todesstrafe, bei noch so schwerem Verbrechen. Dass dann aber auch so ein rechtes Scheusal am Leben bleiben darf, will nicht jedem in den Kopf.

Ein besonders schöner Grundsatz ist der, dass alle vor dem Gesetz gleich sind, gleiches Recht haben. (Der Volks-Spott spricht bekanntlich gerne davon, manche seien halt doch gleicher.) Recht ist nicht unbedingt Gerechtigkeit, und Recht kann man zwar haben, aber man muss es in der Lebenspraxis auch bekommen. Gesetze wiederum, der Abstimmung in der Gemeinschaft unterworfen, passen nicht immer jedem, was umso mehr zum Rechtsbruch bewegt.

Eine Erkenntnis besonderer Art ist die Verantwortung von uns für unser Tun. In der Tat leitet sich aus der hohen Leistungs- und Einsichtsfähigkeit des menschlichen Geistes die Verpflichtung ab, verantwortlich zu handeln. Allerdings ist der menschliche Geist auch sehr gut dazu geeignet, Verantwortung wegzuschieben, zu verneinen, zu verdrängen, schlichtweg zu leugnen. Hier schlägt der Wille zur Vorteilswahrnehmung voll durch, Vorteilswahrnehmung noch in dem Sinne, dass man die Chance sieht, sich herauszureden, alles abzustreiten, was nicht zutage tritt eisern zu verschweigen, mit Konsequenz ein falsches Bild zu vertreten.
s. auch P16 Seite 184 und P17 Seite 185

Fassen wir zusammen: Geht man nach den Religionen, so stammen unsere Ethik und die Fundamentalgesetze aus der transzendenten Welt, also vor allem von Gott persönlich. Man kann unsere Ethik aber auch verstehen, wenn man davon ausgeht, dass der allmählich zur Vernunft fähige Mensch im Gang seiner Entwicklung sich Gedanken darüber machte, ob die naturgegebene familiäre Liebe nicht doch etwas Grundsätzliches beinhaltet, nämlich sich nicht gegenseitig unbedingt das Leben schwer machen zu müssen. Das Ergebnis solcher Gedanken wäre dann unsere Ethik. Die gewachsene Macht des Menschen hat schließlich auch das Verantwortungsgefühl über die Familie hinaus entstehen lassen. Recht und Gesetz waren im Rahmen der Staatenbildung logische Folge, aber auch zur machterhaltenden Ordnung gedacht.

Durch Geist und Hand zu Wissenschaft und Technik

Irgendwann in grauer Vorzeit haben Menschen damit begonnen, über die Bewältigung der grundsätzlichen Lebensnotwendigkeiten hinaus und weiter zu denken. Es wird wohl nur sehr allmählich gegangen sein, vielleicht bei Ruhephasen im warmen Sonnenschein, sich gerade sicher wähnend vor wilden Tieren. Möglicher Weise war man mit Spiel beschäftigt, jener ungezwungenen und zu nichts verpflichtenden Tätigkeit im Zusammenwirken mit Fantasien, wie es die Kinder tun. Spiel macht erfinderisch, die Freude, mit den sich bietenden Gegenständen umzugehen. So entstehen Modelle, neue Gegenstände, schließlich Werkzeuge, um besser hantieren zu können. Der Mensch hat, wie schon die Affen, Hände zum Zupacken. Wenn bereits Affen erste Werkzeuge schaffen können, müssen die Menschen bald vermehrt geistig angeregt gewesen sein, Werkzeuge weiter zu vervollkommnen, sonst hätten wir heute keine automatischen Maschinen.

Technik ist das Ergebnis des Zusammenspiels von menschlichem Geist und menschlicher Hand. „Not macht erfinderisch" sagt man. Ein berühmter Mann meinte: „Ergriffenheit führt zu Erfindungen", was heißen soll, der innere Drang, etwas gestalten zu wollen über das hinaus, was die Natur bietet. Neugier ist weitgehend beteiligt und klingt weniger pathetisch. In der Natur gibt es kein Beispiel für das Rad (mit Nabe), weshalb diese Erfindung sicher eine der größten Leistungen des menschlichen Geistes war. Doch war das Leben der Menschen seit je vom Lebenskampf bestimmt – Waffen, Jagdwaffen, Verteidigungswaffen und Angriffswaffen wurden benötigt. Wer bessere hatte, war im Vorteil. Auch die Affen benutzen Waffen. Doch nur die Menschen hatten Ideen zu besseren. Die Tiere konnten nicht mithalten, die anderen Menschen aber zogen gleich – und die Rüstungsspirale kam in Gang. Später verkündeten die Kriegsphilosophen, der Krieg sei der

Vater aller Dinge, brächte also den Fortschritt. Dass dies über Not und Elend geht, wird dagegen gerne übersehen, vor allem, wenn es andere trifft.

Es hatte trotzdem lange gedauert, bis die Menschen ihre Lebensumstände wesentlich entwickeln konnten. Wir setzen die Entwicklungsabschnitte nach dem Werkstoffgebrauch an, zunächst die Steinzeit – in Wirklichkeit dauerte sie bis ins 20. Jahrhundert in abgelegenen Teilen der Welt. Dann kamen die großen Erfindungen, aus bestimmten Erdbrocken, den Erzen, glänzende Metalle herauszuholen. Das Feuer kam dabei zu Hilfe, das ja nur der Mensch bändigen kann: Bronzezeit, Eisenzeit. Und nun ging es immer schneller. Heute dominiert der Wunsch nach besserem Leben. Außerdem wollen manche Völker sich selber bestätigen als die tüchtigeren. Das zeichnete den Wettlauf in den Weltraum, speziell zum Mond aus.

Technik ist zwar eine Höherentwicklung des Handwerkes, benötigt aber die Wissenschaft als Basis. Zunächst musste ein Physikprofessor entdecken, dass und wie man Radiostrahlen erzeugen kann, bis ein Bastler die Funktelegrafie ermöglichen konnte. Professor Röntgen fand die bei uns nach ihm benannten Strahlen, die angewendet das Innere unserer Körper bloßstellen.

Wissenschaft stützt sich auf die nachdenklichen Menschen, die mehr über sich und die Welt wissen wollten, in der Regel ohne den Drang nach Reichtum und Macht. In der Frühzeit waren das die Philosophen, was ja nichts anderes als Freunde der Weisheit bedeutet. Die alten Griechen mit ihren großartigen Denkern wollten sich allerdings die Hände nicht schmutzig machen, ja verabscheuten derartiges Bemühen, sodass man damals auf einem zwar beachtlichen Wissensniveau ankam, aber irgendwie stecken blieb. Auch an China muss man denken, das in vielem voraus wurde. Erst mehr als tausend Jahre später als die alten Griechen philosophierten fing man schließlich in Europa an zu experimentieren und sich bessere Geräte zu bauen, so das Fernrohr für die Himmelsbeobachtung. Man fand zu Erkenntnissen, die diesen Teil der Welt an die Spitze des wissenschaftlichen und technischen Fortschritts brachte. Das Ganze wurde zum Nachteil für die bis dahin obwaltenden Theologen, überwand die Scharlatanerie der Ärzte und führte zur erfolgreichen Schulmedizin. Die Physik, vor allem mit dem Werkzeug der Mathematik, drängte sich neben die so genannten Geisteswissenschaften, die bis dahin fast allein zuständig waren für das Thema Bildung des aufstrebenden Mittelstandes, und sogar die Chemie kam aus der Schmuddelecke heraus, während selbst reine Technik zu Hochschul-Ehren gelangte. Heute befürchten allerdings manche Philosophen, wir würden in einer BIOkratie, in einer Herrschaft des biologischen Experimentierens auf chemisch-physikalischer Basis am Leben und an den Lebewesen, schließlich zur Barbarei abgleiten. Gewiss muss, wenn es schon um Wissenschaft geht, Soziologie und Psychologie aufgerufen bleiben, des Menschen Bemühen um Erkenntnis menschengerecht zu halten, entschieden begleitet von den Juristen, den Politologen, den Ethikern. Alle unseren heutigen Wissenschaften, selbst wenn sie hier ohne Abwertung bei weitem nicht alle erwähnt sind, schaffen zusammen den unbestreitbaren und andauernden Glanz des Universitätswesens. Der dient gewiss auch dazu, Menschen aus der Masse herauszuheben, unterstützt von Diplomen und Titeln, und die Gesellschaft auf ihre Weise zu strukturieren. (Andere Formen und Möglichkeiten, zu Publizität und Vermögen zu kommen, wie Politik, Sport, Film und Fernsehen, und was auch immer, sind allerdings dienlicher, falls es jemanden nach VIP-Ehren drängt. Immerhin sind die Chancen vielfältig.)

Fassen wir zusammen: Schimpansen können sich bescheidene Werkzeuge machen und verstehen es, mit ergriffenen Stöcken zu kämpfen. Des Menschen Geist aber wurde erfinderisch und schuf eine neue Welt der Technik, getragen von einer überwältigend neuen Einrichtung, der wesentlich aus den Religionen heraus entstandenen allgemeinen Wissenschaft.

Im Alltag der Lebensbewältigung

Auch der größte Philosoph wird zum armen Schlucker, wenn er Zahnschmerzen hat. Dennoch, jene Denker bewiesen bereits im Altertum die erlangten Höhen des menschlichen Geistes. Philosophen von beträchtlicher Weisheit sind oder waren nicht selten die Schafhirte, denn sie haben viel Zeit zum Nachdenken und leben bescheiden in offener Natur mit dem Blick auf den grandiosen Sternenhimmel in wolkenfreier Nacht. Das Bild des Schafhirten spielt ja auch bei Jesus von Nazareth eine beträchtlich Rolle – und war nicht gerade der ein schlichter, noch recht junger Mann vom

Lande? Sein Umfeld waren in erster Linie die „einfachen" Leute, die ihre Mühe hatten, mit dem Leben fertig zu werden, während er die „Etablierten" herausforderte (bis sie ihn dafür ans Kreuz lieferten). Der Grieche Diogenes von Sinope machte seinerzeit das einfache Leben zum philosophischen Prinzip und legte sich in eine Tonne. Allerdings war er kein „einfacher" Mann mehr, sondern bereits berühmt, und ob er selber seine Wäsche waschen musste, sei dahingestellt. Wie auch immer unser Leben ist, bewältigt muss es tagtäglich von uns allen werden, und dabei wird die Vielzahl der sich abmühenden Menschen oftmals unterschätzt.

Zwischenbemerkung: Als die Sache mit dem Automobil losging, meinte ein wichtiger Mensch – damals selbstverständlich männlichen Geschlechts - das könne nichts werden, denn die Anforderungen an Herstellung und Wartung dieser Fahrzeuge seien zu hoch, da stünden angesichts der Massen von geistig nicht ausreichend fähigen Leuten die Fachkräfte nicht zur Verfügung: Der Mann täuschte sich. Die Masse hatte genug Geist, er musste nur zum Zuge kommen. Und selbst die Frauen dabei zeigten immer mehr ihr großes Können. Womöglich sind sie im Durchschnitt sogar intelligenter als die Männer.

Alltag bleibt Alltag. Und in dem spielt das Geld eine tragende Rolle. Das Geld ist nun wahrhaftig eine für den menschlichen Geist typische und großartige Erfindung.

Zwischenbemerkung: In einer Fernseh-Diskussion unter vorwiegend Frauen wurde über Probleme in der Ehe gesprochen. Der einzige Mann dabei – ein damals sehr bekannter Professor - wollte immer wieder den Sex zur Sprache bringen, weil der so wichtig für das gute Eheleben ist und (beruflich wie privat) sein Spezialgebiet war, aber die Damen blieben ständig beim Haushaltsgeld hängen. Mag auch sein, dass sie sich genierten.

Im Grunde ist Geld nichts Anderes als eine Tauschware, aber sehr viel einfacher zu handhaben als normale Güter für die Tauschgeschäfte, die ja so wichtig sind, denn der eine hat das, der andere jenes und nicht immer das, was er gerne hätte oder benötigt. Während die Münzen früher wenigstens einen angemessenen Metall-Eigenwert hatten, insbesondere Gold, ist das beim Papiergeld schon nicht mehr der Fall. Nachdem sogar dessen Golddekkung aufgegeben wurde, steht und fällt alles mit dem Vertrauen, das der Bürger in den Schein hat, der für eine benannte Menge Geld zu garantieren „scheint". Somit war die Einführung des Papiergeldes ein weiterer Schritt, den nur ein Geistwesen vollziehen konnte. Wenn man dann noch daran denkt, was sich alles für komplizierte Überlegungen um Geldanlagen, Buchgeld, Kreditwesen, Zinsen, Anlagenkurse, Geldstabilität, Geldtransfer – heute in Sekunden per Elektronik um die Welt – ranken, muss man wohl einsehen, dass gerade das Geld eines der hervorstechendsten Kennzeichen eines über das Tierreich gewaltig hinausgewachsenen menschlichen Lebewesens ist. „Money makes the world go round", ist Gegenstand der Machtausübung und von Verführung in der weltweit verbreiteten, Staatsvertrauen untergrabenden Korruption.

Dabei ist vieles und gerade im Alltag keineswegs so stark losgelöst vom Verhalten höher entwickelter Tiere. Es war im 20. Jahrhundert ein zunächst gewagtes aber umso mehr notwendiges und längst überfälliges Unterfangen, das Verhalten der Tiere in Vergleich zum Menschen heranzuziehen. Während die „Naturvölker" gefühlsmäßig noch dem Tier viel näher standen, beließ man in den „zivilisierten" Staaten den Tieren gerade mal den Instinkt, der sie zu manchen imponierenden Leistungen in die Lage versetzt, Instinkt als angeborene passende Reaktion auf Erfordernisse und Überraschungsmomente. Von etwa menschenähnlichem Denken, wenn auch bescheiden, sollte nicht gesprochen werden. Selbstredend war der Vergleich der menschlichen Emotionen mit denen der Tiere Tabu, so offensichtlich die Ähnlichkeit auch war. Dennoch, diejenigen, die sich mit den Tieren beschäftigten, empfanden das schon immer anders und richtiger. Heute sagen wir: Das Verhalten des Menschen, seine Emotionen, selbst die Grundlinien seines Intellekts, sind bereits bei den Tieren angelegt und zu beobachten. Sie folgen in ihrer Ausprägung etwa dem jeweiligen Entwicklungsstand der Evolution, das heißt, je höher entwickelt, desto deutlicher die Intelligenzleistungen der Tiere. Neuerdings ist zu hören, dass offenbar bereits bei Insekten Abstraktionsvermögen festzustellen ist.

Im Alltag dreht sich bei den meisten Menschen fast alles um Essen, Trinken, Liebe mit und ohne Vermehrung, Kampf um Haus und Hof und manchmal ums Überleben. Das ängstliche Verlangen nach Sicherheit konkurriert mit dem Wunsch nach persönlicher Freiheit und ist oft stärker, die Risikobereitschaft und die Eigeninitiative dafür schwächer, besonders markant im Wohlfahrtsstaat. In reicheren Ländern verlangt die Volksseele drängend nach Unterhaltung. Im alten Rom hieß das: „Brot und Spiele" für die Masse, damit sie regierbar bleibt. Damals durfte zur Unterhaltung der Masse massenweise Blut fließen. „Ave Caesar, morituri te salutant!" Ob die zu Tode Bereiten, die morituri, das wirklich so gerne waren, wie der Gruß der Gladiatoren an den Kaiser glauben machen kann, darf gewiss bezweifelt werden.

Beim Menschen im Vergleich zum Tier enorm ausgebildet ist der Eigentumsbegriff. Er zeichnet verantwortlich für unsere Probleme, die auf der Ungleichheit im Besitz gründen. Verzicht auf Eigentum, aus welchen Gründen auch immer, ist eine Ausnahme, aber vor allem möglich, weil der Mensch ein weiteres Unterscheidungsmerkmal zum Tier entwickelt hat: sein Glaube an Gott, Götter oder irgendeine Form übergeordneter, gar völlig transzendenter Welt. Dieser Unterschied ist derart bemerkenswert, dass die Annahme, dem Menschen sei doch etwas ihn sogar grundsätzlich vom Tier Unterscheidendes zu Eigen geworden, nicht so völlig abwegig zu sein scheint. Der Begriff einer Art zweiten menschlichen Identität, einer Seele, gar einer unsterblichen, könnte dafür stehen. Inwieweit jedoch der Eigentumsverzicht von Mönchen, Nonnen und Einsiedlern immer nur von der Gottessehnsucht bestimmt ist und nicht auch die nicht selten damit verbundene bequemere Lebensart verlockt, sei dahingestellt.

Zwischenbemerkung: Man muss sich das Klosterleben etwas genauer ansehen, um verstehen zu können, was Verzicht verbunden mit Aufgabenentlastung und dem Gefühl der Lebenssicherheit bei Menschen entsprechenden Naturells bewirken kann. Ich selber konnte bei solchen Gelegenheiten feststellen, wie heiter es da zuging, wie fröhlich diese Leute waren. Gewiss, sie hatten zu arbeiten und waren reglementiert, aber dahinein eingewöhnt. Gemeinschaftliches Beten ist sehr entspannend und unterbricht den Tag häufig. Dagegen die oft so abgehetzten Normalbürger im Vergleich! Und die Ruhe und Gelassenheit eines klösterlichen Lebensraumes zieht schließlich sogar Kirchenfremde an – als Erholung pur, zumindest halt für eine Urlaubszeit als Gast, soweit angeboten.

Der Wunsch nach Eigentum, das auch Sicherheit zu gewähren scheint, prägte sich mit der Sesshaftigkeit der Menschen aus. Dieser Wunsch veranlasst zu mehr Mühen und Arbeit, als für den bloßen Lebensunterhalt notwendig ist. Er ist begleitet von Missgunst,

Habgier, Hartherzigkeit. Er schafft die Motivation für Diebstahl und Raub und löst schon mal ganze Kriege aus.

In der Neuzeit spitzte sich die Eigentumsproblematik bekanntlich in zwei gegensätzlichen Ideologien zu. Was der Volksmund damit bezeichnet: „Hast du was, bist du was" ist nichts Anderes als die Grundmotivation zum Kapitalismus, der das Privateigentum und die zum Teil rüden Formen seiner Erlangung oben anstellt. Der Slogan der Kommunisten „Eigentum ist Diebstahl" hält dagegen und führte in der Praxis zu wüsten Exzessen. Gemäß der Lebenserfahrung, dass die (praktische) Wahrheit zwischen den Extremen zu finden ist, versucht die Soziale Marktwirtschaft einen Mittelweg, ähnlich die variierenden Techniken der Völkerbefriedung, weniger freiheitlich und dafür mehr mit staatlicher Versorgung im Zusammenhang mit höherer Besteuerung. Der Sozialstaat ist Trumpf. Auf diesen Gebieten wird die Menschheit wohl noch lange weiter experimentieren und sich darüber manchmal gegenseitig Schlimmes antun, so wie bei den religiösen Rechthabereien.

Es muss ja Zeiten gegeben haben, in denen beispielsweise Arbeitslosigkeit völlig unbekannt war. Als nämlich in früheren Zeiten genügend Raum zur Verfügung stand, sich selbst zu versorgen, und man Mühe hatte, das zu bewerkstelligen. Jede Hand wurde mit Sicherheit damals benötigt. Nach der Staatenbildung, mit der Spezialisierung, der Abgrenzung von Landbesitz, der Erfindung der Ökonomie / der „Wirtschaft" änderte sich das allmählich. Welcher Arbeitsfähige in Not kann heute noch hingehen, sich ein „herrenloses" Stück Land aufzubereiten, um für sich und seine Familie selber zu sorgen? Vielleicht noch gerade einmal in Brasilien zulasten des Urwaldes. Auch die Auswanderungsmöglichkeiten des 19. Jahrhunderts – jedenfalls für Massen - sind praktisch zerronnen und weitgehend zu Asylbegehren verkümmert. Die Antwort kann heute nun wirklich nur lauten, dass die Gemeinschaft Umverteilungen vornehmen muss. Wer aber gibt schon gerne her? Dann ist – wie heißt es so schön – die Politik gefordert. Wenn nach Clausewitz der Krieg die Fortsetzung der Politik mit anderen Mitteln (angeblich) ist, so kann man dem aber entgegenhalten: Statt dem Mitmenschen sein Eigentum mit Gewalt zu entreißen, ist der bessere Weg sicherlich der, dies mit den Mitteln der Politik weniger blutig zu tun, doch Kampf ist das allemal. Allerdings löst die Politik oft nur diejenigen Probleme, die sie selber erst geschaffen hat.

Dennoch, mit der Staatenbildung und der Besitzergreifung allen Grundes und Bodens durch einen Teil der Gesellschaft entstand die klare Verpflichtung, durch Umverteilung den Benachteiligten beizustehen. Soziales Denken ist nicht nur ein ethisches Gebot, es ist auch eine Verstandesleistung. Denn die benachteiligten Menschen werden angestrengt nach Wegen suchen, um zu dem zu kommen, was sie als ihr Recht empfinden. Ein Lebensrecht empfindet jeder allemal in derselben Weise, wenn auch manchmal nachhaltig bestritten und in der Sklaverei – die es immer noch gibt – frivol relativiert. Der Ausweg ist immer die Gewalt, wenn ihr nicht vernünftig zuvorgekommen wird. Und mit der Gewalt gehen eben Gräuel und Untaten Hand in Hand: der menschliche Geist in schlimmster Fehlleistung!

Immer noch ist für die meisten die Familie die wichtigste Basis, Quelle der Erholung, auch Rückzugsmöglichkeit. Sie einigermaßen in Ordnung zu halten muss gelingen oder die Katastrophe ist eingetreten, es sei denn, man schafft den Neubeginn. Es sind bei den reicheren Ländern nur noch selten Großfamilien beieinander, doch genügt es ja, wenn die Wege der Generationen zu einander nicht zu weit beziehungsweise leicht zu bewältigen sind. Interessant vielleicht der Blick auf unsere nächsten tierischen „Verwandten“, die Schimpansen und die Bonobos. Diese haben noch ihre Großfamilien und Sippenverbände. Aber: Die Schimpansen weisen erhebliche familieninterne Kämpfe auf, während die Bonobos als ausgesprochen friedlich im Umgang miteinander beschrieben werden, und das auf der Basis einer sexuellen Rundumbereitschaft der weiblichen Mitglieder zur Besänftigung der männlichen. Beide Lebensstile sind also – trotz der Nähe im Evolutionsbaum – für das Geistwesen Mensch nicht gerade beispielhaft. Zwar sind Partnerschafts- und Gemeinschaftsprobleme bei uns Menschen analog vorhanden aber vielfältiger und komplizierter. Ob nun Ein- oder Mehrfachehe, verbriefte oder freie Partnerschaft, in Treue feste oder liberale, einmalige oder oft wechselnde – für nicht wenige ist das Thema eine Spielwiese der Gefühle, auch der Berechnungen. Die allein erziehende Mutter ist längst etwas sehr Verbreitetes, auch der allein erziehende Vater keine Seltenheit, und die Partnerschaften ohne Kinderwunsch sind zahlreich. Dem einen fällt alles leicht, manchem zu leicht, anderen versagen die Nerven. Psychologen stehen in der Hochkultur bereit zu helfen. Selten genug regieren Vernunft, Einsicht, Geduld und Wortfestigkeit, sie können auch überfordern – und schließlich ist das Leben kurz und einmalig.

Dennoch: Aufgehobensein in einer Gemeinschaft, familiär oder organisiert, klein oder groß, sei sie nun intern erträglich kampfbestimmt oder wie auch immer befriedet, kann vom Einzelnen als Glück empfunden werden. Die Schattenseiten offenbaren sich in der eingeschränkten Freiheit. Zwangsmaßnahmen gegen die Außenseiter sind oft nicht ausreichend gerechtfertigt, es sei denn, meinen wir Menschen, sie brechen die Regeln der Gemeinschaft massiv und diese Regeln folgen humanitären Prinzipien. Welche Staaten nicht alles feiern sich in ihren Idealen, während die Gefängnisse, ja Lager des Terrors gefüllt sind. Manche Gesellschaften versuchen sich menschlicher Lasten zu entledigen und nennen das Gnadentod, Euthanasie. Sterbehilfe und Selbsttötung werden dagegen als Entscheidungen in Freiheit angesehen, wobei die Selbsttötung jedoch überwiegend innerem Zwang unterliegt und der den Zwang auflösende Beistand fehlte. Welchen Rang hat der menschliche Geist eigentlich wirklich, ist eine Frage, die sich aufdrängt.

Die normaler Weise belastendste Alltagsproblematik liegt im Kranksein. Zugleich wird das Thema oft fast mit Wonne von den besonders betroffenen älteren Generationen gepflegt. Man kann sich in einem ärztlichen Wartezimmer nur schwer den Berichten über Krankheiten entziehen. Vielleicht erhöht sich der Respekt vor sich selber bei manchen Leuten, wenn sie darlegen können, unter was sie alles zu leiden haben. Ähnlich wird es bei seltenen Freundschaftstreffen, doch dann ist das diesbezügliche Interesse untereinander ja auch ehrlich groß.

Zwischenbemerkung: Wir können heutzutage darüber sehr zufrieden sein, dass Kranksein nicht mehr als Strafe und Sühne für eigene Sünden gesehen wird. Dem körperlich Leidenden wurde damals auch noch ein geistiges Leiden aufgeladen. Dabei litten frühere Generationen gewiss besonders, vor allem die Kinder, die massenweise starben. Andererseits leiden ja viele Menschen nur deshalb so schwer, weil sie in der Tat insofern die Krankheit sich selber zuzuschreiben haben, als sie in ihrem Verhalten gegen alle Vernunft lebten. Ein hoher Prozentsatz der Krebs- und Kreislauferkrankungen sollen durch Rauchen verursacht sein. Selbst Leute mit Vorbildfunktion bringen nicht die Kraft auf, von der Zigarette zu lassen. Ein Wunder, dass dennoch manche alt werden konnten. Das ist denn auch das Problem: Es fehlt die Sicherheit der Konsequenz.

Der eine raucht nicht und stirbt trotzdem früh, der andere kann sich jeden Genuss im Übermaß leisten und wird dabei auch noch munter alt. Dieser gehört zu den „Reparatur-Giganten“, dessen Konstitution mit allen Fehlern fertig wird und dessen Zellen unermüdlich das wieder reparieren, was ihr Herr ständig an Schaden verursacht. Doch die allgemeine Statistik spricht ihre Sprache hart – und die Gemeinschaft hat zu zahlen.

Die Gesundheitsversorgung ist denn auch neben den Renten- und Unterstützungszahlungen Grundpfeiler eines Sozialstaates und ewiges Thema der Politiker. Zu wenig Menschen sind sich klar darüber, dass Krankheiten vielfach ein geistiges Problem sind. Die alten Griechen sahen das Ideal eines gesunden Geistes in einem gesund erhaltenen Körper. Wir dürfen sagen: Ein gesunder, mit sich selbst im reinen befindlicher Geist ist die beste Gewähr für einen gesunden Körper, wenn auch gewiss keine Garantie dafür. Wir sind nicht nur Mensch durch unseren Geist, wir sind auch gesünder durch einen Geist der Gelassenheit und der freudigen Lebensbejahung, zumindest wieder statistisch über die Gemeinschaft hinweg gesehen.

Geistigkeit, hochgeistig mag jeder bewerten, wie er will. Geistlosigkeit ist auf jeden Fall bedauerlich und leider immer mehr ein Markenzeichen unseres Alltags geworden. Wie jämmerlich die Erfolge der Geistlosigkeit in Medien. Mit Verständnis für Humor und Spaß hat das dann nichts mehr zu tun. Fortwährender Konsum der Geistlosigkeit drückt das Massengefühl letztlich in Stumpfsinn hinab. Das kann niemand wirklich wünschen. Wer sich daran beteiligt um des leicht ergatterten Geldes willen, sollte sich vielleicht doch einmal einige Stunden der Selbstbesinnung gönnen. Gewiss, die Grenzen sind fließend und leicht überschritten, auch schwer zu nennen. Ist das eine Erklärung, sogar eine Entschuldigung?

Unsere heutige Globalisierung, eine alle Länder umspannende Angleichung auf fast sämtlichen Gebieten, hat ihr Vorbild in den weltweiten Ausbreitungsbemühungen des Christentums und des Islams. Auch hier beweist sich der menschliche Geist mit grundsätzlichen Denkprogrammen und praktischer Konsequenz, wobei wiederum die Vorteilswahrnehmung nicht zu übersehen ist. Tiere sind nicht von gedanklich ausgearbeiteten Programmen veranlasst. Des Menschen Schwächen offenbaren sich wieder darin, die von ihm geschaffenen Situationen nur schwer auf der negativen Seite meistern zu können, auch wenn er Probleme sieht und vermeiden möchte.

Wie sehen wir Menschen uns doch? – Die Krone der Schöpfung seien wir! – Da kann man nur zur Vorsicht raten. Zunächst wissen wir nicht, was da so noch alles irgendwo im Weltraum passiert ist. Darauf wurde schon hingewiesen. Aber bleiben wir auf unserer guten Mutter Erde. Mit den Tieren ging es Jahrmillionen lang gut. Die Dominanz der Saurier war unbegreiflich lange, also ca. 130 Millionen Jahre. Bereits eine Million Jahre ist für uns eine riesige Spanne. Menschliche Kultur gibt es erst wenige tausend Jahre – und schon müssen wir fürchten, dass unser Geist mit seinen Taten die Biosphäre zerstört. Die Saurier waren Opfer, sie hatten ihr Ende nicht selber ausgelöst. Tiere tun das nicht. Sie sind ergeben in ihr Schicksal, wenn sie auch noch so hart um ihre Existenz im Alltag kämpfen. Aber dieser Lebenskampf, den alle Geschöpfe mit einander und mit der Umwelt haben, tariert sie gleichzeitig aus. Wir dagegen müssen im Weltresultat mit unserer Überbevölkerung rechnen. Tiere ohne Einfluss des Menschen werden nicht überbevölkert. Andererseits stellen Menschen in wohlhabenden Ländern vielfach ihren persönlichen Lebensgenuss über die Fundamentaltatsache unseres Daseins, nämlich sehr kurz zu sein und man schon deshalb naturgegeben beauftragt ist, das Leben in Kindern weiterzugeben. Sie wollen keine Kinder und stellen damit – im krassen Gegensatz zum Wesenszug des Lebendigen - ihrer eigenen ethnischen Gruppe und auch sich selber vorab sozusagen den Todesschein aus. Man kommt bei allem nicht ganz an der Frage vorbei, ob der Mensch vielleicht gar dergestalt eine Fehlentwicklung der Evolution sein könnte. Gerade dazu sind dann die Theorien der Religionen wieder besonders interessant.

Hier abschließend möchte ich sagen, dass der Vergleich von Tieren und Mensch gerade und besonders für das Verständnis der Alltagsbewältigung nicht nur gerechtfertigt sondern auch extrem sinnvoll ist. Dabei fällt noch auf, wie sehr der Mensch eine Sehnsucht nach Glück entwickelt hat und in der Lage ist, eine Hoffnung zu haben, die bekanntlich zuletzt stirbt. Freude bezeichnet der Dichter als einen schönen Götterfunken und selbst die Schadenfreude, ja die Häme hat eine Erleichterungswirkung für die komplizierte Menschenseele. Lachen ist gesund, zumindest das maßvolle. Mit Humor und Witz erhellt sich immer wieder der Alltag und können selbst in der schieren Aussichtslosigkeit Kräfte mobilisiert werden.

Bei allen großen Unterschieden ist die Summe aller Ähnlichkeiten durchaus ein zusätzlicher Beweis für unser evolutionäres Aufkommen aus dem Tierreich, das jedoch mit einem gewaltigen Sprung im Geistigen einhergegangen ist. Um es erneut zu betonen: *Der Geist ist das, was den Menschen unzweifelhaft heraushebt, und nicht ein einziges anderes Organ als das Gehirn – welches der Träger dieses Geistes ist.*

Fassen wir zusammen: Im normalen Alltag verbleibt den meisten Menschen zur Lebensbewältigung im Grunde zunächst nur wenig mehr als das, was Tiere bewältigen müssen. Aber dennoch sind die Unterschiede gewaltig, und wiederum eigentlich nur wesentlich im Geistigen. Geld, die Eigentumsproblematik, das Schaffen und Verfolgen von Denkprogrammen, vor allem aber die Annahme einer übergeordneten transzendenten Welt, insbesondere von Göttern bzw. eines einzigen Gottes, ja eines eigenen Weiterlebens nach dem körperlichen Tode heben den Menschen dank seines hoch entwickelten Gehirns über das Tierreich entscheidend heraus. Ob letztlich der Mensch damit ein wünschenswertes Ergebnis der Evolution ist, bleibt allerdings fraglich.

Teil 3: Visionen

Niemand kann die Zukunft voraussehen, im Grunde noch nicht einmal den nächsten Augenblick, der ihm vielleicht schon den Tod beschert. Das liegt nicht an fehlendem Wissen, das man mit der Zeit erwerben könnte, nein, das ist eine grundsätzliche Unmöglichkeit. Vielleicht kann das noch nicht einmal der Allmächtige in aller Genauigkeit – was seine Allmacht nicht in Frage stellen muss. Diese Annahme befreit uns auch von allem Fatalismus – was auf uns zukommt, ist nicht determiniert, ist nicht völlig zwangsläufig. Wir können aber fragen, zu was allem ist unser Universum gemäß seiner Eigenschaften befähigt? Wir stellen fest, es konnte Leben hervorbringen und dieses führte zu uns Menschen mit großem Denkvermögen und Eigenbewusstsein. Was immer wir Menschen noch zustande bringen werden – es wird innerhalb der Möglichkeiten der Natur bleiben, weil wir ein Teil derselben sind. Soviel sagt uns die Logik. Visionen aber sind Produkte unserer Fantasie, auch Sehnsucht, und leiten so manchen.

Wunderwelt durch Technik?

Trotz der grundsätzlichen Unvorhersehbarkeit des Kommenden gibt es denn kaum Faszinierenderes für uns Menschen, als der Versuch, Zukünftiges bereits jetzt zu erkennen, zumal eine durch Technik herbeigeführte „Wunderwelt". Für Menschen früherer Jahrhunderte wäre unsere heutige so enorm mobile und informationsvernetzte Welt bereits eine Wunderwelt. Am meisten würden wir uns darüber freuen, sicherlich, wenn wir auch einiges Großartiges der Zukunft noch erleben könnten – also Lebensverlängerung gewünscht. Gewiss bleibt aber, dass unser Leben begrenzt ist. Jedenfalls lohnt es sich nicht, das zu bezweifeln. Jener Höfling des französischen Sonnenkönigs, der dem König schlau versicherte, dass zwar alle Menschen sterben müssten, dass „Seine Majestät" davon aber ausgenommen sei, hat vermutlich auch diesen nicht überzeugt. Selbst wenn es gelänge, menschliches Leben außerordentlich weithin zu verlängern – eines Tages endet es doch. Außerdem werden wir fortwährend ein anderer Mensch - wir haben es oben besprochen. Tag für Tag sind wir neu. Erlischt das Gedächtnis, zum Beispiel durch Unfall, wird das besonders augenfällig. Bereits im tiefen, traumlosen Schlaf sind wir unserem eigenen bewussten Leben entrückt. Man kann bekanntlich aufwachen und benötigt eine gewisse Zeit, um wieder zu wissen, was ist und wer man ist. Der Schlaf ist als Bruder des Todes längst benannt. Der Sterbende entschläft, sagt man. Nicht jeder rechnet aber mit einem Wiedersehen in einer anderen Welt.

Unsere Erde wird eines Tages keine Lebensmöglichkeit mehr bieten, sogar selber vergehen. Das können wir sehr gut im Prinzip voraussagen. In der Zwischenzeit werden wir weiter von Vulkanismus, Erdbeben, Einschlag von Himmelskörpern, gefährlichen Strahlungen aus dem Weltraum infolge „naher" Supernovaexplosionen, erneuten Eiszeiten und Epidemien bedroht sein, auf die wir keinen Einfluss haben. Manches wird die Menschheit durch ihr Verhalten selber verschulden. Das Thema Zerstörung der Umwelt, Vernichtung von Lebensräumen für Pflanzen, Tiere und Menschen ist immerhin aktuell, die Problematik ist vielen bewusst geworden und hat eine Menge von Aktivität ausgelöst. Möglicher Weise schaffen es die Menschen, im Weltall neue Lebensräume zu finden. Auch das wird keine Dauerlösung sein. Irgendwann wird der Schluss kommen, für alles Leben, nicht nur für den Einzelnen.

Im Allgemeinen bleibt man dabei, Dinge, die sich bereits abzeichnen, in spätere Zeiten hinein fortzuentwickeln, zu extrapolieren. Das ist kein übermäßig großes Kunststück. Vorstellbar sind in Zukunft geistig sehr viel fähigere Leute. Kennen wir doch bereits einzelne Menschen – wer dächte jetzt nicht an Einstein – die diesbezüglich verblüffen. Hinsichtlich geistiger Leistungen können wir mit technischen Hilfsmitteln rechnen, die das Hirn in seinen Fähigkeiten erweitern. So wird also von Chips im Kopf gesprochen und von direkten Anschlüssen an Computer. Sehr damit rechnen kann man mit Menschen wesentlich größerer Körperstärke und körperlicher Leistungsfähigkeit. Die verbreitete Sport- und Rekordversessenheit drängt dazu, alles nur Mögliche in dieser Richtung zu unternehmen, was nicht mehr durch Verbote unterbunden werden kann oder unter Hintergehung derselben. Man muss gewiss an gentechnologische Eingriffe denken. Zumindest die Jüngeren werden es vermutlich erleben, wie durch Tierexperimente solche Eingriffe immer besser gekonnt und irgendwann auf Menschen angewandt werden, wo auch immer das geschieht. Die Bekämpfung von Erbkrankheiten wird ohnehin ein wichtiges Argument liefern, solche Eingriffe zur Routine zu machen. Der Mensch greift in die Evolution ein, auch das zeigt seine herausragende Stellung in der Biologie. Ob er dabei immer eine glückliche Hand haben wird, darf bezweifelt werden.

Sicherlich wird auch die Verkleinerung, die Miniaturisierung der technischen Geräte weitergehen. Die äußerste Grenze nach unten sind die Moleküle. Nanotechnik nennt man das bereits, was so klein wird, dass es in der Tat gegen diese äußerste Grenze hinstrebt. Sollte es einmal möglich werden, Informationen – so wie die Natur im Erbgut - in diesem Bereich abzuspeichern und zu lesen? Schon in den 1980er Jahren diskutierten wir darüber.

Ein ganz anderes Thema ist die Frage, die oben unter dem Begriff „Gedanken- Energiefeld“ ausgesprochen wurde, ein Thema der Parapsychologie. Ob es möglich sein wird, solche Phänomene aufzuklären oder gar gezielt zu nutzen? Es wäre die Entschleierung von Vorgängen in der Telepathie, des Hellsehens, der Psychokinese, dann vielleicht auch derjenigen, die heute noch im Bereich der Religionen als Wunder und „Erscheinungen“ gelten.

Die Träume der Menschen beschäftigen sich immer wieder mit einem zukünftigen Paradies, zumal viele glauben, wir hätten es einst verloren. Ein nicht endendes Leben, immer friedlich, immer schön, in allgemeiner Harmonie, ohne Krankheiten, derzeit bereits mit dem Anspruch an das Schicksal auf persönliches Glück fast bescheiden formuliert. Vielleicht gelingt es tatsächlich, die Bedrohung durch Krankheiten entscheidend zurückzudrängen, der Vernunft größeren Spielraum zu verschaffen und bei weniger Zwietracht mit einander auszukommen. Dass aber eine grundsätzliche Veränderung hin zu so einer Art Paradies einmal für alle Menschen eintritt, und sei es auch nur vorübergehend, wird hier entschieden bezweifelt. Es könnte sogar das Gegenteil eintreten. Genug Sorgen in dieser Richtung sind uns geläufig und verdrängen die Illusionen.

Künstliche Intelligenz?

Was ist menschliche Intelligenz, was ist dann künstliche Intelligenz? Wenn wir einem Mitmenschen Intelligenz bescheinigen, dann meinen wir, dass er überzeugend argumentieren und gut Neues begreifen kann. Wir meinen nicht unbedingt, dass er ein gutes Gedächtnis haben müsste. Allerdings ist ein gutes Gedächtnis hilfreich. Das Thema wurde oben mehrfach behandelt. Es gibt also Menschen mit enormem Gedächtnis, die aber keineswegs als intelligent gelten, weil sie mit ihrem Wissen außer dessen Wiedergabe nicht viel mehr anfangen können. Auch die Geschwindigkeit im Auffassen und Begreifen muss kein eindeutiges Kriterium für Intelligenz sein. Manche Menschen wissen nach wenigen Worten des Erläuterns, um was es geht, andere benötigen länger, doch im Ergebnis ihrer Schlussfolgerungen mögen sie gleich gut sein.

Entscheidend für Intelligenz ist die Abstraktionsfähigkeit, wie besprochen. Eine Information wird erfahren, wird im Gehirn nicht nur gespeichert sondern auch abstrahiert, verallgemeinert, und wird anderem Wissen zugeordnet. Das ermöglicht sowohl, ungenaue, unvollständige Information richtig zuzuordnen, als auch Analogieschlüsse zu ziehen.

Schon seit den 1960er Jahren wird das Thema künstliche Intelligenz beim Computer diskutiert. Diese Denkmaschinen arbeiten bekanntlich nach vorgeschriebenen Programmen und rein „sequenziell“ mit der aufgenommenen Information, die für sich allein „den Computer kalt ließe“, also keine Handlungsfolgen hätte. Sequenziell bedeutet ja schlicht, alle Zeichen werden hintereinander aufgereiht in einer bestimmten Weise codiert, abgespeichert und so auch „gelesen“. Das ist schon einmal ein großer Unterschied zum Gehirn, das ein Meister in der Mustererkennung ist. Auch das wurde oben abgehandelt. Wenn also von künstlicher Intelligenz gesprochen wird, so ist dies noch nicht wirklich berechtigt. Gleichwohl leisten Computer Dinge, die beim Menschen als Intelligenzleistung gesehen würden. Nur so weit kann man den Begriff künstliche Intelligenz hinnehmen. Es müsste aber ein ganz neuer Computertyp erfunden werden, der dem menschlichen Gehirn auch in dessen Vielseitigkeit, Lernfähigkeit und Planungsfähigkeit zumindest ebenbürtig wäre, um wirklich von künstlicher Intelligenz sprechen zu dürfen. Eine solche Entwicklung könnte gelingen. Sie würde für uns Menschen wahrscheinlich wiederum neue dramatische Folgen haben, insbesondere, wenn die Maschine Zeichen von Bewusstsein, ja Eigenbewusstsein gäbe und fähig genug wäre, aus sich selbst heraus und vielleicht sogar nach „eigenem Entschluss“ sich selber fortzuentwickeln. Mit solcher Art Maschinen ließe sich der Weltraum im wesentlich weiteren Umfeld unseres Sonnensystems besser als jetzt möglich erforschen. Bedenklich allerdings die Folgen bei kriegerischen Auseinandersetzungen, wie sie bereits mit den derzeitigen Waffen deutlich sind, die ungerührt ihre Schreckenslast exakt ins Ziel bringen.

Intelligente (re) Tiere?

Für die Kinder ist es fast eine Selbstverständlichkeit, dass Tiere – oft Fantasietiere – und sogar Pflanzen wie Menschen sind, denken und sprechen. Auch ihren Puppen begegnen Kinder, als seien sie lebendig. Möbel und Steine können sie fantasievoll personifizieren. Aber lebende Tiere haben ja Gehirne, und wenn einmal ausreichend viel Erbmassen von Tieren zum Vergleich mit dem menschlichen Gehirn „entschlüsselt“ vorliegen, wird man vielleicht Wege finden, den Tieren durch gentechnische Eingriffe beim Denken aufzuhelfen. - Was das bringen soll? Nun, abgesehen davon, dass es sich um interessante Experimente handeln dürfte, die auszuführen den einen oder anderen Biologen reizen kann, könnte man meinen, mit intelligenteren Tieren noch einigermaßen bescheidene Hilfskräfte zur Verfügung zu haben für Haushalt, Fabriken – soweit die Roboter nicht flexibel genug sein sollten – dann auch womöglich zur Kriegführung (das Thema kommt einfach immer wieder auf) – falls der ewige Frieden nicht doch noch ausbricht. Allerdings muss man da sehr skeptisch sein. Klügere Tiere werden womöglich umso mehr beweisen als unsere derzeitigen Hunde und Katzen in den Häusern und Familien, wie sehr sie bestimmend werden können.

Der kommende Übermensch?

Es gab den Vormenschen, es gab den Urmenschen, es gab den „anderen“ Menschen – zumindest den Neandertaler. Wird es eines Tages den „Nachmenschen", etwa den Übermenschen geben?

Eigentlich sollte man erwarten, dass es immer noch Vormenschen, Urmenschen und „andere Menschen“ gibt, denn es muss sich um stabile Lebewesen gehandelt haben. Warum eigentlich sind sie verschwunden? Wurden sie vollständig ausgerottet, wo aber doch eine Reihe von Affenarten in Massen überlebt haben und hoffentlich bleiben werden? Gerade im 19. und 20. Jahrhundert wurden große Menschengruppen von zeitweise mächtigeren annähernd vernichtet, zumindest schwer dezimiert. Bereits schon ab der Zeit der Staatenbildung – die Bibel berichtet sogar von Gott-befohlener direkter Ausrottung - sind ja ganze Völker mit ihrer Kultur verschwunden. Trotzdem hätte man sich denken können, dass die Erde genug „Nischen“ hatte, um unterschiedlichen Vor- und Urmenschen in kleinen Gruppen das Weiterleben zu sichern, bis in unsere Zeit. Erst im 20. Jahrhundert durchdrang der heutige Mensch alle Winkel des Globus. Andererseits sind in der Tat ja die weitaus meisten früheren Arten von Lebewesen verschwunden. Einander sehr ähnliche Lebewesen-Arten konkurrieren stark und sind insofern besonders gefährdet oder mischen sich noch frühzeitig in die sich stärker fortentwickelten Gruppen ein, solange genetische Kreuzungen möglich bleiben. Die Neandertaler sind immerhin ein Beispiel für noch lange existiert habende „andere“ Menschen neben „unseren“.

Nun besagt die Forschung, dass der Mensch sich schon seit Dutzenden von Jahrtausenden nicht mehr biologisch verändert habe. Das ist so ungewöhnlich nicht, denn mancher Tier- und Pflanzenart ergeht es ebenso. Sollte ein neugeborenes Menschenkind einen vorteilhaften genetischen Sprung mitbringen, wird das bei der Masse der Menschen wohl kaum sehr ins Gewicht fallen. Wie sollen sich heutzutage „höher entwickelte“ Menschengruppen herausbilden, in einer Zeit, in der Erziehung und Kultur biologische Fakten verschleiern können? –Immerhin kann man sich Folgendes denken: Es könnten Menschengruppen entstehen, die selbst darauf bestehen, sich gegenüber der allgemeinen Menschheit in gewisser Weise isoliert genetisch fortzuentwickeln. Man könnte das verhindern. Gesetze, die Eingriffe in die Keimbahnen bei Menschen verbieten, kennen wir. Aber Gesetze sind Menschenwerk und können von Menschen abgelehnt werden. Eine Menschengruppe, sagen wir eine Sekte, könnte für sich eventuell in gewisser Weise überlegene Fähigkeiten heranbilden, die dann respektiert werden müssten, ja vielleicht verehrt würden. – Also eventuell doch der Übermensch möglich, ein Mensch, der gegenüber den Massen kraft echter genetischer Überlegenheit besondere Ansprüche erheben könnte? Bisher wurden besondere Ansprüche von Adels-, Bildungs- und militärischen Siegergruppen erhoben, die aber in Wirklichkeit keine genetische Überlegenheit hatten. Ihre Ansprüche, Vorrechte von Klassen, wurden und werden – wie schon gesagt - mit allerlei Begründungen und Verhaltensweisen gegenüber den Massen verteidigt und können nicht von Dauer sein. Verehrung von Genies kennen wir, wobei es sich um Leute handelt, die durch Spezialkönnen beeindrucken, aber dafür andere Defizite zu haben pflegen. Das Universalgenie wurde noch nicht geboren, lediglich Multitalente waren und sind zu verzeichnen. Auch konnte noch kein Mensch für alle einwandfrei und überzeugend eigene Göttlichkeit beweisen, also eine Natur, die ihn unanfechtbar über die normale Menschheit erhebt.

Zwischenbemerkung: Selbst die göttliche Natur von Jesus Christus blieb umstritten. Seine Fähigkeit, Tote wieder ins Leben zurückzurufen, was doch ein Beweis sein könnte, beschreibt die Bibel nicht als einmalig, denn das konnte laut Apostelgeschichte (Kapitel 9) auch Simon Petrus. Die Auferstehung Christi ist keineswegs ausreichend belegt. Sie war vorausgesagt, musste also Leute reizen, einen Streich zu spielen. Deshalb wurde auch eine Wache an das Grab gestellt, die dann die Flucht ergriff. Sie könnte abergläubisch Opfer eines entsprechenden Anschlages gewesen sein. Der Mann, der die Emmausjünger beeindruckte, hatte nach ausdrücklicher Bemerkung des Berichtes keinerlei Ähnlichkeit mit Jesus. Alle „Erscheinungen“ Jesu danach – immer nur vor seinen Anhängern, seinen Jüngern, wenn auch vielen - lassen schon von der Formulierung als „Erscheinungen“ her und das „durch verschlossene Türen Kommen“ den Schluss zu, dass die Dinge irgendwie stark fantasiebedingt haben sein können, sozusagen Wunschdenken. Diesen Verdacht kann auch die Szene mit dem „ungläubigen Thomas“ nicht ganz ausräumen. Wer hatte Jesus eingekleidet, wo wohnte er in dieser Zeit? – es gibt keine Mitteilung darüber. Mit der Himmelfahrt – diese auch nur vor Jüngern - verschwand das plötzlich alles. Zu erwarten wäre doch gewesen, dass sich Christus nicht nur seinen Jüngern, sondern auch anderen Menschen gezeigt, vielleicht auch sein Anliegen selbst weiter betrieben hätte. Das hätte fürwahr einen großen Erfolg geben müssen. Statt dessen wurde nur seine „baldige“ Wiederkehr angekündigt. Selbst Paulus sah ja das Problem. Die Aufspaltung bereits des Früh-Christentums in solche, die seine Göttlichkeit annahmen und solche (die Arianer), die sie bestritten, hätte vermieden werden können. Warum das alles anders lief, mit all den möglichen Glaubenszweifeln seit jener Zeit, einschließlich deren schlimmen Folgen, bleibt mir jedenfalls unverständlich. Dem Argument, dennoch zu glauben sei das entscheidende Verdienst, steht das Gefühl gegenüber, Gott führe die Menschen auf Glatteis. Das kann aber nun doch wirklich nicht angenommen werden.

Sollte es dennoch einmal Übermenschen geben, dann werden wohl auch entsprechende Konflikte ausbrechen, die wieder zum Leid der Zu-kurz-gekommenen werden. Den moralisch verbesserten Übermenschen, bescheiden und bar aller Machtansprüche, möchte man sich aber manchmal wünschen, sozusagen ein weiterentwickelter Gandhi. Womöglich gibt es vergleichsweise Übermenschen bereits irgendwo im Weltall, doch jetzt möchte ich dieses Feld, ein nicht ungefährliches Feld des Wunschdenkens, lieber der Science-Fiction überlassen.

Sturz in den Abgrund?

Mit dem Fortschreiten der technischen Entwicklung wird auch die Waffentechnik immer gefährlicher und damit zu einer Bedrohung für die ganze Menschheit, ja für die Biosphäre mit ihren Lebewesen insgesamt. Wird der Mensch im Besitze von Vernichtungsmittel, wie er sie bereits heute in Händen hält oder noch üblere, in der Lage sein, auf Dauer damit verantwortlich umzugehen? Auch können diese Waffen diktatorische Regime extrem stabilisieren, können die Macht innehabende Cliquen die Massen damit in Schach halten, gegebenenfalls sogar die ganze Welt von einem Zentrum aus.

Andererseits sind zum Beispiel Atomwaffen eventuell lebenserhaltende Mittel für die Menschheit, sollte sich wieder einmal ein großer Himmelskörper auf die Erde zubewegen. Die Saurier konnten sich nicht retten – vielleicht kann das dann die Menschheit.

Wahrscheinlicher scheint mir aber doch zu sein, dass die Menschen sich vorzeitig zugrunde richten werden. Womöglich bleiben Reste, die um diese Erfahrung reicher dann friedlicher sein werden. Die bemannte Weltraumfahrt bietet die Gelegenheit, dass Menschengruppen auf dem Mond oder dem Mars, vielleicht auch in künstlichen Raumstationen größeren Ausmaßes dem Schicksal der Erdbewohner entgehen und die Erde neu besiedeln. Eine im

Weltraum verteilte Menschheit entwickelt sich aber womöglich evolutionär auseinander und gerät hierdurch gegeneinander. Das wäre dann die Realität der in Romanen bereits beschriebenen Bedrohung aus dem Weltall. Welche Einwirkungen die unnatürliche Veränderung der Biosphäre durch die Technik auf die Evolution haben werden, können wir noch nicht wissen. Am schwerwiegendsten dürften negative Auswirkungen auf die menschlichen Gehirne sein, die damit geradezu einer Höherentwicklung entgegenstünden.

Um es aber noch einmal zu sagen: Man kann die Zukunft nicht wirklich vorhersehen, kann nur ganz wenige Dinge als unvermeidlich kommend erwarten, kann lediglich einige Vermutungen aussprechen, einiges kurzfristig vorausberechnen. Dramatische und sogar baldige Endzeit-, Untergangsvorstellungen, gibt es seit Jahrtausenden. Es bleibt uns Menschen im Grunde nur eines: *Wir müssen trotz oder gerade wegen großer Sorgen über das Schicksal von Welt und Menschheit, verursacht durch die Menschheit, alle Anstrengungen unternehmen, den Lauf der Dinge doch zum Guten zu steuern.*

s. auch P19 Seite 190

Teil 4: Der Mensch als Person und seine Würde

Im Juni 2001 schrieb ich das folgende Papier. Ich beteiligte mich damit an der gerade heftig aufflammenden bundesweiten bioethischen Diskussion in Deutschland. Es wurde zunächst als schlichter Leserbrief in der Frankfurter Allgemeinen Zeitung abgedruckt. Drei im öffentlichen Leben stehende Personen forderten mich unabhängig von einander auf, das Papier weithin zu verteilen. So schickte ich es an eine Reihe von Personen in Politik, Justiz, Wissenschaft und Kirche in Deutschland. Der Bundeskanzler ließ es dem Nationalen Ethikrat zustellen, dessen Vorsitzender mir das bestätigte. Bei verschiedenen Veranstaltungen brachte ich es als Teilnehmer ein. Die hier anschließenden, etwas veränderten Weiterungen aus jenen Tagen erfuhren dann keine Veröffentlichung, sondern blieben Vorlagen im Einzelfall. Jetzt das „Papier“:

Leben, menschliches Leben, menschliche Person

Die gegenwärtige Diskussion über PID Präimplantationsdiagnostik und die Stammzellenforschung leidet an einem entscheidenden Mangel: Es besteht oft keine wirkliche Übereinstimmung darüber, worüber man spricht. Die Schlüsselbegriffe der Argumente müssen sich an Fakten orientieren, die in unserer Zeit als unbestritten gelten können. Sie sind durch die Worte 1. Leben / Lebendigsein, 2. menschliches Leben und 3. Mensch sein / Person sein umschreibbar, wenn man sie wie folgt versteht:

Leben / Lebendigsein gilt für jede biologische Zelle, für sich und im Verband eines Organismus aus vielen Zellen, solange bei ihr Stoffwechsel und Reizbarkeit, sowie prinzipiell Vermehrungsfähigkeit erhalten sind. Auch bei der Zellvermehrung nach Befruchtungen wird Lebendigsein verbreitet, nicht grundsätzlich neu geschaffen.

Menschliches Leben schreiben wir den Zellen des Menschen zu, der allerdings biologisch dem Tierreich zugehört. Menschliches Leben ist in diesem Sinne das Leben a) der Zellen des Menschen, b) des Verbandes seiner Zellen als Organ / Organismus, c) des Gesamtorganismus aus dem Zusammenspiel der Zellen und Organismen zu jedem Zeitpunkt – soweit nicht Tierzellen bzw. -organismen in den Gesamtorganismus eingebracht sind - und unter der genannten allgemeinen Voraussetzung des Lebendigseins, dann also auch in einem Embryo.

Der Mensch als Person ist jedoch definiert durch sein Gehirn, denn seine anderen Organe können ausgetauscht werden. Mensch X bleibt Mensch X auch mit der Niere von Mensch Y oder eventuell mit einer Tierniere oder mit einer Maschine. Ein abgestorbenes Gehirn aber zerstört die Person, macht sie zur Leiche – juristisch zu einer Sache (Anm.: allerdings eine „Sache“, die als toter Mensch gewürdigt werden muss.) Ihr etwa entnommene Organe können dabei als menschliches Leben weiterleben, so also in einer anderen Person. Könnte man dagegen Gehirne verpflanzen, würde menschliche Person, nicht nur menschliches Leben verpflanzt. Aus der überragenden Bedeutung des Gehirns ist aber auch folgender Schluss zu ziehen: *Ein sich entwickelnder embryonaler Zellverband bzw. Organismus kann erst dann eine Person, ein Mensch sein, dem volle Menschenwürde zukommt, wenn sein Gehirn vorhanden ist* – nachdem er allerdings bereits vorher aus menschlichen Zellen besteht, menschliches Leben darstellt und die Chance hat, zu einem Menschen zu werden.

Zum *Beginn individuellen menschlichen Lebens*, also solches, das zu einer neuen menschlichen Person hinführt, ist zu sagen, dass er nicht allgemein auf den Moment der Befruchtung datiert werden kann. Die individuellen Leben von eineiigen Zwillingen datieren nämlich ihren Beginn später als die Befruchtung. Sollte einmal ein Mensch – verbotener Weise – geklont werden, steht an dessen individuellen menschlichen Lebensbeginn überhaupt keine Befruchtung.

Die Entwicklungen der Biochemie und der Genetik bringen immer wieder neue und unerwartete Gesichtspunkte und damit die Notwendigkeit erneuter Überprüfung und gegebenenfalls Veränderung unserer Grundannahmen. Auch lebt kein Land allein für sich, ist vielmehr Teil der Weltgemeinschaft. Niemand kann von sich leichthin sagen, seine Grundsätze seien die besseren, wenn es auch andere gibt. Kein Naturwissenschaftler ist aber ein Schöpfergott. Er handelt ausschließlich auf der Grundlage dessen, was die Natur ermöglicht.

Und noch ein Letztes: Menschliche Würde muss absolut unabhängig davon sein, wie eine Person entstanden ist. Einem durch Vergewaltigung ins Leben gekommenen Menschen steht dieselbe Würde zu, wie jedem Wunschkind. Wenn es einmal geklonte Menschen geben sollte, so muss dasselbe gelten, gleichgültig, wie die Tat ihres Laborvaters oder ihrer Labormutter moralisch und juristisch zu bewerten ist.
s. auch P18 Seite 188

Weiterungen

Unser menschliches Eigenverständnis hebt uns über das Tierreich hinaus, zurecht. Das drückt sich im Personenbegriff, dem eigentlichen Menschsein, aus. Da wir Menschen zwei Übergänge zum Menschsein zu verzeichnen haben, den stammesgeschichtlichen aus dem Tierreich heraus und den individuellen Beginn eines jeden von uns, tritt die Frage auf, ab wann wir menschliche Person, eigentlicher Mensch, geworden sind. Das wurde im „Papier" kurz abgehandelt. Gegen diese Sicht wird beispielsweise eingewendet, mit der Befruchtung sei die Potenzialität seines Erbgutes, also die Befähigung, ein Mensch werden zu können, voll vorhanden und damit sei auch die Person voll da. Hierzu ist sofort zu sagen: Bei der Bildung von eineiigen Zwillingen, die immer erst im Nachhinein zur Befruchtung erfolgt, würde sich aber dann ja diese ursprüngliche menschliche Person in zwei oder mehr neue Personen durch die einsetzende Zellteilung aufspalten, ein seltsamer Gedanke.

Da wir gerade von eineiigen Zwillingen sprechen: „Siamesische" Zwillinge können zum Beispiel einen gemeinsamen Körper und zwei selbstständige Köpfe haben. Damit sind sie gewiss zwei Personen. Bei einem einzigen Kopf oder Gehirn mit zwei Körpern läge klar eine einzige Person vor, obwohl es nach der Potenzialitäts-Theorie zwei Personen wären. Ein Wesen, das ohne Gehirn im Mutterleib heranwächst, was vorkommt, wird niemand als Person bezeichnen. Damit ist erneut klar, worauf es ankommt: auf das Gehirn.

Zwischenbemerkung: Die beiden sympathischen amerikanischen „siamesischen" Mädchen Abby und Britt haben äußerlich einen gemeinsamen Körper, auf dem ihre beiden Köpfe dicht beieinander sitzen. Es sind zwei heranwachsende Mädchen, derzeit noch vor der Pubertät, mit allem Fühlen und Denken dieses Alters, und jede für sich. Sie haben zusammen nur zwei Arme und zwei Beine, wobei die linken vom linken Kopf, die rechten vom rechten Kopf gesteuert werden, dennoch so koordiniert, dass sie normal laufen und sogar mit Begeisterung Volleyball spielen können. Innerlich sind sie im Oberkörper doppelt: je ein Herz, je eine Lunge mit zwei Lungenflügeln. Von der Körpermitte ab nach unten sind sie auch innerlich eine Einheit. Sie sind jedoch eindeutig zwei Personen.

Ich selbst sah in den 1950er Jahren siamesische Zwillinge, die den oberen Schädel gemeinsam hatten und mühsam gegeneinander geneigt stehen konnten. Sie waren aber an sich selbstständig und konnten getrennt werden, wobei das schwächere der beiden Kinder starb.

Das Argument mit der Potenzialität übergeht ferner, wie sehr ansonsten Entwicklungen als Prozeß hin zu einer höheren Qualität erkannt werden. Das Volksdenken spricht sogar schon immer vom „werdenden Menschen" im Mutterleib. Potenzialität als die Befähigung etwas Bestimmtes werden zu können, ist nie bereits der Erfolg, nie bereits das zu erwartende Resultat und schon gar keine Garantie, dass der Erfolg sich einstellt, zumal bei einer im Anfangsstadium noch nicht einmal zur Hälfte wahrscheinlichen und darauf immer noch recht unsicheren Entwicklung. Und die 50 – 70 % nicht im Mutterleib Behaltenen, zum erheblichen Teil nicht Lebensfähigen, hatten also damit garnicht die Potenzialität, zumindest nicht die Chance, richtige Menschen zu werden. Selbst wenn man die natürliche „Qualitätskontrolle" mit den Frühaborten außer Acht lässt, wissen alle werdenden Eltern doch zu genau, wie sehr sie um einen Erfolg oft bangen müssen. Biologisch müssen zur besagten Anfangs-Potenzialität noch weitere, vom Mutterorganismus gelieferte Faktoren hinzukommen. Außerdem ist die Potenzialität der befruchteten Eizelle kein absolutes Privileg derselben, denn außerordentlich viele unserer Körperzellen enthalten Zellkerne mit an sich dieser Potenzialität, trotz Zelldifferenzierung. Man stelle sich vor, mit welcher Unzahl von möglichen Duplikaten unserer selbst – bei entsprechender Erweckungstechnik – wir herumlaufen! Ein Mensch ist, und das sei hier hervorgehoben, grundsätzlich mehr als seine biologische Anfangs-Potenzialität, ist mehr als seine Gene. Letzteres ist zwar die notwendige, aber noch nicht hinreichende Bedingung für den Status menschliche Person, zumal dem Einfluss der Gene die Umwelt- bzw. Erziehungseinflüsse ziemlich gleichbedeutend sind, die das Gehirn zu verarbeiten hat. Den Menschen auf die bloße Existenz seiner 20 000 bis 30 000 Gene zu reduzieren, die sich nur zu ein bis zwei Prozent von denen der Schimpansen unterscheiden, ordnet den gewaltigen Sprung zum Geistwesen wahrhaftig zu gering ein.

Das muss dann auch seine juristische Konsequenz haben. In Deutschland ist der Begriff der Würde des Menschen, der menschlichen Person, im Grundgesetz verankert und von größter Bedeutung, eine Würde, die vor allem unabhängig von der Entstehungsweise des Menschen ist, die jedem zugehört, dem Wunschkind wie dem in Vergewaltigung Gezeugten, ja auch einem vielleicht einmal geklonten oder aus einer Stammzelle entwickelten Menschen. *Nach dem Festgestellten kann aber ein Embryo vor der Gehirnentwicklung noch nicht als mit der vollen Würde des Menschen begabt, noch nicht als Person angesehen werden. Dass er dennoch als in Entwicklung zu einer Person begriffenes menschliches Wesen eines besonderen Schutzes bedarf, steht dabei außer Frage. Das sind wir Menschen uns selber unbedingt schuldig.* Immerhin nimmt dieses Faktum den Problemen der Schwangerschaftsabbrüche und der wissenschaftlichen Forschung an Zygoten und Embryonen sowie Stammzellen sehr viel von der gegenwärtigen Schärfe.

Bei all diesen Gegebenheiten sollten wir uns daran erinnern, wie schwer es uns Menschen immer wieder fällt, eingewurzelte Vorstellungen zu ändern, Tabubrüche zu bestehen, revolutionäre Veränderungen zu überleben. Als es klar war, dass die Erde sich um die Sonne bewegt, der Mensch „vom Affen abstammt“, in der Wissenschaft die klassische Physik ihre Absolutgültigkeit verlor – um einige wesentliche Beispiele zu nennen – brachte das die Autoritäten auf und ließ sie ihre Bannstrahlen senden, einige dagegen in Depressionen verfallen (ein Physiker beging sogar deshalb Selbstmord). Wir haben wieder so eine Situation: Künstliche Befruchtung, Embryonenverwendung, Klonen oder eine andere Weise menschlichen Werdens – etwa direkt aus Stammzellen heraus. Es ist eine Revolution im biologisch-medizinischen Bereich, die gewaltig unter die Haut geht. Die Wucht aller Argumente, die dagegen ins Feld geführt werden, wird sich wahrscheinlich wieder verlaufen wie ein Orkan und die Welt wird dann etwas anders sein als vorher. Gottes Ordnung wurde umgestürzt, aber Gott scheint dann doch einverstanden zu sein. So ging es bisher, so wird es wieder sein.

Noch ein Wort zur wissenschaftlichen Forschung. Dass wissenschaftliche Grundlagenforschung dem Erkenntnisgewinn dient und dabei einen höheren Stellenwert hat als anwendungsorientierte Entwicklung, ist in früheren Zeiten selbstverständlich gewesen. Eine neue Einsicht, einer Erfindung gleich, im naturwissenschaftlichen Bereich zum Patent anzumelden, war um die vorletzte Jahrhundertwende für einen Hochschulprofessor undenkbar, schon garnicht um des schnöden Geldes willen. Diese Denkweise hatte sich danach verändert, aber immer noch wird Grundlagenforschung ideell höher bewertet als die anwendungsorientierte Entwicklung. Deren oben angesprochener Bezug auf philosophische und gegebenenfalls theologische Folgerungen macht das noch verständlicher. Deshalb die Forderung, das hohe Gut Freiheit der wissenschaftlichen Grundlagenforschung nicht gesetzlich (über die bestehende Situation hinaus) einzuschränken, gar zu überwachen. Hier ist der Punkt, wo es gilt, dem Gewissen und dem Verantwortungsgefühl des Forschers zu vertrauen, auch wenn dieses Vertrauen doch gelegentlich enttäuscht wird, weil Menschen eben Menschen sind. Kaum irgendwo ist der Ehrenkodex so entwickelt und sind die Verhaltensmuster so danach ausgerichtet wie in der Wissenschaft. Kontrollinstanzen außerhalb der Gemeinschaft der Wissenschaftler können das nicht wirksamer, eher sehr viel schlechter. Selbstverständlich aber muss sich auch der Wissenschaftler der Beurteilung und Kritik der Öffentlichkeit stellen - Elfenbeintürme sind keine Burgtürme, zumal angesichts der größer werdenden Risiken.

Nun erkennen wir aber auch Konflikte zwischen unterschiedlichen ethischen Grundsätzen. So ist das Anliegen, kranken Menschen eventuell besser helfen zu können, zutiefst ethisch. Seit der Entdeckung der Chemotherapie gibt es aber auch den Vorwurf, es herrsche rein kommerzielles Denken und hemmungsloses Ruhmstreben bei der Arzneimittelentwicklung und –Herstellung. Der Vorwurf fand seinerzeit Nahrung durch die Contergan-Katastrophe, wurde interessanter Weise aber wieder deutlich leiser, als die Aids-Welle auf uns zurollte. Plötzlich wurde wieder heftig an die Pharmaindustrie appelliert. Bei Viagra ist man den Nebenwirkungen erheblich toleranter gegenüber als bei weniger emotional bewegenden und dennoch wichtigen Medikamenten. In der bioethischen Frage sind die Frontstellungen sichtbar von persönlichen Schicksalen beeinflusst. Man kann fast davon ausgehen, dass jemand, der sich in einer schweren Krankheit wiederfindet, bald erheblich weniger seiner vielleicht anfänglichen Bedenken in den Fragen der embryonalen Stammzellenforschung hat, wenn er glaubt, sich davon Hilfe erhoffen zu können. Das ist menschlich nur zu verständlich. Doch darf man sich davon nicht im Grundsatz leiten lassen. Mancher lehnt deshalb ja auch die pragmatische Handlungsweise derer entschieden ab, die sagen, nun gibt es bereits die vielen embryonalen Stammzellen, die Embryonen sind ohnehin tot, also lasst sie uns besorgen. In der Tat hinterlässt ein solcher Pragmatismus für sich ein ungutes Gefühl. Die Dinge sind aber doch wesentlich anders zu beurteilen, wenn man erkennt, wie ein zwar menschliches Wesen, noch ohne Gehirn, noch ohne eine Person mit voller Würde zu sein, einzuordnen ist. Die Ethik des Heilens und die Ethik des Erkenntnisgewinns kommen in ein anderes Verhältnis dazu, worüber dann gewiss zu diskutieren ist. Es steht uns auch nicht an, die Auffassungen in anderen Ländern und Kulturen leichthin schlechter zu bewerten als unsere eigenen.

Was Präimplantationsdiagnostik bei In-vitro-Fertilisation betrifft mit der Folge von Abtötungen, überhaupt die Diagnostik mit der Absicht, gegebenenfalls einen Abort auszulösen, so ergeben sich hier ohne Zweifel andere, sehr gewichtige ethische Probleme. Einmal die nun vom Arzt vorgenommene „Qualitätskontrolle", als Ersatz oder zusätzlich zur natürlichen, und darauf der Entscheid über Leben-erhalten oder dem Todanheimgeben. Hier sind ja vor allem Missbräuche der Art möglich, dass Eltern weniger nach Erbschäden als nach bestimmten gewünschten Eigenschaften fragen. Das fällt in den Bereich der Abbruchproblematik insgesamt und ist insofern kein neues Thema. Wenn man aber meint, die Zygote in der Petrischale sei stärker schutzbedürftig als die im Mutterleib, so übersieht man wohl, dass die Zahl der Abtreibungen gigantisch ist - ein gewiss äußerst bedauernswerter Umstand.

Dann wird weiter argumentiert, dass vorgeburtliche „Qualitätskontrolle“ zu einer Abwertung der behinderten Menschen führe. Hierzu ist zu sagen, dass Behinderung doch jeden Menschen im Verlaufe seines Lebens treffen kann, im Alter fast unausweichlich. Es sei hier ausdrücklich hervorgehoben: *Behinderten beizustehen und die Lebensumstände behindertengerecht zu gestalten, muss als vornehmste Aufgabe der Nichtbehinderten noch mehr ins Bewusstsein aller gelangen, schon im Eigeninteresse eines jeden.* Das Leben ist nun mal nicht nur Spaß, sondern auch Risiko und Aufgabe, Verpflichtung. Andererseits ist Behindertsein gewiss nicht wünschenswert. Wie sehr bangen wir um ein gesundes Neugeborenes, wünschen wir vor allem Gesundheit bei vielen Gelegenheiten. Warum soll man deshalb verurteilen, wenn vermieden wird, dass ein mit schwerwiegenden Erbschäden behafteter werdender Mensch sich zu einer menschlichen Person entwickelt? Dessen lebenslanges Leiden und das seiner Eltern wird vermieden, und das ist immerhin ein Argument.

Abschließend sei zusammenfassend gesagt: Leben gibt es seit Milliarden Jahren und entsteht auf dieser Erde nicht neu. Es wurde weitergegeben, hat sich weiterentwickelt und differenziert in viele unterschiedliche Lebensformen. Der Mensch als höchstentwickelte Lebensform gehört biologisch zu den Säugetieren, steht aber über den Tieren durch seinen Geist (bzw. seine Geist-Seele). Sein Erbgut, seine Gene bedeuten die Potenzialität als notwendige Bedingung für seine personale Existenz. Das Entstehen der Potenzialität mit der Befruchtung markiert gewiss meistens den Beginn individuellen menschlichen Lebens – bei eineiigen Zwillingen später. Bei eventuellem Klonen gälte vorhandene Zell-Potenzialität ohne Befruchtung. Potenzialität ist notwendig, jedoch nicht hinreichend, um bereits von einer menschlichen Person sprechen zu können. Menschlicher Geist wird vom Gehirn ermöglicht. Somit wird das sich entwickelnde menschliche Wesen erst eine menschliche Person, Mensch im Eigentlichen, wenn sein Gehirn vorhanden ist. Die überragende Bedeutung des Gehirns zeigt sich auch in der Tatsache des Todes der Person mit dem Gehirntod, während die anderen Organe als menschliche Leben weiterleben können. Solche Fakten gelten überall. Sie isolieren eine Kultur, ein Land, das sich daran orientiert, in der Welt nicht.

Der Zygote und dem menschlichen Embryo kann, zumindest vor dem Einsetzen der Gehirnbildung, so die hier vertretene Auffassung, bei aller Schutznotwendigkeit und allem elterlichen Recht, noch nicht die volle Würde im Sinne des deutschen Grundgesetzes zustehen. Danach sollte das Bundesverfassungsgericht seinen Standpunkt neu überdenken. Diese Argumentation berücksichtigt allerdings rein religiöse entgegenstehende Auffassungen nicht. Man muss sie gewiss ernst nehmen und ihnen zusätzlich Beachtung zollen, solange keine Übereinstimmung der Standpunkte erreichbar ist.

s. auch P18 Seite 188

Hermann Jakob Winter

Mensch sind wir durch unseren Geist

Wann beginnt unser Menschsein wirklich?

- Das große Thema unserer Zeit

ISBN 3-00-014752-7

Absender

Bemerkungen / weitere Interessenten

Bitte
ausreichend
freimachen

GOTTFRIED - VERLAG
Postfach 16 29

61456 Königstein

GOTTFRIED - VERLAG · POSTFACH 16 29 · 61456 KÖNIGSTEIN

Hiermit bestelle(n) ich/wir

..... Exemplar(e) zum Preis von 12,50 € pro Stück

Hermann Jakob Winter

Mensch sind wir durch unseren Geist

Wann beginnt unser Menschsein wirklich?

- Das große Thema unserer Zeit

....

Unterschrift

INFO@GOTTFRIED-VERLAG.DE

FAZIT: Alles Sein ist ewiges Wandeln

Zu Anfang standen die Fragen: *Wer sind wir wirklich, wann beginnen wir, Mensch zu sein, was wird aus uns mit dem Tode?* Und: *Gibt es außerhalb unseres Universums eine transzendente, jenseitige Welt mit so genannten reinen Geistwesen, mit möglichst einem über allem stehenden, „regierenden", allmächtigen Wesen, einen Gott?* Was nun nach all den Überlegungen und Argumenten lässt sich abschließend sagen?

Der Philosoph Heraklit (550-480 v.Chr.) im alten Griechenland wusste es schon: *„Alles fließt. Niemand kann zweimal in denselben Fluss steigen."* – Eine wichtige Erkenntnis war das. Und Heraklit sagte ferner: *„Ewige Wiederkehr des Gleichen, aber im Wandel".* Wir meinen: *„Aus dem, was vergangen ist, wird wieder anderes Neues. Nichts wird dabei aus (absolutem) Nichts und Nichts wird zu (absolutem) Nichts. Alles ist Werden, Vergehen und wieder neues Werden. Dies ist ewiges Sein."* Nach zweieinhalb Jahrtausender durchaus ähnlicher Aussagen aber gestützt auf neuere Sichten und mit weiteren Folgerungen.

Ewigkeit und Unendlichkeit sind selbstverständlich. Die gesamte Ewigkeit – vor uns und nach uns - sollte nach anderen Annahmen, insbesondere der monotheistischen Religionen - Gott allerdings allein oder allgemein höheren Mächten vorbehalten sein. Es gibt auch wohl keine schönere Vorstellung, als die des zeitlosen göttlichen Vaters, möglicher Weise ein strenger Richter, besser noch die Barmherzigkeit und Güte in Vollendung, zudem Schöpfer unserer Welt und allen Lebens, allmächtig und allwissend und bei aller unfassbaren Weite des Universums bemüht, jedem einzelnen Menschenwesen im kleinsten zur Seite zu stehen. Eine wunderbare Vorstellung – wie tröstlich, in allen Schwierigkeiten und Leiden des Lebens, darauf vertrauen zu können. Obwohl wir Menschen, nun wirklich unleugenbar, aus „dem Dunkeln" herkommen, wir dennoch vor uns mit einem zweiten, seelischen Ich, die Ewigkeit von jetzt an in jener transzendenten Welt hätten, wenn nicht als ein ebenso erlösendes Nirwana, so denn als bewusste Teilnahme an immerwährender Gerechtigkeit und Glückseligkeit. Leider steht im Hintergrund der Himmelstheorie im Christentum und im Islam auch die Drohung ewigen Ausschlusses von diesem Paradies, als Strafe für die Verfehlungen im so kurzen Erdenleben. Doch selbst christliche Theologen nehmen anscheinend mehr und mehr Abstand von solchen Höllengedanken, die sich mit der vollendeten Barmherzigkeit Gottes nicht in Einklang bringen lassen.

Die Lehren aller Religionen lassen sich insgesamt aus modernen naturwissenschaftlichen und vielfach auch geisteswissenschaftlichen Erkenntnissen heraus nicht ausreichend bestätigen, ja erfahren sogar verstärkte Zweifel. *Religionen bleiben Glaubensangelegenheit.*

Gott hält sich verborgen, sagen selbst Autoritäten der Offenbarungsreligionen. Der kritische Verstand findet durch die rationalen Wissenschaften nicht den Zugang zu einem sich um die hiesige Welt kümmernden Gott, man muss Gott aber auch nicht ausschließen. Was hilft den Menschen in den oft niederdrückenden Problemen ihres Lebens, dem oft unerträglichen Leid, dem Kummer über alles, was man als schwere Ungerechtigkeit empfindet? Es ist ein zutiefst menschliches Fühlen, die Sehnsucht nach einer besseren Welt, das Liebesbedürfnis, wohl auch die Angst vor dem Tode, der Wunsch nach besonderem Sinn des eigenen Lebens, die den Menschen zu einem religiösen Glauben hinführen, der die Menschen versöhnen und sie in Eintracht zusammenbringen soll. Die Kehrseite auch dieser Herrlichkeit des Geistes noch im Diesseits ist leider gar zu deutlich: der Kampf der religiösen und halbreligiösen Kulturen intern und gegeneinander, (mit-) verantwortlich für viele Grausamkeiten der menschlichen Geschichte, und deren offensichtliche Unfähigkeit zur dauernden gegenseitigen Duldung. Dennoch: Wohl weniger die eigentlichen Lehrinhalte der Religionen als die aus ihnen erwachsenen religiösen Traditionen bestimmen die Menschheit, bestimmen uns alle außerordentlich.

Nichts hindert uns aber, davon auszugehen, dass das materielle Sein selber ewig ist, ewig im Wandel begriffen, ewig im Werden und Vergehen und sich wieder verändert Erneuern – und sei es gleichsam als diesseitiger „Mantel" des jenseitigen Gottes. Hier ist einer der Ansatzpunkte für ein allgemeines Einverständnis, denn der Gedanke einer „diesseitigen“ Ewigkeit wurde in der Vergangenheit in der Menschheit mehrfach erörtert und gelehrt. Heute führt denn auch die Naturwissenschaft durchaus dahin. Gerade Naturwissenschaft wird nahezu in jedem Winkel der Welt betrieben und anerkannt. So denn: Unser Universum in seiner bereits gigantischen Ausdehnung nahm einen „kleinen“ Anfang und entwickelte sich äußerst schnell. Unser Universum hat die Eigenschaft, Leben zu ermöglichen. Da dies nicht selbstverständlich sein muss, kann es sehr wohl sein, dass ein ewiges Kommen und Gehen auch von Universen mit immer wieder veränderten Eigenschaften, sozusagen ein universales, unbewusstes, vielleicht nach göttlichem Willen erfolgendes Experimentieren, dass dies alles schließlich unser Universum hervorbrachte. Darin liegt eine neue Sicht, die die Alten noch nicht dergestalt haben konnten, aber dennoch so nahe waren. Wahrscheinlich ist uns Menschen die eindeutige Klärung dieser Frage allerdings für immer verschlossen. Wir haben jedoch konkrete Beispiele für unbewusstes Experimentieren, nämlich hier auf unserer Erde bei der Entwicklung des Lebens, bei der biologischen Evolution. Und wird nicht alles damit sehr plausibel, sogar der Lebenserfahrung gemäß?

Wenn unsere Astronomen in den Weltraum blicken - unerhört weit können sie inzwischen blicken - so finden sie gewaltige Vorgänge, immer erneute riesige Explosionen ganzer Sterne, vernichtende Energie- und Materieströmungen, tödliche Strahlungen weithin, während wir hier auf einem zwar kleinen Planeten, von einer wärmenden Sonne gleichsam behütet, im Grunde hervorragend leben können, obwohl wir auf Luft, nicht zu hartes Licht, Temperaturen in einem relativ engen Bereich und einen festen Grund angewiesen sind. Das geht so schon sehr lange und könnte auch noch lange währen. Leben konnte sich unter diesen günstigen Bedingungen von kleinsten Anfängen her entwickeln. Doch war diese Entwicklung ein ständiges unbewusstes Experimentieren, fortwährend abhängig und heimgesucht von Zufällen, entsetzlich verlustreich, indem die Lebensversuche immer wieder fehlschlugen oder die entstandenen Lebewesen wieder ausgerottet wurden. Selbst bei der Neuentstehung der heutigen Einzelwesen, zum Beispiel der Menschen, werden die meisten, ja wahrhaft die meisten bereits im Mutterleib vorzeitig ausgesondert. Die voll ausgebildet zum Licht gelangten Menschen, wir also, sind dann den Gefahren des Lebens anheim gegeben und erreichen nur zum geringeren Teil ein mögliches und von uns erhofftes Alter. (Wer denkt da nicht schmerzlich an seine bereits verstorbenen Altersgenossen.) Das sind die unbestreitbaren Fakten.

Die Evolution kann nicht denken, kann nicht planen, aber sie brachte Lebewesen mit Hirnen hervor, die das können. Die Entwicklung der Hirne führte schließlich, wiederum begünstig durch Zufälle, zum Menschen, dessen Gehirn nicht nur denken, lernen und planen kann, sondern auch ein starkes Eigenbewusstsein hat. Der Mensch ist zwar verhaftet geblieben in allem, was die Tiere an Eigenschaften gewannen, er ist ein integraler Teil der Natur, aber er stieß weit über das Vermögen der Tiere hinaus durch das Ausmaß, das seine Hirnentwicklung kennzeichnet - dies aber auch erst allmählich über einen recht langen Zeitraum hin. Die heutige enorme Hirnleistung des Menschen wurde zum Träger des menschlichen Geistes, der das Menschsein bestimmt.

Für die Evolution bedeutete dies einen neuen Abschnitt, denn der mit Geist bewehrte Mensch vermag heutzutage bewusst in die Erbmassen der Lebewesen einzugreifen. Wir sind aber damit auch erst Mensch im Sinne einer Person, wenn wir überhaupt ein menschliches Gehirn haben. Dieses war also erst allmählich zu verzeichnen, als aus Tieren Menschen wurden, und es entsteht bei jeder neuen Menschwerdung erst allmählich, wenn ein Kind heranreift. Folglich kann ein menschliches Leben noch keine menschliche Person sein, solange noch kein Gehirn entwickelt ist, wofür sich – sowenig wie beim Übergang von Tier zu Mensch – jedoch kein fester Zeitpunkt angeben lässt. (Man weiß aber, dass in den ersten vier Schwangerschaftswochen praktisch noch kein Ansatz für ein Gehirn vorliegt.) *Ein noch gehirnloser Embryo jedenfalls kann noch keine menschliche Person, kein voller Mensch sein.* Er ist allerdings ein werdender Mensch und muss entsprechend umsorgt und geschützt werden!

Wir können also – bei aller Skepsis gegenüber unserer eigenen Erkenntnisfähigkeit - recht gut wissen, wo wir herkommen, auch, wer wir als Lebewesen sind. *Jeder von uns wird aber wieder in das Dunkel – bestimmt körperlich – zurückkehren, aus dem wir gekommen sind.* Die fortwährende Erneuerung des Lebens durch Zeugung, Geburt und Begleitung des Heranwachsenden sollte deshalb unser erstrangiges Bestreben sein, entscheidend wichtiger als moderne und immer nur kurzzeitige „Selbstverwirklichung“, so gut und schön die sein kann. Das war und ist immer und überall richtig, wenn auch gewiss im Einzelfall nicht jedem möglich und nicht für jeden ratsam. Doch als Geistwesen haben wir die Chance, unsere eigene Lebensführung in der für uns unverzichtbaren Gemeinschaft der Menschen wie darüber hinaus der lebendigen Welt so beispielhaft wie möglich zu gestalten. Das erfordert grundsätzliche Lebensbejahung, und es erfordert ein ständiges Bemühen, ein ständiges Ringen um den bestmöglichen Weg, auch die Korrektur unserer Fehlhandlungen, die uns bewusst werden. Das gilt im Kleinen wie im Großen und ist *eine Aufgabe, die uns in besonderem Maße davor bewahren kann, unser Leben öde und sinnlos zu empfinden, und naives, oberflächliches Begehren nach Glück vermeidet, was sowieso mit der Enttäuschung verschwistert ist.* Das gilt für einen jeden, wie ebenfalls gilt: Die Realität des Daseins ist voller Abgründe, nicht nur der Tod, auch Leid und Abscheulichkeiten sind mit dem Leben verbunden, die hehre Worte nicht vertragen, sondern nur mit Lebenskampf umschreibbar sind und Merkmal aller Lebensentwicklungen immer waren. Auch das erkennt der Geist und bedingt die Lastseite seines Höhenfluges.

Fassen wir die Thesen zum hier vertretenen Welt- und Menschenbild zusammen:

1. Man kann durchaus davon ausgehen, dass ein ewiges Neuentstehen und Vergehen von Universen mit immer wieder veränderten physikalischen Eigenschaften stattfindet.

2. Unser Universum hat im Zuge eines solchen ewigen Wandelns – zufällig oder nach höherem Willen - die notwendigen physikalischen Eigenschaften erlangt, die das Leben in der hier zu findenden Art und Weise zulassen.

3. Unsere kleine Erde wiederum ist in eine Situation gekommen, bei der das prinzipiell mögliche Entstehen von Leben tatsächlich – ebenfalls zufällig oder nach höherem Willen – eingetreten ist und eine Evolution des Lebens in Gang kam. Alle Lebewesen – Mikroorganismen, Pflanzen, Tiere / Mensch - sind desselben Ursprungs.

4. Die irdische Evolution ist schließlich, nach Milliarden Jahren, bis hin zum Geistwesen Mensch vorgedrungen, der nun über das alles nachdenken kann. Dass wir ausgerechnet hier und jetzt leben, ist keineswegs verwunderlich, denn nur unter Bedingungen,

wie sie hier vorliegen, konnten wir Mensch werden. Die Entstehung des Menschen kann aber nicht mit Sicherheit als zwangsläufig und als unbedingtes Ziel der Evolution angesehen werden.

5. Das Geistwesen Mensch war allmählich durch Gehirnentwicklung aus dem Tierreich hervorgegangen und entsteht in jedem einzelnen individuellen Falle aufs Neue allmählich aus zunächst einer einzigen lebenden Zelle – meistens eine gerade befruchtete Eizelle – sobald der Träger seines Geistes, sein Gehirn, sich bildet. Erst mit seinem Gehirn wird das menschliche Lebewesen zum Geistwesen, zur menschlichen Person. Sein Leben endet mit dem Tod des Gehirns.

6. Universen sind das Diesseits. Ein Jenseits kann weder bestätigt noch ausgeschlossen werden. Immerhin ist es auffallend, dass die unterschiedlichsten Kulturen Jenseitsvorstellungen haben und Spiritualität ein verbreitetes Bedürfnis ist. Sollte es ein Jenseits geben, so fragt es sich, ob etwa ein allmächtiger Gott schöpferisch und steuernd auf das Diesseits wirkt oder hier die Entwicklungen mehr oder weniger weitgehend selbstständig verlaufen lässt. Die Vorstellungen über ein Jenseits und über eine etwa unsterbliche Seelenexistenz sind religiöse Glaubensangelegenheit und nicht unbezweifelbares Wissen.

7. Annahmen von Gespenstern, Geistern, Dämonen im Diesseits sind Fantasien menschlicher Gehirne.

Anhang 1: Gedanken zur christlichen Theologie

Die europäisch-amerikanische Kultur ist bekanntlich maßgeblich von der jüdisch-christlichen Welt- und Gottessicht bestimmt. Die christliche Lehre, die ja auch griechisch-römische Ideen aufnahm und sich im europäischen Raum weiterentwickelte, ist allerdings, insbesondere seit der Aufklärung, in immer größere Bedrängnis geraten. Unbestreitbar hat die christliche Religion nach wie vor enorme Bedeutung als ethisch bemühte Ordnungskraft, dazu im sozialen Bereich und als Kulturträger. Das Problem liegt in ihrem eigentlichen Anliegen, den christlichen Glauben unter den Menschen aufrechtzuerhalten und gar noch zu verbreiten. Der menschliche Geist ist inzwischen über die frühkulturellen Gedanken hinausgewachsen, ist kritischer geworden und wurde – vor allem durch die Beobachtung und experimentelle Befragung der Natur - mit einer Fülle neuer Informationen konfrontiert, fand schlechthin zu neuen, teils revolutionären Erkenntnissen. Auf diesem Weg liegt sogar auch die theologische Bibelkritik.

Wir stehen vor der folgenden Tatsache: Der moderne Mensch hat sich aus dem Gebotsdiktat der Religion ziemlich weit gelöst und sieht sich gerade dadurch zunehmend selbst verantwortlich. Dennoch muss man nicht sagen, dass dies eine Entchristlichung der „westlichen" Welt bedeutet. Christliche Auffassungen stecken in uns drinnen, leiten uns weiter, auch viele mit tiefer Überzeugung. Zwar argumentieren selbst die Theologen kaum mehr öffentlich mit der Leib / Seele-Einheit beim Menschen, der Verbindung seines Leibes mit einer unsterblichen Seele, aber wenigstens unterschwellig schwingt dieser Glaube weithin mit und kommt nicht nur in Beerdigungsritualen zum Vorschein. Es ist ja auch kaum ein beglückender Gedanke, durch den leiblichen Tod völlig ausgelöscht zu werden. In der christlichen Lehre sowie in anderen Religionen ist die Seele das Wichtigere. Sie verweist den der Sünde anfälligen, kümmerlichen Leib auf den zweiten Platz, einen Leib, dem zumindest der frühere Fromme manchmal kaum noch Freuden gönnte, bis hin zu Selbstgeißelungen. Der Glaube und die Hoffnung auf ein Weiterleben in einem himmlischen Paradies ohne jegliche Not bei ewiger Gerechtigkeit unter dem gütigen Auge des Allmächtigen ist nicht zu überbieten und somit für viele aller Bemühungen und Opfer wert, im Christentum wie ja auch im Islam – wo das in unserer Zeit manchmal schmerzlich vorgeführt wird.

Wie andere Religionen vermag aber leider die christliche Lehre mit vielen Erkenntnissen der Natur- und Geisteswissenschaften nicht ausreichend konform zu gehen. So erfahren also die jungen Menschen heutzutage mit dem vollen Gewicht der Naturwissenschaft: Der Mensch ist allmählich aus dem Tierreich heraus entstanden. - Und wie ist die originale, auch heute noch vielerorts vertretene christliche Lehre? Sie geht bibelgemäß davon aus, dass es zwei bestimmte, unabhängig von den Tieren geschaffene erste Menschen gab, Mann und Frau, sogar benannt als Adam und Eva. Beide - und alle ihre Nachkommen - wurden vom Tier wesentlich unterschieden durch eine unsterbliche Seele. Sie führten zunächst ein Gott-nahes, „paradiesisches" Leben - ohne Krankheit, Leid und Gefahr eines leiblichen Todes. Jedoch - verführt durch eigene Hybris und satanische Einflüsse - wollten sie „Erkenntnis" und dabei Gott gleich werden, ein Wunsch, der zum Sündenfall wurde, eine Erbschuld, die Erbsünde hervorrief. Die Konsequenz war, dass sie sich und ihre Nachkommen in einer harten Welt voller Not, Kampf, Sorgen und leiblichen Tod wiederfanden - nur ihre Seele blieb unsterblich.

Zwischenbemerkung: Als kleiner Junge fragte ich meinen Vater, wer denn die ersten Menschen gewesen seien, in der Erwartung, dass er sage, das wisse er nicht, das sei schon zu lange her. Doch nein, wie aus der Pistole geschossen erhielt ich die Antwort: „Das waren Adam und Eva". Auch der Pfarrer wollte das so genau wissen. – Ich wunderte mich sehr und vergaß das nie. So beginnen auch die Zweifel an den Erwachsenen, die vielleicht doch nicht immer recht haben.

Die Evolutionstheorie verwirft den Gedanken einer vom Tier unabhängigen Erschaffung des Menschen. Eine evolutionäre Entwicklung der Menschen aus dem Tierreich heraus lässt aber die Definition zweier plötzlich existenter erster Menschen nicht schlichtweg zu. Selbst wenn man versucht, evolutionsgemäß zwei erste Menschen zu definieren - die beiden hätten Eltern gehabt, von denen sie sich, durch den langsamen Gang der Evolution bedingt, allenfalls geringfügig unterschieden. Die Eltern müssten aber noch voll und ganz Tiere gewesen sein, die direkten Kinder dann schon voll und ganz Menschen. Auch eine durch den Schöpfer unmittelbar verliehene unsterbliche Seele könnte an den wohl kaum vorhandenen oder äußerst geringfügigen Unterschieden in den geistigen Leistungsfähigkeiten der Eltern-Tiere und Kinder-Menschen ja nichts ändern, denn wir denken mit dem Hirn und nicht mit der Seele. Die beiden ersten Menschen, auf jeden Fall ohne menschliche Tradition, ohne durch eine aussagekräftige Sprache geschärften Verstand, sollten dann die Verantwortung für das Schicksal der Menschheit getragen - und den Sündenfall verschuldet haben. Das ist immer schwerer zu akzeptieren. Absolut unfassbar ist, dass die ersten Menschen vorher „im Paradies" kein Leid erfuhren und keinen leiblichen Tod zu erwarten hatten, während doch Krankheiten, Leid und Tod für alle Lebewesen mit Sicherheit immer etwas Normales waren und blieben.

Dass Jesus Christus eine Erneuerung des jüdische Glauben anstrebte, dürfte unumstritten sein. Der Glaube des so religiös bestimmten hebräischen Volkes in all seinen Varianten ist aber nie eine Weltreligion gewesen, sondern war dem von seinem eigenen Gott Jahwe auserwählten Volke vorbehalten. Jesus erfuhr durch sein Volk letztlich Ablehnung und wurde sogar dem Kreuzestod durch die römische Besatzungsmacht ausgeliefert. Insbesondere mit Paulus entwickelte sich das Christentum über das Judentum hinaus dann wirklich zu einer Weltreligion. Es versteht – spätestens seit Augustinus - Jesu Kreuzesopfer als Erlösung von der Erbsünde, eine Erlösung, die jedem Menschen zuteil wird, der sich zur christlichen Lehre bekennt und sich taufen lässt. Was aber, wenn es gar keine Erbsünde gab, eine Auffassung, die im evangelischen Raum bereits merklich Fuß gefasst hat, im katholischen aber immer noch feste Grundlage ist?

Es ist selbstverständlich, dass christlich nur der Glaube an ein den Menschen liebendes göttliches Wesen genannt werden kann, und dieser Gott auch der Schöpfer unseres Universums ist, was das immer genauer heißen mag. Gott würde sich um die Menschen kümmern, besagt die christliche Lehre. Muss das aber wirklich heißen, er kümmert sich garantiert um jede Einzelheit? Wie wir täglich erfahren, spricht schließlich sehr viel dagegen. Dem Gläubigen verbleibt dennoch, ihn zu verehren und sich an ihn im Gebet zu wenden, während er auf jeden Fall sein diesseitiges Leben, Leiden und Sterben hinzunehmen bereit sein muss – gemäß „Dein Wille geschehe". An ein ewiges Seelen-Leben in einer transzendenten Welt zu glauben, sollte jedem unbenommen sein, so problematisch und verschwommen auch der Begriff Seele ist. Kann aber ein ewiges Jenseits mit Himmel und Hölle, mit Gut und Böse, mit Engel und Teufel, mit einerseits Seligkeit, andererseits Verdammnis wirklich so rundum erfreulich sein? Das mutet doch eigentlich sogar schlimmer an als das vorübergehende Diesseits. Die immerwährende Hölle jedenfalls widerspricht der für das Christentum so wesentlichen Beschreibung Gottes als ein den Menschen liebendes und barmherziges allmächtiges Wesen. Diesen Widerspruch sehen ja auch manche Theologen. Und ob die Drohung mit der Hölle die Bösewichte hierzuerde wirklich je abgeschreckt hat?

Es dürfte unumgänglich sein, dass die christliche Lehre, die ohnehin unterschiedlich von Konfession zu Konfession ist, mit der Zeit immer mehr etliche ihrer bislang so unumstößlichen Glaubenssätze als zumindest symbolisch zu verstehen bezeichnen muss, wenn sie breit überleben will. Gelegentlich kann man das, vor allem im protestantischen Bereich, ja hören. Die dogmatisch festgezurrte römisch-katholische Kirche tut sich darin verständlicher Weise schwerer, wohl auch die Orthodoxie. Zwar hat das Christentum mit großen eigenen historischen Belastungen zu kämpfen, die es moralisch ins Zwielicht setzten, aber es überwiegt doch bei weitem die Summe der guten Taten. Was Mönche, Nonnen, Priester, Pastoren, Popen alles an Hilfe den Notleidenden zukommen ließen, dazu die durch den Glauben initiierten Großleistungen der Kunst, die Entstehung von religiösen Volkstraditionen des Abendlandes, die geistige Herausforderung für den Intellekt – all das wuchs sich zu dem sozialen und kulturellen Potenzial aus, auf dem wir heute stehen. „Westliche" Wertegemeinschaft, für die ganze Welt von Bedeutung geworden, ist christlich geprägt.

Die Glaubenslehre ist inzwischen das Problem (nicht nur für das Christentum, sondern für alle Religionen). Der unhaltbare Begriff der Erbsünde könnte eine etwas andere Bedeutung finden, so verständlich als *Erblast,* die sich dadurch ergibt, dass der menschliche Geist an den tierischen Körper gebunden ist und bleibt mit all dessen Beschwernissen. Die Taufe ist auf jeden Fall ein Aufnahmeritus. Erlösung verstünde sich auch daraus, dass der Nazarener den Menschen so vehement und in Selbstopferung auf die Ideale hin verwiesen hat, die das Christentum vermitteln kann. Dazu gehört doch entscheidend der Versuch zur weitgehenden Überwindung des Bösen - das, was Menschen mit Vorsatz und gegen ihren Willen in Gefahr, Not und Tod bringt, und nach heutiger Interpretation gegenüber der Tier-, Pflanzen- und allgemeinen Umwelt. Albert Schweitzers Wort von der Ehrfurcht vor dem Leben kann doch in der Tat den christlichen Kirchen Leitbegriff sein. Es wird auch dann noch genug Diskussionsstoff darüber geben, was im Einzelnen als objektiv böse einzustufen ist. Das wären aber Diskussionen, die sogar zwischen allen Religionsgemeinschaften geführt werden könnten auf der Basis gegenseitiger Achtung und Toleranz. Hans Küngs Bemühen um das Weltethos ist ein glänzender Ansatz. Die „Gestalt" Gottes ist nicht nur für den Christen Richtschnur und Gegenstand der Hinwendung und Verehrung. Allerdings verbirgt sich Gott, sosehr ihn der Gläubige auch nahe fühlt, und Zweifel sind nur zu begreiflich. Deshalb muss auch dem, der nicht an Gott glauben kann, Verständnis und Toleranz entgegengebracht werden. Anders geht es nicht.

Es sollte aber noch gesagt werden: Mögen die christlichen Konfessionen jetzt endlich wieder ausreichend zusammenfinden. Es wäre zumindest dem allgemeinen Ansehen des Christentums bei den Menschen zuträglicher. Aber vielleicht geht eher ein ... Bischof ... durch ein Nadelöhr.

Anhang 2: Kommentare, Ergänzungen, Erläuterungen

Wenn man sich mit grundsätzlichen Fragen in aller Breite beschäftigt, sollte man umso mehr Meinungen und Stellungnahmen einholen. Deshalb wurde von mir eine große Anzahl von Kopien der vorstehenden Arbeit (Haupttext) zur Diskussion an eine Vielzahl von Personen und etliche Institutionen verteilt, - wie zwei Jahre vorher auch schon mein Papier „Leben, menschliches Leben, menschliche Person". Für diese Vorgehweise erhielt ich eine Menge Zustimmung. Soweit ich die erfolgten Stellungnahmen nicht bereits im Haupttext sinngemäß behandelte oder noch nachträglich berücksichtigt habe, soll das nun hier geschehen. Ferner werden Ergänzungen, Erläuterungen und Literaturangaben geboten, die mehr auf den wissenschaftlichen Hintergrund meiner Ausführungen eingehen. Sie mögen den tiefer Interessierten eine Hilfe sein.

Mir geht es um die versuchte Gesamtschau der Dinge. So liegen mir nicht nur die Naturwissenschaften, sondern auch die Geisteswissenschaften und die schlichteren, praktischen, oft so treffenden Betrachtungsweisen der Menschen am Herzen. Wir können uns um Erkenntnis aber nur bemühen, mehr nicht.

P01 Was ist *Wahrheit?* Eine Fragestellung - die Pilatusfrage an Jesus von Nazareth während dessen Vernehmung, der zuvor gesagt hatte, dass er die Wahrheit sei. – Religionen bestehen darauf, die endgültigen Antworten zu Welt und Mensch zu geben. Auch die Philosophie sucht die Wahrheit. Der berühmte Grieche Sokrates meinte damals: „Ich weiß, dass ich nichts weiß," und fand sich deshalb klüger als seine Philosophen-Kollegen, die meinten, sie wüssten ausreichend viel, letztlich also die Wahrheit.

Ein seriöser Naturwissenschaftler darf nicht sagen, er wisse die Wahrheit, zumal die „unumstößliche", selbst wenn ihm noch so viel große Erkenntnis gelungen ist. Die Naturwissenschaftler entwerfen *Hypothesen* bzw. *Theorien* und „*Modelle*“ nach ihren erarbeiteten Fakten und gewonnenen Einsichten, keine fest gefügten Wahrheiten. In diesem Lichte können sie ihre Schlüsse und Thesen der Öffentlichkeit vorlegen. Man sollte das immer im Auge behalten. Gelegentlich wird nämlich den Naturwissenschaftlern entgegengehalten, ihre Theorien würden sich ja auch im Laufe der Zeit ändern. Zwar „triumphiert“ der Naturwissenschaftler dann, wenn sich seine Theorien bei Experimenten oder gar mit neuer technisch / medizinischer Anwendung bewähren, aber das reicht nicht aus, um von Wahrheit, ein so sehr gewichtiges Wort, zu sprechen. Die Naturwissenschaft vermag jedoch religiöse und philosophische „Wahrheiten“ ggf. überzeugend zu falsifizieren, vor allem aber Mythen und besonders Theorien im Bereich des Okkultismus und des Spiritismus.

Bei manchen Philosophen und Theologen findet man allerdings große Bedenken wegen einer eventuell erfolgenden Dominanz des Naturalismus. Was ist aber Naturalismus?

P02 *Naturalismus* ist die Vorstellung und naturphilosophische Lehrmeinung, dass alles, was Welt und Mensch bedingt, auf Gesetzmäßigkeiten zurückzuführen ist, die mit den Methoden der Naturwissenschaften erkannt werden können. Tatsächlich werden immer mehr bislang mysteriöse Erscheinungen in dieser Weise entschleiert. Trotzdem sollte man vorsichtig sein mit seinen Erwartungen, zumal neue Fragen hinzukommen. Es darf bezweifelt werden, dass der Mensch überhaupt in der Lage ist, alles zu verstehen, denn, wie oben ausgeführt: Wir sind auf die begrenzten Fähigkeiten unserer Gehirne eingeschränkt, so raffiniert und schnell auch unsere Computer zur Unterstützung unserer Gehirnleistung noch werden mögen. Andererseits bringt die Annahme, die materielle Welt sei gleichsam eingebettet in eine übernatürliche und total von ihr abhängig, jedenfalls wissenschaftlich nicht weiter. Insofern scheint uns der Naturalismus als zumindest vordergründige Denkstrategie in der Praxis gerechtfertigt.

P03 Der Haupttext begann mit Betrachtungen zur *Kosmologie*. Die Kosmologie ist die Wissenschaft über den Kosmos, das Universum, das Weltall, die Wissenschaft der Astronomen, der Sternbeobachter, jedoch nicht der Astrologen, der Sterndeuter. Sie ist ein Teilgebiet der *Physik,* der Lehre von den Naturerscheinungen und ihren Gesetzmäßigkeiten.

Unsere Vorfahren empfanden die Erde als den allein bestehenden großen Lebensraum in Gestalt einer Scheibe. Der Himmel schien sich darüber zu wölben fast wie eine Käseglocke. Sonne und Mond stachen heraus und erlangten mythische Bedeutung, wie sie ja auch praktische Bedeutung hatten, denn sie bestimmten den Tages- / Nachtverlauf, die Monate und das Jahr. So ist die Beschäftigung mit Sonne, Mond und Sternen, letztere unterscheidbar nach „Fixsternen" und „Wandelsternen", Planeten, schon sehr lange üblich bei den Alten. Da der Mond beim Umlauf um die Erde immer dieselbe Seite zur Erde richtet, merkte man nicht, dass es sich um eine drehende Kugel handelt. Doch dann kam die Erkenntnis der Kugelgestalt für die Erde. Dramatisch in seinen Auswirkungen wurde das *kopernikanische Weltbild*: Nicht die Sonne dreht sich um die Erde, sondern umgekehrt, die Erde dreht sich um die Sonne. Mit dem neu erfundenen Fernrohr sah man auch die Jupitermonde um ihren Planeten kreisen, während alle Planeten sich wie die Erde um die Sonne auf hintereinander liegenden elliptischen Bahnen bewegen. Dieses Weltbild entthronte die Erde. Sie wurde fortan im Verhältnis zu den kosmischen Himmelserscheinungen immer winziger. Schließlich war sie nur noch ein kleiner Planet eines mittelgroßen Sonnensystems am Rande des Universums, das man bis ins 20. Jahrhundert hinein mit dem Milchstraßensystem gleichsetzte. Und das hat Milliarden von leuchtenden Sternen. Doch es kam noch „schlimmer": Mithilfe neuer großer Fernrohre und Teleskope fand man immer mehr andere Galaxien, vergleichbar mit unserer Milchstraße. Heute wissen wir, es sind Milliarden mit selber Milliarden Sternen. Das Weltall ist ungeheuer ausgedehnt, und es wird immer größer. Damit lag der Gedanke nahe, es sei einmal „von einem Punkt" ausgegangen. Die Urknall-Theorie festigte diese Vorstellung. Außerdem sollen sich im Weltraum noch riesige Mengen (bis zu 95% von allem schätzen manche Astronomen) nichtleuchtender, „Dunkler Materie" und „Dunkler Energie" befinden. Wenn wir inzwischen vom Hubble-Teleskop-Satelliten die großartigsten Farbbilder fernster kosmischer Systeme haben, so darf das nicht darüber hinwegtäuschen, wie unzulänglich immer noch die Schlüsse sind, die man zu ihrem Verständnis daraus ziehen kann, s. auch Gerhard Börner „Kosmologie", Fischer-Verlag, Frankfurt 2002.

Einige Kosmologen / Astronomen gehen – wie im Haupttext angedeutet - in ihren Überlegungen weit über unser gigantisches

Weltall hinaus und sprechen von parallelen Universen („unendlich vielen"!) vor unserem, neben unserem und wohl auch nach unserem. Sie sollen zusammen das *„Multiversum"* bilden. Nach alten indischen Theorien gibt es kein einmaliges Weltgeschehen, vielmehr soll sich seit Ewigkeit alles zyklisch wiederholen. Auch Heraklit und Aristoteles dachten an ewige, sich erneuernde Materie. Menschen, die nicht an einen Schöpfergott glauben, dem allein Ewigkeit zugesprochen werden kann, kommen um die Annahme ewig seiender Materie ohnehin nicht herum.

Hierzu empfiehlt sich: Paul Davies „Der Plan Gottes. Die Rätsel unserer Existenz und die Wissenschaft" Insel Verlag, Frankfurt am Main 1995, ferner: Paul Davies „Das fünfte Wunder. Auf der Suche nach dem Ursprung des Lebens", Scherz Verlag, Bern, München, Wien 2000. - Ein sehr schön geschriebenes Buch ist auch das des prominenten Astronomen Arnold Benz „Die Zukunft des Universums. Zufall, Chaos, Gott?" Patmos Verlag Düsseldorf 2001. Im Naturwissenschaftlichen geht der Autor besonders auf die Entwicklung des Universums ein. Das Buch ist gleichzeitig christlich-religiös bestimmt. - Ähnlich das Buch eines Physikers und Theologen: Gerald L. Schroeder „Schöpfung und Urknall – die Übereinstimmung der modernen Naturwissenschaft mit der Bibel" C. Bertelsmann Verlag, München 1993. Die rein naturwissenschaftlichen Ausführungen sind darin kompetent und recht allgemein verständlich. Unter anderem mit dem Thema Zeit und Ewigkeit beschäftigt sich sehr eingehend und wiederum von theologischen Argumenten mitgetragen das Buch von Ulrich Lüke „Bio-Theologie" Verlag Ferdinand Schöningh, Paderborn 1997. Der Autor ist Biologe und kath. Theologe und behandelt umfassend noch Themen wie Evolution und Hominisation.

Der Urknall ist als ein gewaltiger Energieausbruch denkbar. Die Materie unseres Universums konnte dabei aus dieser Energie entstehen. So stellt man sich das vor. Zur Materie, wie sie auch uns Menschen bildet, gibt es ein Gegenstück, die Antimaterie.

P04 Die astronomische Beobachtung, die Physik der allergrößten Objekte, stößt interessanter Weise immer mehr auf Probleme der Elementarteilchenphysik, also der Physik der allerkleinsten Objekte. Das führt uns direkt zur Atomphysik und der Radioaktivität.

Die *Atomtheorie*, bereits von Demokrit (um 460 v. Chr.) im alten Griechenland postuliert, geht bekanntlich davon aus, dass man einen materiellen Stoff nicht unendlich oft teilen kann, sondern schließlich auf ein kleinstes, unteilbares Körperchen stößt, also das Atom. Die moderne Wissenschaft nahm diese Vorstellung auf und fand dann bald heraus: Das Atom lässt sich doch noch teilen. Man stieß auf dessen Teilchen Proton, Neutron und Elektron – dasselbe Elektron, welches – in großen Mengen - den elektrischen Strom in einem elektrischen Feld durch ein Metallkabel bewirkt. Proton und Neutron sind relativ groß, das Elektron ist relativ klein. Das Proton ist positiv, das Elektron negativ elektrisch geladen (in *Antimaterie* ist das umgekehrt, wobei man statt von Elektron von Positron spricht). Neutronen sind elektrisch neutral, wie der Name nahe legt. Protonen und Neutronen bilden zusammen den inneren „Kern" eines Atoms. Die Anzahl der Protonen bestimmt darüber, welches Element mit dem Atom vorliegt und zusammen mit den Neutronen dessen Masse / Gewicht („Atomgewicht"). Wenn sich um den Kern herum in mehr oder weniger großem Abstand ebenso viele Elektronen, wie Protonen im Kern sind, befinden, ist das Atom elektrisch neutral nach außen. Die Elektronen bestimmen den Raumbedarf des Atoms. Fehlen Elektronen oder sind es mehr, so sind die Atome als Ionen elektrisch geladen. Das mutete alles sehr einfach an, und es ließ sich zunächst annehmen, man habe die Natur der Elemente – die durch „Bindungen" untereinander Moleküle schaffen - vollständig erkannt, zumal man jetzt die Unterschiede zwischen den Elementen so gut und so leicht verstehen konnte. Insgesamt ordnen sich die Elemente in erster Linie nach aufsteigendem Atomgewicht im Raster des „Periodensystems der Elemente", in zweiter Linie nach chemischer Ähnlichkeit, die mit der Elektronenanordnung um den Atomkern herum zusammenhängt.

Doch die Überraschungen hörten nicht auf. Zunächst entdeckte man die *Radioaktivität*. Es zeigt sich, dass nicht alle Atome stabil waren. Vor allem das Uran, damals das schwerste der Elemente, spaltet allmählich 2 Protonen zusammen mit 2 Neutronen (so genannte Alpha-Teilchen = Heliumkerne) ab, außerdem Elektronen und harte elektromagnetische, also dem Licht und den Röntgenstrahlen verwandte Strahlen (Gammastrahlen). Auch das Element Radium „strahlt", und zwar heftig. Mit ihm beschäftigten sich Madame Curie und ihr Mann. Dabei entstehen weniger schwere Elemente, die allerdings einen Gewichts- bzw. Masseverlust aufzeigen, der größer ist, als es die abgehenden Protonen, Neutronen und Elektronen verursachen können. Das wurde erst verständlich, als Einstein seine berühmte Äquivalenz zwischen Masse und Energie postulierte: Wenn Energie als elektromagnetische Strahlung entweicht, geht damit auch Masseverlust einher.

Insgesamt brachte die Wende vom 19. zum 20. Jahrhundert in der theoretischen Physik einen Umsturz der Theorien, so Plancks und Einsteins Quantentheorie und Einsteins berühmte Relativitätstheorien.

Banesh Hoffmann „Einsteins Ideen. Das Relativitätsprinzip und seine historischen Wurzeln“ Spektrum der Wissenschaft Verlagsgesellschaft, Heidelberg 1988. Nigel Calder „Einsteins Universum“ Umschau Verlag, Frankfurt am Main 1980.

Als dann im Jahre 1938 das regelrechte Zerbrechen des Uranatomkernes im Zuge einer Neutronen-Kettenreaktion, die Atomkernspaltung, von Otto Hahn und Fritz Straßmann (letzterer war mein erster Chemie-Professor) entdeckt und von Lise Meitner – damals in Schweden im Exil – richtig gedeutet wurde, erkannte man den Abgang von großen Energiemengen, die für die Atombombe und für die Kernkraftwerke wesentlich wurden. Das Stichwort „atomare Kettenreaktion“ wurde populär und mit der Atombombe zum Schreckensbegriff. Inzwischen konnte man sich auch erklären, woher die wie unsere Sonne leuchtenden Sterne ihre Strahlungs-Energie nehmen: Sie bauen aus Wasserstoffkernen (1 Proton bzw. 1 Proton + 1 Neutron – dann Deuteriumkern genannt) Heliumkerne (mit zwei Protonen und zwei Neutronen) unter merklichem Masse- (= hohem Energie-) Verlust auf. In der „Wasserstoffbombe“ findet diese Kernfusion ebenfalls statt. Die Versuche, die Fusionsenergie (im Gegensatz zur Kernspaltungs-Energie des Urans) eines Tages kontrolliert und hoffentlich mit wenig radioaktivem Abfall nutzen zu können, laufen seit langem. Ein Erfolg würde wahrscheinlich unsere Energieprobleme auf Dauer lösen.

Die folgende Entwicklung zeigte dann, dass auch das Proton und das Neutron noch Unterteilchen haben, daneben sogar sehr viele andere „Elementarteilchen“ existieren. Jetzt war die Hoffnung auf eine einfache Sicht des Aufbaus der Natur im Kleinsten zumindest vorläufig zerronnen. Heute bemüht sich die „Teilchenphysik“ angestrengt um Ordnung und Übersicht in all den vielen Teilchen (Spaßwort: Teilchenzoo), die durch immer kostspieligere und aufwendigere Apparate gefunden werden. Sie hat dabei vieles erreicht und steht doch immer wieder aufs Neue vor diesem Problem. Noch sehr viele Elementarteilchen sind bislang nicht einordenbar. Die Gravitation (z. B. unsere Erdanziehung) entzieht sich bislang völlig dem Versuch, eine „einheitliche Feldtheorie“ der Materie zustande zu bringen. Die neuste physikalische Theorie zur Struktur des materiellen Seins im Kleinsten nennt sich Superstringtheorie.

Zu dieser gegenwärtigen Situation sagt der Münchner theoretische Physiker Prof. Dr. Wild: „Ich bin überzeugt, dass der heutige Erkenntnisstand der Physik eine naturalistische Weltdeutung zwar nicht widerlegt, aber auch nicht erzwingt oder überwältigend plausibel macht. Er macht sie aber immerhin so weit plausibel, dass es sich lohnt, sich mit allen Konsequenzen einer naturalistischen Weltdeutung intensiv zu beschäftigen“ – ein sehr kluger Satz, der zugleich Bescheidenheit beweist. Es sei nicht verschwiegen, dass diese Situation bei Personen, die gegen den Naturalismus aus Prinzip sind, die Hoffnung wachsen lässt, die Physik müsste eines Tages bei ihrer Weltdeutungsoffensive doch noch kapitulieren und das Feld wieder allein den spirituellen Denkern überlassen. Besser sollten, so meine ich, die Bemühung von beiden Seiten her mit gegenseitigem Verständnis vollzogen werden.

Wer sich mit den Problemen und Aussagen der theoretischen Physik näher beschäftigen will, kann zunächst auf das hübsche kleine Taschenbuch von Gert-Ludwig Ingold „Quantentheorie – Grundlagen der modernen Physik“ Verlag C. H. Beck, München 2002 zur Einführung verwiesen werden. Auch Gerhard Börners „Kosmologie“, s. oben, geht darauf ein.

P05 Bis noch zur Mitte des vergangenen Jahrhunderts wurde der Begriff der *Entelechie* benutzt, als der mysteriösen Wirkkraft (vgl. Vitalismus), die lebendige Wesen ermöglicht. Unter *Urzeugung (Archigonie)* wird die erste, aber auch etwa immer wieder plötzlich erfolgende Entstehung von Lebewesen aus leblosem Gemenge der notwendigen Stoffe verstanden. Noch in der Neuzeit wurde die direkte Entstehung von zum Beispiel Aalen und Fröschen aus Schlamm für möglich gehalten. Wir gehen heute entschieden davon aus, dass neues Leben nur aus vorhandenem Leben entsteht, über Zellteilung und Keimzellen. Allerdings musste das alles einst seinen Anfang genommen haben. Hier stehen sich der Gedanke einer chemischen, einer präbiotischen Evolution hin zur biologischen einerseits und einer plötzliche Urzeugung bzw. Schöpfung andererseits gegenüber.

Nun ist in der Tat Lebendigkeit etwas, das dem Trend des Nichtlebendigen geradezu entgegensteht: Leben bedeutet höhere Ordnung, raffinierte System-Organisation, während die nichtlebendige Natur zu immer größerer Unordnung strebt (nicht nur auf unserem Schreibtisch). Dafür wurde der Begriff *Entropie* im 19. Jahrhundert geschaffen und zu einer Messgröße. Entropie steht ferner dafür, dass „wertvolle", für Arbeitsleistungen verwendbare Energie immer mehr in nicht mehr vollständig arbeitsfähige Wärmeenergie übergeht (*Dissipation*). Schönes Beispiel ist die entstehende Reibungswärme beim Drehen eines Rades, die nutzlos verloren geht. Auch die Entspannung eines unter Druck stehenden Gases vermehrt die Entropie. Sie ist mit dem Begriff der Wahrscheinlichkeit eines Zustandes verbunden: Je größer die Entropie, desto wahrscheinlicher ist er.

Der Trend zu immer höherer Entropie kann allerdings über Umwege gehen, die das Gegenteil bewirken: In so genannten *offenen Systemen* (bei denen ungehindert Energie und Entropie entweicht und zuströmt) kann es in Teilbereichen zu einer höheren Ordnung, also einer geringeren Entropie kommen, wenn hierdurch insgesamt, also über den Teilbereich hinaus, die Entropie schneller zunimmt. Eine geheimnisvolle Entelechie, ein Vitalismus, ist demnach als Ordnungsbildner bei der Entstehung von lebendigen Systemen auf unserer Erde, die ein offenes System ist, nicht notwendig. (Mir war das seinerzeit während des Vortrages von Prof. Meixner plötzlich klar geworden, wie im Vorwort erwähnt. Doch war ich darin nicht der erste. In der Wissenschaft zählt immer die Priorität, um die auch manchmal hart gestritten wird.)

Vitalismus ist die Lehre, bereits von Plato und Aristoteles im Prinzip vertreten, dass zur Bewahrung der Lebenserscheinungen ein nichtmaterielles Prinzip notwendig sei und dass physikalisch-chemische Gesetzmäßigkeiten dafür nicht ausreichen würden. Diese Theorien spielen auch heute noch eine gewisse Rolle. Die moderne Naturwissenschaft hält sie für falsch.

P06 *Chemie* ist die Lehre von den Stoffen und den Bedingungen ihrer Umwandlungen in einander.

Unter *chemischer Evolution (präbiotische Evolution)* versteht man die Vorphase der biologischen Evolution. Von den Basisstoffen (den chemischen Elementen) sind die Kohlenstoffatome für das Leben unverzichtbar. Sie haben die Fähigkeit, sich miteinander beliebig oft zu Molekülen zu verbinden. Leben benötigt große Moleküle. Diese müssen zunächst entstanden sein. Ich selbst habe mich in den 60er Jahren u. a. mit diesem Thema beschäftigt: J. H. Winter „Die Synthese von einheitlichen Polymeren", Springer Verlag, Berlin Heidelberg New York 1967 und konnte die Bedeutung der Autokatalyse (vgl. Haupttext) herausstellen. Damals schrieb ich S. 335: „Bereits im Ablauf einer chemischen Evolution ... sind eigentlich all die Dinge angelegt, die uns so unerhört charakteristisch für das biologische Geschehen vorkommen."Und wenig später: „... erklärt (Anm.: das aus dem Vergleich mit üblichen Laborsynthesen zu vermutende präbiotische Geschehen) ... im Ansatz den Drang zur Entwicklung höherer Formen in der Biologie." Schließlich veröffentlichten Manfred Eigen und Peter Schuster ihre Theorie des „Hyperzyklus", bei der die Autokatalyse ebenfalls wesentlich ist. Bei allem spielen *Stochastische (Zufalls-, Wahrscheinlichkeits-) Prozesse* eine große Rolle. Nobelpreisträger Prof. Manfred Eigen ist der Meinung, dass der Übergang vom Leblosen zum Lebendigen keineswegs so wenig wahrscheinlich ist, wie in der Regel – auch von mir immer noch – angenommen wird. Wenn Eigen recht hat, muss es im Universum wohl vielfältiges Leben geben, gegeben haben oder in Zukunft noch geben.

Neuere Literatur zum Thema: J.W. Schopf „Cradle of Life" Princeton University Press, Princeton 1999. G. Zubbay „Origins of Life on the Earth and in the Cosmos" Academic Press, San Diego 2000.

P07 Entscheidend war das gewonnene Zusammenspiel von Polydesoxynukleotiden (DNA) mit Polypeptiden (Proteinen) und die Entstehung einer Informationsspeicherung nach dem Genetischen Code. Natürliche Entwicklung bevorzugt an sich das Einfachere unter den Möglichkeiten. Trotzdem entsteht unglaubliche Vielfalt und Komplexität. So ist der Genetische Code im Grunde simpel – doch was alles kann er beschreiben! Er beruht sozusagen auf vier Buchstaben in konsequenter Dreierkombination (Tripletts) pro „Wort“, aneinander gereiht ohne Wortabstand.

Panspermiehypothese: Die Theorie, die präbiotische Evolution habe nicht auf unserer Erde stattgefunden, sondern anderen Orts im Weltall. Sie behauptet, Leben sei in Gestalt kompletter Mikroben von dort per Meteoriten gekommen. Manche Autoren vertreten die Meinung, die präbiotische Phase und der Lebensbeginn hätte sich im Innern unserer Erde oder auf dem Mars abgespielt.

Anschließend an die chemische Evolution sind am Beginn des Lebens – etwa vor 3,8 Milliarden Jahren - einfache Lebewesen in Gestalt biologischer Vorläufer-Zellen anzunehmen. Die ältesten, in Gesteinsschichten gefundenen Spuren werden auf vor 3,5 Milliarden Jahre datiert. Sie scheinen bereits Bakterien zu ähneln, was erstaunlich wäre, denn eine Zeit von 300 Millionen Jahren vom Anfang des Lebens bis dahin – wie eigentlich auch schon vorher die Zeit ähnlicher Größenordnung für die chemische Evolution - erscheint in der Tat recht kurz. Das gibt immer noch viel Raum zu abweichenden Spekulationen. Vielleicht ändern sich aber noch die derzeitigen Datierungen.

Bei den uns geläufigen, sehr komplizierten und perfekten *biologischen Zellen* unterscheidet man die *Prokaryonten,* die Zellen der Bakterien, die ohne Zellkerne sind, von den, ursprünglich wahrscheinlich als „Mischwesen“ aus Prokaryonten entstandenen *Eukaryonten,* die Zellkerne haben und besonders für die Vielzeller und Organismen typisch sind. (Viren sind dagegen keine lebenden Zellen, sondern freie Gene zusammen mit etwas Protein, die aber in lebende Zellen eindringen können und dort gleichsam als neue Erbmasse ihr Unwesen treiben.) Die Zellenlehre wurde um das Jahr 1830 von Theodor Schwann und Matthias Jacob Schleiden begründet. Die Bakterien vermehren sich durch Zellteilung. Bei den Eukaryonten bilden die Zellkerne den Ort, an dem die Erbmasse in den Genen sich fast vollständig bündelt. Die Eukaryonten haben die sexuelle Fortpflanzung „erfunden“.

Die biologische Zelle ist die kleinste Grundeinheit des Lebens, das prinzipiell zellulär organisiert ist und sich hierarchisch gegliedert in Gestalt der Vielzeller im Zuge der Evolution vielfältig verbreitet hat: eukaryontische Zelle < Organ < Organismus < Population.

Aufbau einer biologischen Zelle der tierischen Eukaryonten: Der von einer Doppelmembran umgebene Zellkern enthält die Chromosomen – beim Menschen normaler Weise zweimal 23 „homologe", also insgesamt 46 Chromosomen. Homolog bedeutet mit gleicher Funktion (weil von beiden Eltern), aber etwas unterschiedlich. In den Chromosomen befinden sich die Gene zusammen mit vor allem Proteinen. Der Zellkern ist vom flüssigen Zytoplasma umgeben, in dem sich diverse funktionelle Körperchen, so genannte Organellen, befinden, die zum Teil auch Genmaterial enthalten. Nach außen hat eine biologische Tierzelle eine Membranschicht mit unterschiedlicher Durchlässigkeit.

Die lebendigen Zellen sind nur möglich geworden, weil sie ihre Fähigkeit zur Schaffung von höherer Ordnung bewahren lernten: Sie unterhalten bei einem ständigen Zu- und Abstrom von Substanzen und ausreichender Temperatur so genannte *Fließgleichgewichte,* fern vom „thermodynamischen Gleichgewicht". Leben ist ein fortwährender Kampf gegen den Abstieg in dieses thermodynamische Gleichgewicht - ein Kampf, der beim Tod einer Zelle verloren wird. Ein Ab- und Anschalten des Lebensprozesses ist nur sehr beschränkt möglich, z. B. mitunter durch tieferes Einfrieren und wieder Auftauen. Manche Zellen können allerdings lange „schlummern", bis sie wieder ihre Lebendigkeit beweisen.

Aus dem Zusammenschluss von einzelnen Zellen, was vielfach für ihr Überleben ein Vorteil ist, haben sich schließlich die Organismen gebildet. Hierdurch hat die Evolution bei allen Umwegen und Sackgassen ihren Weg genommen und sowohl Mikroorganismen, als auch Pflanzen und Tiere hervorgebracht.

Die „Erfindung" der sexuellen Fortpflanzung hat sich als sehr günstig für die Evolution erwiesen. Hierbei erfolgt bekanntlich die Vereinigung zweier unterschiedlicher Keimzellen, einer „weiblichen" Eizelle mit einer „männlichen" Samenzelle.

Zum intensiven Beschäftigen mit Biologie sei empfohlen: Hans Ulrich Koecke, Peter Emschermann, Eckhart Härle „Biologie. Lehrbuch der allgemeinen Biologie für Mediziner und Naturwissenschaftler" F.K. Schattauer Verlagsgesellschaft, Stuttgart 2000.

Zeitverlauf der Evolution bis zum Menschen. Die Evolution beweist sich schon deshalb, weil man mit ausreichender Sicherheit das Aufeinanderfolgen von Lebewesen von vor fast vier Milliarden Jahren, ausgehend von Mikroorganismen und schließlich höher organisierten Organismen bzw. Individuen, beschreiben kann. Die diversen Arten von Lebewesen traten also anfänglich nicht gleichzeitig auf. Sie kamen im Verlauf der geologischen Veränderung der Erdoberfläche, als *Erdzeitalter* unterschieden, zu verschiedenen Zeiten neu hinzu gemäß ihrem Entwicklungsstand. Ausgehend vom Archaikum – bis etwa 2 Milliarden Jahre vor jetzt – über Proterozoikum, Kambrium – von 600 bis 500 Millionen Jahre vor jetzt – Ordovizium, Silur, Devon, Karbon, Perm, Trias, Jura, Kreide, Tertiär – ab 70 Millionen Jahre vor jetzt – bis vor 1 Million Jahre zum Quartär. Im Näheren spricht man von jetzt als das Holozän.

Cyanobakterien (Blaualgen, blaugrüne Algen), einzellige, „autotrophe" Mikroorganismen waren wahrscheinlich die ersten Lebewesen, die fotosynthetisch Kohlendioxid fixierten und Sauerstoff produzierten.

Nach der langen Periode von nur Einzellern gab es – offenbar dann relativ „schnell" – ab vor 870 Millionen Jahre im Proterozoikum die Vielzeller, die sich in mehrere Stämme aufspalteten. Die ersten Fische zeigten sich vor 500 Millionen Jahre im Kambrium, die ersten Reptilien vor 300 im Karbon. Vor etwa 200 Millionen Jahren, im Trias, traten dann Säuger in unterschiedlichen Teilen der Erde auf, auch „explosive Radiation" genannt. Vor etwa 50 Millionen Jahren, im Tertiär, also 15 Millionen Jahre nach dem Aussterben der Saurier, erscheinen nach Fossilienfunden (*Fossilien* sind Versteinerungen von Lebewesen) mehr als ein Dutzend verschiedener Säugetiere. Die meisten Säuger seien gehäuft innerhalb von „nur" zwölf Millionen Jahren entstanden. (Vgl. Gordon R. Taylor, „Das Geheimnis der Evolution", S. Fischer Verlag, Frankfurt 1983). Erst in den letzten sechs Millionen sind die *Hominiden*, also menschenähnliche Wesen, zu verzeichnen. Etwa in den letzten 250 000 Jahren gibt es den *Homo sapiens*, gibt es unsere unmittelbaren Vorfahren und schließlich uns selber.

Das Evolutionsgeschehen insgesamt hat sich zeitweise sehr beschleunigt, zeitweise sehr verlangsamt, was wegen dessen im Einzelfall unterschiedlicher Abhängigkeit von den sich ändernden

Umgebungsbedingungen auch zu erwarten ist. Eine ganz Anzahl von Arten haben sich so, wie sie einmal vorlagen, bis heute erhalten (warum auch nicht? Das Gegenteil wäre seltsamer.) Es gibt Umwege, „Rückschritte“, längere Erhaltung von unvollkommenen Zwischenformen, die Unmenge an Fehlformen. Das sind starke Hinweise auf die Abwesenheit eines echten Planes. Die großen Katastrophen, die jeweils vieles Leben wieder auslöschten, lassen zudem schlecht auf eine irgendwie zur Evolution gehörende göttliche Absicht und Fügung schließen, auch wenn man das noch so gerne möchte.

Was dann aber sonst als *Darwinismus*, als Variation, Isolation und Selektion?

Zwar gibt es für die Evolution (zumindest vor der Entstehung planender tierischer Gehirne) weder Plan noch Ziel, jedoch eine Entwicklung, die auf dem Vorhandenen dann eben auch weiterbaut, die einer natürlichen Befähigung Rechnung trägt und der man partiell gelegentlich eine Zielstrebigkeit nachsagen könnte. (Das schien mir bei meinen Untersuchungen zur präbiotischen Evolution in den 60er Jahren bereits bei leblosen Makromolekülen bemerkenswert.) Dabei muss nicht unbedingt eine strenge Auswahl folgen, vor allem dann nicht, wenn kein zwingender Grund dazu vorliegt, wenn beispielsweise eine schützende Nische gefunden wurde, eine zweckdienliche Symbiose eingetreten ist, ernsthafte Konkurrenz ohnehin fehlt, ein üppiger Lebensraum sich entfaltet hat, ja vielleicht sich sogar Ansätze von so etwas wie Toleranz und Uneigennützigkeit (bei fehlendem drängendem Bedürfnis zu einem „gnadenlosen“ Überlebenskampf) ergeben haben - alles Dinge, die wir im Zusammenleben der Menschheit feststellen können. Eine natürliche Befähigung als von innen her gerichtete und gelenkte Evolution zu bezeichnen, gar von einem Determinismus der Evolution auszugehen, ist offensichtlich nicht gerechtfertigt, denn das suggeriert, die Genome würden hierbei definiert verändert. Andererseits möchte ich es ebenfalls für möglich halten, dass es aus dem Phänotyp heraus im Wechselspiel mit der Umwelt gewisse unbewusste Einflussnahmen auf das Genom doch gibt, sozusagen einigermaßen zufallsfreie, das Genom bestimmende Anpassungsdrücke, s. Epigenetik. Dass der Phänotyp den Genotyp tatsächlich sogar bewusst und definiert verändern kann, beweist jetzt in der Tat der Mensch, der schließlich ebenfalls ein Produkt der

Evolution ist. Der bei ihm entstandene Geist, sein Intellekt, ist in der Lage, die Evolution gravierend zu beeinflussen.

Wer sich zur Evolutionstheorie eingehender informieren will, dem sei das Buch von Ernst Mayr „Das ist Evolution“ C. Bertelsmann Verlag, München 2003 sehr empfohlen. Mayr hält jede anpassende Einflussmöglichkeit der Umwelt auf das Genom für ausgeschlossen, wie derzeit die meisten Evolutionsforscher und Genetiker – Anpassung also nur durch Selektion des Phänotyps nach zufälligen Variationen des Genoms. Dagegen stehen die „Epigenetiker“.

Ferner: Ernst Mayr, „Eine neue Philosophie der Biologie“, R. Piper Verlag, München 1991.-

Franz M. Wuketits „Evolutionstheorien. Historische Voraussetzungen, Positionen, Kritik“ Wissenschaftliche Buchgesellschaft, Darmstadt 1988. - Konrad Lorenz, Franz M. Wuketits „Die Evolution des Denkens“ R. Piper Verlag, München 1984. – Rupert Riedl, Paul Parey „Biologie der Erkenntnis. Die stammesgeschichtlichen Grundlagen der Vernunft“, Verlag Paul Parey, Berlin, Hamburg 1981. – Karl R. Popper „Alles Leben ist Problemlösen. Über Erkenntnis, Geschichte und Politik“.

Was ist ein *Genom*? – Ein Genom ist die Gesamtheit der Erbinformation in Gestalt von Polynucleotiden (Nukleinsäuren, DNA, DNS), die ein Lebewesen bestimmen, zusammen mit Proteinen. Der *Genotyp* umfaßt den Genbestand eines Lebewesen.

Was ist ein *Gen*? – Ein Gen ist ein Nukleinsäure-Strang innerhalb eines Genoms, das für ein bestimmtes Protein codiert (d. h. die Information über die Konstruktion des Proteins enthält). Es gibt zudem Steuerungs-, Kontroll- und Masterkontrollgene. Die eigentlichen Manager sind allerdings die Proteine, während die Gene nur die Information liefern. (Somit kann ein Gen nicht „egoistisch“ sein.)

Was ist *genetischer Determinismus*? – Ein Organismus ist wesentlich durch seine Gene bestimmt.

Was ist ein *Code*? – Ein Code ist die besondere Art und Weise der Beschreibung einer Information. Wenn er vom Empfänger nicht „verstanden“ werden kann, ist er für diesen als Information wertlos. Meiner persönlichen Meinung nach kann es keine absolute Formel für Information geben, wie das schon versucht wurde und immer wieder erwähnt wird.

Was ist ein *Chromosom*? – Ein Chromosom befindet sich im Zellkern und enthält, in eine lineare Struktur verpackt, Gene wie Proteine.

Was ist ein *Phänotyp*? – Ein Phänotyp ist die Summe der Merkmale eines Lebewesen, welches auf Grund seines Genotyps im Wechselspiel mit der Umwelt heranwächst.

Was ist eine *Klon*? – Ein Klon ist die Gesamtheit aller genetisch identischen Individuen. Bei ungeschlechtlicher Vermehrung, wie es ja auch die Herausbildung eineiiger Zwillinge ist, ergeben sich solche Klone. Klonieren ist heute zudem eine Bezeichnung für den Vorgang der Ersetzung eines Zellkerns in einer Eizelle durch einen fremden Zellkern, weil hiermit ungeschlechtlich das Heranwachsen eines zu dem Zellkernspender (zumindest nahezu) identischen Lebewesens auslösbar ist.

Was ist *DNS-Analyse / -Sequenzierung*? – Hierdurch wird ein Gen gemäß der Abfolge seiner chemischen Bausteine (der sogen. Basen) aufgeklärt. Da für jeden Menschen bestimmte Feinheiten seiner Gene typisch sind, kann so derselbige ähnlich wie durch seinen Fingerabdruck identifiziert werden. Auch Verwandtschaften können geklärt werden.

Was ist *Selektion, Auslese, Anpassung* einer Population im Zuge der Evolution? – Auslese bedeutet, dass Lebewesen, wie selbst jede lebende Zelle, sich in ihrer Umgebung behaupten müssen oder zugunsten anderer, überlebender Lebewesen zugrunde gehen. Selbst Gameten sind der Auslese unterworfen. Die Selektion betrifft nicht den Genotyp, sondern den Phänotyp. Der Anpassungsprozess einer Population wird ausgelöst a) infolge Variation (Mutation) des Erbgutes von Lebewesen, soweit sie wesentliche Veränderungen ihres Phänotyps bedeuteten, und b) infolge Veränderung der Umgebungs- / Umweltbedingungen, die auch Katastrophen größeren Ausmaßes für die Lebewesen sein können. Etwa fünf große Katastrophen im Verlaufe der Erdgeschichte löschten jeweils große Teile der Lebewesen aus. Indem sich die überlebende Population als stabiler bzw. besser an die Umgebung angepasst (auch glücklicher) erweist, bestimmt deren Erbmasse den Fortgang der Evolution bis hin zu allmählich neuen Arten. Der Ausleseprozess ist jedoch selten echter Lebenskampf untereinander, zumal es Kooperation unter den Lebewesen gibt, insbesondere die *Symbiose,* wenn zwei Arten sich gegenseitig stützen und schützen. Ein oft so genannter *Selektionsdruck* ist nicht wirklich ein Druck zu einem bestimmten Ziel, sondern die Beschreibung eines erfolgten wesentlichen Ausleseprozesses. Die an sich fehlende Zielgerichtetheit der Evolution ist verbunden mit der Zufälligkeit fast aller Veränderungen in der Evolution. Allerdings schaffen die Umweltbedingungen Voraussetzungen für einen scheinbaren Determinismus der Evolution, einer scheinbaren Zielgerichtetheit.

Zum Aussterben der Saurier: Rüdiger Vaas „Der Tod aus dem All“ Frankh-Kosmos Verlag, Stuttgart 1995.

Variation des Erbgutes stellt sich ein durch zufällige (nichtletale) Mutation bzw. Gen-Veränderungen in vielfältiger Weise, vor allem aber während der Reifeteilungen der Ei- und Samenzellen im Zuge der sexuellen Fortpflanzungsmechanismen. Die Folgen sind veränderte Phänotypen, also veränderte Lebewesen bis hin zu neuen biologischen Arten. Dass dennoch Umwelteinflüsse Erbgutveränderungen passend und nicht nur zufällig auslösen können, ist nach wie vor umstritten. Insofern in einem Organismus Keimbahnen getrennt von den somatischen Zellen vorliegen, ist eine erhebliche, jedoch nicht absolute schützende Barriere gegen Außeneinflüsse vorhanden. Keimbahnen gibt es bei Tieren nicht allgemein, beim Menschen ja, bei Pflanzen jedoch nicht.

Die Theorie, dass die Erbmasse durch die Umwelt direkt geprägt werden könne, geht original auf Lamarck zurück, noch vor Darwins Evolutionstheorie. Danach also hätten Erfahrungen, die ein Organismus macht, eine Bedeutung für die Vererbung. Der *Neo-Darwinismus* bestreitet das vehement und beharrt auf der alleinigen Zufallsvariation der Genome. Eine durch die Umwelt anpassend beeinflusste Vererbung wäre keine rein zufällige Variation mehr. Immerhin wäre eine solche, wenn auch seltene Vererbung eine Ergänzung der allein auf den Zufall setzenden darwinistischen und würde die Evolution zusätzlich und besonders effizient fördern. In jüngster Zeit mehren sich denn auch Hinweise in dieser Richtung. Die Mechanismen der diversen Vorgänge zwischen Nukleinsäuren und Proteinen sind offenbar weit komplizierter und verwickelter als bisher angenommen. Im Übrigen, wie schon erwähnt, schafft inzwischen der Mensch, der selbst ein Ergebnis der

Evolution ist, (weitgehend) zufallsfreie und gesteuerte Evolution mit der Gentechnologie.

Was ist *Gentechnologie, Gentechnik*? - Unter Gentechnologie versteht man den direkten menschlichen Eingriff in die Erbsubstanz von Zellen mit dem Ziel, einerseits auf gleichsam natürliche Weise gewünschte Proteinsynthesen hervorzurufen, andererseits Lebewesen genetisch in gewünschter Weise phänotypisch zu verändern. Sie umfaßt Methoden, mit deren Hilfe Gene aus verschiedenen Organismen isoliert, modifiziert, multipliziert, rekombiniert werden können und bewerkstelligt den Gentransfer von einer Spezies auf die andere, zwischen denen keine natürliche Kreuzung erfolgen kann. So entstehen *transgene Pflanzen und Tiere*. Voraussetzung war das Wissen um die Informationsspeicherung in den Genen, also den Genetischen Code, und den Ablauf der Proteinsynthesen gemäß der genetischen Information. Für eine Proteinsynthese verwendet man u. a. Darmbakterien. Diese enthalten ringförmige Gene, sogen. Plasmide (und keine Zellkerne), in die man nichtbakterielle Gene einschleusen kann. Darauf produziert das Bakterium gegebenenfalls das dem eingeschleusten Gen entsprechende Protein. Gentechnologisch werden Pflanzen dazu gebracht, bessere und mehr Früchte hervorzubringen. Bemühungen, menschliche Körperzellen dergestalt zu verbessern, dass erblich bedingte Mängel überwunden werden, sind im Gange. Menschliche Keimzellen dürfen laut gesetzlichem Verbot nicht gentechnologisch verändert werden.

Ein Buch zur Gentechnik: T. A. Brown, „Gene Cloning an introduction“ Van Nostrand Reinhold Publisher, England 1986. Die Autorin Mae-Wan Ho des Buches „Das Geschäft mit den Genen. Genetic Engineering – Traum oder Albtraum“ Heinrich Hugendubel Verlag (Diederich), Kreuzlingen / München 1999 wendet sich sehr strikt gegen die Gentechnologie. Ihre Bedenken – sie ist Biochemikerin - sollte man trotz offensichtlicher Einseitigkeit und überzogener Polemik nicht einfach in den Wind schlagen, zumal sie mit Fachkenntnissen brilliert. Ihre Argumente: Angesichts der enormen Komplexität und überraschenden Vielseitigkeit der Vorgänge in den Genomen der Lebewesen sind Eingriffe stets problematisch. Die Genexpression steht in der Regel in einem multidimensionalen Kausalzusammenhang und ist meist schwer durchschaubar. Wer darin eingreift, kann nie genau wissen, was er anrichtet, zumal dies sich erst nach vielen Vermehrungsperioden herausstellen mag. Man muss also, wenn schon, äußerst gewissenhaft und sorgfältig vorgehen. Daran mangele es aber erheblich. Ob die Gentechnologie angesichts der mit ihr verbundenen Ungereimtheiten wirklich eine Zukunft habe, sei noch nicht ausgemacht.

Was ist *biologische Art*? – Eine Population von Lebewesen bildet eine Art, wenn und solange ihre Individuen sich fortgesetzt untereinander sexuell vermehren können. Die in der Natur festzustellende enorme *Artenvielfalt* ist wesentlich der sexuellen Fortpflanzung zu verdanken, indem nicht nur eine Population sich schneller weiterentwickelt sondern regelrecht auseinander entwikkelt, vornehmlich infolge veränderten Umweltbedingungen bei geografischer Isolation. Eine geografische Isolation – beispielsweise Abschnürungen von Erdteilen durch Hebung des Meeresspiegels - verhindert den Ausgleich des Genbestandes der Populationen.

An der *biologischen Evolution* in unserer Zeit noch zu zweifeln, gar ihr den biblischen Kreativitätsglauben entgegenzuhalten in dem Sinne, dass alle Arten von Lebewesen direkt und unabhängig von einander, vor allem der Mensch unabhängig vom Tier, durch den Schöpfergott geschaffen worden seien, ist ein vergebliches Unterfangen geworden. Die Argumente für die biologische Evolution sind schwerwiegend, ihre Mechanismen sind vom Menschen heutzutage beeinflussbar. Mit der Aufklärung des für alle Lebewesen (mit wenigen Ausnahmen) einheitlichen Genetischen Codes wurde für die Beschreibung der Abfolge der Lebewesen die Möglichkeit geschaffen, in Zukunft immer klarere Verhältnisse zu schaffen. Diesbezüglich wurde der Computer zum entscheidenden Hilfsmittel, denn ohne ihn wären die Datenmengen nicht bewältigbar. Auch für den gottgläubigen Menschen muss die biologische Evolution kein Übel sein, wenn er sich sagt, dass ja der Schöpfer einen „praktikablen“ Weg eingeschlagen haben muss, um auf dieser Erde diese enorme Vielfalt von Lebewesen entstehen zu lassen, und dieser Weg ist eben die biologische Evolution. Aber auch für den, der die biologische Evolution zwar hinnimmt, den Menschen jedoch als etwaige Sonderschöpfung davon abkoppeln will, gibt es keine Chance mehr (was jedoch viele Leute nicht abschreckt).

Doch die Argumente der „anderen Seite“ sollen nicht unterdrückt werden: So legt John Lennox in seinem Buch „Hat die Wissenschaft Gott begraben?“, R. Brockhaus Verlag Wuppertal 2003, eine Reihe von Wahrscheinlichkeitsberechnungen vor, die nach seiner Ansicht einen darwinistischen Übergang von Art zu Art in der zur Verfügung stehenden Zeit ausschließen. Es müsste dahinter, wie auch bereits hinter dem Startvorgang des Lebens, eine von „Intelligenz bestimmte Information, zumal ein Plan“, stehen. Wie aber macht das diese Intelligenz, in die biologische Evolution einzugreifen? Die Moleküle müssen ja doch bewegt werden. Das gilt auch für den Widerspruch gegen evolutionäre Artenbildung, der von Philosophen und Theologen kommt. Auch ihr Haupt-Gegenargument ist die nach ihrer Ansicht fehlende Zeit für „allmählichen“ Übergang von Art zu Art insbesondere in jenen Erdzeitaltern, die sich durch besonders intensive Artenbildung auszeichneten, vor allem das Kambrium.

Wenn es einen geheimnisvollen Plan für die Evolution gäbe, dann wäre es angesichts der vielen Irrwege und Katastrophen der Evolution ein schlechter oder schlecht befolgter Plan, und das sollte man dem Schöpfergott – bzw. einer zuständigen Intelligenz höherer Sphäre - nicht anlasten, auch nicht, dass etwa alles außerhalb der – von wohl derselben Instanz gewollten - geltenden Naturgesetze verläuft. Man sollte mehr daran denken, dass die Zahl der unterschiedlichen Gene, die ja auch kombiniert wirken, von vorhergehender Art zu nachfolgender Art keineswegs sehr groß ist, wie wir schon vielfach wissen, viele Gene sich dagegen durch viele Artenfolgen hindurch erhalten, dass es schließlich die die Gene beherrschenden Kontrollgene bis hin zu Masterkontrollgenen sind, auf die es dabei vornehmlich ankommt. Tatsächlich ließ sich feststellen, dass Gene ihre Funktion ändern können, damit „paralog“ zu den ursprünglichen (orthologen) Genen werden, ein Vorgang, der zum großen Teil die Auseinanderentwicklung in der Evolution verursacht. Gene können chemisch an- und abgeschaltet, sogar – wenn sie eingeschlichene Fremdgene sind – völlig neutralisiert werden. Bei allem: Es ist damit zu rechnen, dass bald genügend viele Genome von Lebewesen aufgeklärt sind, deren Vergleich zeigen sollte, wie hoch die wirkliche Wahrscheinlichkeit der Übergänge ist.

Es ist immer wieder dasselbe Problem: Die Gegner der darwinistischen Standpunkte gehen davon aus, Gott werde von den Naturwissenschaften grundsätzlich abgeschafft und man richte sich nur nach den Naturgesetzen. Dabei sagen sie doch auch, diese Welt ist Gottes Werk, diese Welt der Materie und der physikalischen Gesetze. Warum also soll die Beachtung von Gottes Gesetzen falsch sein? Warum sollen diese Gesetze immer wieder nicht gelten? Die Naturwissenschaft tut nichts Anderes, als diese Gesetze zugrunde zu legen. Folglich ist es vernünftig, die Abläufe, wie die Entstehung der Lebewesen und den Verlauf der Evolution entsprechend zu erklären zu versuchen.

Es bestehen also gegenwärtig vor allem drei Anschauungen zur Entstehung des Lebens und seiner evolutionären Entwicklung:

A: Diejenige Anschauung, die das Leben auf eine direkte planende Schöpfung durch eine transzendente Intelligenz zurückführt, jedoch Evolution im großen und ganzen akzeptiert. Dabei gibt es die Untergruppe derjenigen, die den Schöpfer nur als Starter der Evolution sehen und ansonsten als Beobachter des Geschehens, und die derjenigen, die ihn für die Artenbildung extra bemühen. Auch legt die Annahme von wirkender Schöpferintelligenz es nahe, an eine Zielgerichtetheit der Evolution auf den Menschen hin zu denken.

B: Die Anschauung der „reinen" Darwinisten (Neo-Darwinisten), die jede Variation der Gene als rein zufällig sehen. Die durch die Umwelt bedingte anschließende Selektion (Auslese) der Phänotypen, der Lebewesen, bringt den Fortschritt der Evolution. Das ist dic bis heute am stärksten untermauerte Theorie.

C: Die Anschauung der Epigenetiker, die der Umwelt bereits einen erheblichen anpassenden Einfluss auf die komplizierten Mechanismen der Genexpression und im gewissen Maße auch der Variationen der Genome zusprechen.

Ich selber komme zu folgendem derzeitigen Schluss: Eine Zielgerichtetheit unbedingt auf den Menschen hin ist nicht zu erkennen, jedoch unterliegt die Evolution einem innewohnenden Drang nach komplizierteren Lebenssystemen höherer Ordnung – wie im Sinne meiner eigenen Feststellung in den 60er Jahren bereits die chemische Evolution durch die Autokatalyse. Das menschliche Gehirn ist jedenfalls wohl das Komplizierteste, was die Evolution auf dieser Erde hervorgebracht hat. Sollte das Leben auf das Wirken von transzendenter Intelligenz, insbesondere eines Schöpfergottes zurückgehen, so scheint das aber in die naturgesetzliche

Fähigkeit zur Selbstorganisation eingebracht zu sein. Die Zufallsvariation der Genome, vor allem bei den Lebewesen mit Keimbahnen, ist zumindest vorherrschend. Dass doch auch Umwelteinflüsse auf die Variation der Genome oder zumindest auf die Genablesung wirken und damit der Zufall zurückgedrängt, die Anpassung gefördert wird, darf man meiner Ansicht nach jedoch nicht einfach für unmöglich erklären. Der Umweltfaktor Mensch praktiziert solchen Einfluss auf jeden Fall bewusst mit der Gentechnik.

Ganz andere *Lebenssysteme*? Statt mit Materie könnte sich alles genau so mit Antimaterie abspielen – dann allerdings weit weg von uns, denn beides verträgt sich absolut nicht mit einander und würde sich in einem gewaltigen Energiesturm gegenseitig vernichten. - Nicht so weit weg von den tatsächlichen Möglichkeiten ist es vielleicht, wenn Fantasten von „grünen Männchen" auf anderen Himmelskörpern sprechen, also „tierische, etwa auch intelligente Lebewesen", die die Aufgabe der Pflanzen, Kohlendioxid als Nahrung zu verwenden mithilfe des Chlorophylls und des Lichts selber übernehmen. – Dass die tragenden Moleküle des Lebens (es sind sehr große „Polymere", „Makromoleküle") sich noch „spiegelbildlich" wie die linke von der rechten Hand von ihren möglichen „Geschwistern" unterscheiden, wurde bereits im Haupttext erwähnt. Diese „Geschwister" würden dasselbe Leben ermöglichen, in allen Varianten, und wären doch so anders, dass man sich gegenseitig nicht zur Nahrung dienen könnte. Das Phänomen beruht auf der *Chiralität* dieser Moleküle: Wenn wir in den Spiegel sehen, haben wir ein Bild von uns vor Gesicht, das sich nur darin von unserem eigentlichen Abbild unterscheidet, dass dort links ist, was hier rechts ist und umgekehrt (deswegen ist es so schwer, vor dem Spiegel das Krawattenbinden einzuüben). „Unsere" Chiralität ergab sich zu Beginn der Schöpfung zufällig, vielleicht an anorganischen Kontakten, oder durch höheren Willen und blieb bestimmend für alles Lebendige dieser Erde. - Könnte der Genetische Code auch anders sein? Darauf ist zu antworten: Sogar mit denselben Nukleotidbausteinen sollte das möglich sein, denn eine zwanghafte Beziehung zwischen den Codes und den 20 betroffenen Aminosäuren ist nicht zu erkennen. Tatsächlich gibt es ja sogar einige Beispiele in der Natur von abweichender Codierung. Oder eine nächste Frage: Müssen es denn unbedingt die betr. 20 Aminosäuren sein? Antwort: Immerhin genügen diese bereits einer unglaublichen Vielfalt von möglichen Proteinen.

Konnten es nur die Säugetiere sein, die Lebewesen mit Geist, mit hoher *Intelligenz* hervorbrachten? Nun, die Saurier brachten sie nicht hervor, obwohl ihnen viel Zeit gewährt war. - Musste die Evolution gleichsam irgendwann intelligente Menschen hervorbringen – etwa letztlich doch nach übergeordnetem Plan? Man muss aber keinen Plan haben, und kann doch ein interessantes Ergebnis erreichen. Voraussetzung ist die Befähigung, dieses Ziel erreichen zu können unter gegebenen günstigen Bedingungen und Zufällen, wobei die Befähigung sogar zum Drang werden kann. Nehmen wir beispielsweise eine Gruppe von Kindern, von denen keines einen festen Plan hat, etwas Bestimmtes im Leben zu werden. Es wird sich dann aber zeigen, welche Befähigungen sie haben, die sie nutzen. Das eine und andere der Kinder wird allerdings durch das Schicksal daran gehindert werden, sich seiner Befähigung gemäß zu entwickeln. Beethoven und Mozart hätten sich nicht als geniale Musiker gezeigt, wenn es noch keine Musikinstrumente gegeben hätte oder sie zu früh verstorben wären. Genauso lässt sich die Entwicklung des Lebens bis hin zum Menschen verstehen – ohne Plan, aber die Befähigung war angelegt und sie wurde unter weitgehend zufällig gegebenen Bedingungen zum – in diesem Falle unbewussten - Bestreben. Das lässt dann zu, dass sich z. B. das tierische Auge in der Evolution mehrfach und unabhängig von einander entwickeln konnte. Auch die menschliche Intelligenz ist nichts Außerirdisches – in der biologischen Evolution bewies sich jedoch die Befähigung der Natur, uns offenbar ohne einen Plan hervorzubringen. Selbst das schließt aber einen göttlichen Willen nicht aus, dessen Methode nur damit offen gelegt zu sein scheint.

Nachdem wir Menschen inzwischen nicht nur die Bausteine des Lebens kennen, sondern auch die Schrift der Baupläne aller Lebewesen, ist die Frage aktuell geworden, ob es uns möglich sein könnte, *künstliches Leben* zu schaffen. Künstlich bedeutet hier: Leben, ähnlich wie es existiert, das allerdings von keinem vorherigen Leben abgeleitet wurde, sondern ganz neu im Labor aus Nichtleben geschaffen wurde. – Vgl.: Manfred Eigen, Ruthild Winkler „Das Spiel. Naturgesetze steuern den Zufall“ R. Piper Verlag, München 1976. - Soweit es sich „nur“ darum handelt, ein entsprechendes künstliches Gen zu schaffen, mag das noch angehen. Man hört denn auch davon, es sei gelungen. Benötigt wird dann aber immer noch eine herkömmliche biologische Zelle, deren Fähigkeiten benutzt werden müssen. Das Analogon sind die Viren, die ja auch für sich keine Lebewesen sind, aber biologische Zellen zu durch sie teilweise umprogrammierte Zelllebewesen machen. Andererseits ist das erwähnte, durch Menschenhand hervorgerufene Umprogrammieren von bestimmten Bakterien durch eingebaute natürliche Gene und kleinere künstliche Genanaloga zur Gewinnung von bestimmten Hormonen ja nun schon länger Stand der Technik. Was auch in dieser Richtung ziemlich sicher auf uns zukommt, lässt sich allmählich vorstellen.

P08 *Genetik* ist die Wissenschaft und Lehre von der biologischen Vererbung. Da väterliche und mütterliche Gene mit gleicher Funktion nebeneinander in den Chromosomen vorliegen, fragt sich, welches von beiden im neuen Individuum zur Geltung gelangt, d. h. *dominant* (statt *rezessiv*) ist. Rezessive Gene können aber in nachfolgenden Generationen dominant sein. Deswegen erkennt man manche Ähnlichkeiten von Großeltern bei Enkelkindern wieder, die bei den Eltern nicht in Erscheinung traten. Ein Buch: Jan Murken, Hartwig Cleve, „Humangenetik", Ferdinand Enke Verlag, Stuttgart 1996.

Nachdem in der Evolution der Schritt zu den Säugetieren erfolgt war, wuchsen die Nachkommen in den Leibern der Mütter heran. Der Embryo ernährt sich nicht mehr allein aus dem abgelegten Ei, sondern von der Mutter, an deren Blutkreislauf er Anschluß gefunden hat. Mutter sein ist ab da im Säugetierleben vollkommen herausgehoben und es kann nichts Wichtigeres geben, auch für den Menschen nicht. Mit unserer Mutter bleiben gerade wir Menschen meist emotional am engsten verbunden. (Danach erscheint es schwer begreiflich, wie eine Frau freiwillig auf Mutterschaft verzichten kann.)

Evolutionsgeschichtliche *Hominisierung, Menschwerdung:* Hierzu sind drei Faktoren herauszustellen: a) Die endogenen, d. h. die Weiterentwicklung der Organe, entscheidend dabei die Gehirnentwicklung. b) Die exogenen, d. h. die Umweltveränderungen, die die Anpassung der Population(en) herbeiführten. c) Die autogenen Faktoren als vom allmählich entstandenen menschlichen Geist selbst geschaffene Bedingungen, vor allem die Kultur.

Entwicklung des menschlichen Embryos, Embryologie. Die sexuelle Vermehrung geht normaler Weise von einer durch eine einzige männliche Samenzelle befruchteten Eizelle aus (zwei Samenzellen pro Eizelle kommt vor). Ist die Eizelle befruchtet, setzt sofort die erste Zellteilung ein, während die beiden Zellkerne von Ei- und Samenzelle (sogen. Vorkerne) mit jeweils der halben Chromonomenzahl miteinander verschmelzen. Jetzt ist die Chromosomenzahl wieder vollständig – beim Menschen beträgt sie 46, wenn alles normal verlaufen ist.

Die Vermehrung von Zellen und damit das Wachstum eines Organismus aus vielen Zellen erfolgt also durch Zellteilung, der sogen. *Mitose.* Zunächst verdoppeln sich die Zellbestandteile durch Biosynthese, insbesondere die Zellkerne mit ihren Chromosomen / Genen und die Organellen, die anschließend auseinander rücken. Dann schnürt sich die Zelle in der Mitte ein und bildet zwei neue, miteinander identische Zellen. Das geht so weiter. Zusätzlich findet im Rahmen des Größenwachstums eine *Differenzierung der Zellen* statt insofern, als zwar das Erbgut unangetastet bleibt, aber die Zellen sich in ihren Funktionen immer mehr zu unterscheiden beginnen bis hin zur Bildung verschiedener Organe und zusammen den Organismus, den wir als Pflanze oder Tier bzw. Mensch erkennen. Im menschlichen Körper bilden sich auf diese Weise etwa 250 unterschiedliche Zelltypen heraus.

Entartungen von Zellen liegen der Krebsentstehung zugrunde: s. Paul Erbar, „Onkologie. Compact Lehrbuch. Einführung in die Pathophysiologie, Klinik und Therapie maligner Tumoren", F.K. Schattauer Verlagsgesellschaft, Stuttgart 1995.

Was sind *Stammzellen*? – Stammzellen bleiben ganz oder weitgehend undifferenziert im heranwachsenden Körper. Entsprechend sind sie in der Lage, multipotent die unterschiedlichsten differenzierten Zellen und Organe zu ergeben (womöglich sogar totipotent zu einem neuen Individuum auszuwachsen). Diesbezüglich besonders fähig sind die embryonale Stammzellen. Im herangewachsenen Körper spricht man von adulten Stammzellen. Die Forschung ist im Gange, diese Fähigkeiten nach Möglichkeit therapeutisch zu nutzen.

Betrachten wir den Anfang individuellen menschlichen Lebens kurz näher: Zunächst hat man die Zygote vor sich, die befruchtete Eizelle, und darauf einen „Zellhaufen", aus dem noch mehrere

Menschen hervorgehen können. Das erfolgt dann ganz natürlich, wenn Bildung von eineiigen Zwillingen eintritt.

Eineiige Zwillinge, etwa 1 / 3 aller geborenen Zwillinge, sind im Erbgut identische Menschen, meistens deren zwei, die anstelle des zunächst gebildeten Individuums gleicher Erbmasse treten. Mehrfach kommen sie sehr selten vor.

Sobald die Zellmenge durch die Zellteilung größer geworden ist, bilden sich bereits nach zwei Schwangerschaftswochen drei Entwicklungslinien heraus: Im Innern des Zellhaufens, dem Embryoplast mit den Körperzellen (den somatischen Zellen) entsteht der *Embryo*, der zum Menschen wird. Die äußeren Zellen (der Trophoplast) werden nach der etwa am 9. Tag erfolgenden Einnistung in den Uterus der Mutter zur Placenta. Die dritte Entwicklungslinie, die *Keimbahn* innerhalb des Embryos, führt eigenständig zur Ausbildung der Keimzellen, der Geschlechtszellen – bei Mädchen Eizellen, bei Jungen Samenzellen, Spermien, - für den späteren Nachwuchs. All dies geschieht gemäß der den Zellen innewohnenden Dynamik zügig und alsbald unter Differenzierung der Zellen, vorausgesetzt, die Umgebungsbedingungen sind ausreichend, insbesondere hinsichtlich Temperatur und Nahrungszufuhr. Dieser Prozeß kann anfänglich noch, bei Befruchtung außerhalb des mütterlichen Leibes, durch Tiefkühlung unterbrochen und nach Erwärmen wieder in Gang gesetzt werden.

Die *Keimzellen* vermehren sich zunächst wie somatische Zellen, bis sie zahlreich geworden sind, danach insofern anders, als sie durch *Meiose* die mütterliche und väterliche Erbmasse in den Chromosomen miteinander vermischen (in der sogen. 1. und 2. Reifeteilung) und die Chromosomenzahl pro Zelle halbieren (statt – beim Menschen - diploider 46 Chromosomen nur noch 23, haploider Bestand). Bei der Keimzellenbildung durch Meiose können sich relativ leicht Abweichungen in der Erbmasse ergeben. Solche führen a) zu letalen, jedenfalls nicht lebensfähigen Zellen, b) zu zwar lebensfähigen aber nicht normalen Lebewesen und - das ist jetzt wichtig für die Evolution – c) zu abgewandelten tüchtigen Lebewesen bis allmählich hin zu einer neuen Art.

Der fertile männliche Organismus scheidet später beim Ejakulieren eine enorme Zahl von Spermien aus, pro Ejakulat (3-4 ml) bis zu Millionen, von denen nur eines der Befruchtung einer einzigen Eizelle dient. Die Eizellen sind anfänglich auch unerhört zahlreich, etwa 7 Millionen, jedoch werden sie später reduziert, sodass in der empfängnisbereiten Frau nur noch etwa 500 zur Verfügung stehen, die der Organismus Monat für Monat für eine Befruchtung freigibt.

Entwicklungsstufen des werdenden Menschen: etwa 9 Tage nach der Befruchtung Implantation in den Uterus der Mutter. Zwischen der 4. - 9. Woche entwickeln sich die Organanlagen (*Organogenese*) im Embryo, wobei etwa zu Ende der 4. Woche *erste Anlagen des Gehirns als Gehirnbläschen* entstehen. Am Ende des 2. Monats wird die Körperform sichtbar. Vom 3. Monat an spricht man nicht mehr vom Embryo, sondern vom *Fetus*, bis zur Geburt. Jetzt steht das Längenwachstum im Vordergrund. Ab 5. Monat spürt die Mutter in der Regel Kindesbewegung.

Fachlich eingehend und umfassend ist das Taschenbuch von Thomas W. Sadler „Medizinische Embryologie. – Die normale menschliche Entwicklung und ihre Fehlbildungen“, Georg Thieme Verlag, Stuttgart 1998. – s. evtl. auch Dieter Krebs, Hermann P. G. Schneider (Hrsg.), „Reproduktion, Infertilität, Sterilität“, Urban & Schwarzenberg, München 1994.

Nach der Geburt stellt sich die Erziehungsfrage: Was sage ich wann meinem Kinde? – das Problem der Heranführung des Kindes an die Lebensrealitäten. Doch Kinder fragen, manchmal überraschend, sodass es nun schnell heißt: Wie sage ich es meinem Kinde? Problembeladen ist ferner die Bewältigung der in der Regel unvermeidlichen Krankheiten der Kinder. Warum wird man krank? Wir haben das im Haupttext behandelt. Die Heilungsfaktoren sind überschaubar, wenn auch nicht immer erfolgreich: aufmunternde Anteilnahme, Liebe und Pflege; Schulmedizin; Naturheilkunde. Wer meint, sich an Wunderheiler wenden zu müssen, wenn alle Stricke zu reißen drohen, wird wohl kaum etwas Anderes erreichen als Placebo-Effekte, also psychologische Heilung, sollte sich ein Erfolg einstellen.

In Kommentaren werde ich ausdrücklich darauf hingewiesen, wie wir Menschen im Jugendalter von unserer Erziehung und unserem Erleben so geprägt werden, dass uns das dann nie mehr wirklich loslässt und sich in unseren Argumenten lebenslang niederschlägt. Ja, schon die ersten 18 Lebensmonate seien ganz entscheidend. In erster Linie ist das Verhalten des Menschen genetisch bedingt, viel wird bis zum 7. Lebensjahr an Prägung hinzugewonnen. Ein kleinerer Rest kommt später.

Was ist *Geist*? Zunächst: Dieser Begriff steht bisher für die Gesamtheit aus dem als immateriell, unstofflich gesehenem menschlichem Denken und des sich Bewusstseins, auch der Intelligenz. In der christlichen Theologie wird zusätzlich von der Geistseele gesprochen. Das Wort Geist steht auch für das völlig vom körperlich / materiellen Freie und für das rein Übernatürliche. Der Begriff war von der Antike bis zur Gegenwart in Philosophie und Theologie Gegenstand wechselnder Deutungen und spielt in der *Psychologie* ohne metaphysischen Anspruch eine wichtige Rolle.

Max Scheler definiert ein Lebewesen mit Geist sehr euphorisch: „Die Grundbestimmung eines geistigen Wesens ist seine existenzielle Entbundenheit, Freiheit, Ablösbarkeit ... vom Bann, vom Druck, von der Abhängigkeit vom Organischen ... Ein solches geistiges Wesen ist nicht mehr trieb- und umweltgebunden, sondern umweltfrei und ... weltoffen." – Doch ist, so meine ich, dieses Wesen in dieser Welt nicht auffindbar.

An neuster Literatur kann empfohlen werden: Walter Hoeres „Evolution und Geist", Verlag Franz Schmitt, Siegburg 2003 – eine kritische und noch weitgehend konservativ geprägte Analyse. Hellmuth Benesch „dtv-Atlas zur Psychologie", Deutscher Taschenbuch Verlag, München 1996. – Allan Combs „The Radiance of Being. Complexity, Chaos and the Evolution of Consciousness", Paragon House USA 1995.

Im Rahmen meiner Ausführungen verstehe ich Geist als Merkmal unseres eigentlichen, bewussten und unbewussten Menschseins, wie auch immer Definitionen dies in aller Unterschiedlichkeit umschreiben mögen, jedoch kenntlich durch Leistungen und Fehlleistungen in Verstand, Vernunft und auch weitgehend in den Gefühlen, mit seinen tief greifenden Auswirkungen auf allen Ebenen unseres Lebens. Dieser Geist ergibt sich beim neuen Menschen erst mit der Gehirnentwicklung und entschwindet mit dessen Tod.

Wenn Geist als etwas Unstoffliches verstanden wird und die stoffliche Natur ihm mit Abstand gegenübersteht, haben wir philosophisch den so genannten *Dualismus*. Wird beides unterschiedslos gesehen, nennt es sich *Monismus / Identismus*. So wie Information aber stofflich getragen ist, sollte es demnach auch der Geist sein, von einer Seele bzw. Geistseele im religiösen Sinne abgesehen. Der vielfach und unterschiedlich beschworene *Weltgeist* müsste dann als durch viele Köpfe summiert gesehen werden.

P09 *Neurobiologie* ist die wissenschaftliche Forschung und Lehre von der Entwicklung, Struktur und Funktion der tierischen / menschlichen Gehirne und der Nervensysteme.

Das Gehirn als Träger des Geistes, als Sitz des Bewusstseins und des Gedächtnisses, als Zentrum für die Sinnesempfindungen, Auslöser aller Handlungen und Steuerungsorgan für Körperfunktionen ist stark gegliedert. Die intensiv gefaltete, beim Menschen besonders entwickelte Großhirnrinde (Cortex) überdeckt die übrigen Hirnteile und teilt sich in eine linke und eine rechte Hälfte (Hemisphären). Seine Regionen haben unterschiedliche Aufgaben. Unterhalb des Großhirns liegt im Zwischenhirn der Thalamus, über den alle Sinnesempfindungen zum Großhirn geleitet werden. Ein sehr selbstständiger Hirnteil ist das Kleinhirn, sehr wichtig vor allem für die Motorik des Körpers. Das limbische System, aus Teilen der Hirnrinde bestehend, den Hirnstamm umgebend, bewirkt die mit den Emotionen verbundenen Organ-Regulationen. – John C. Eccles, „Das Gehirn des Menschen. Das Abenteuer der modernen Hirnforschung“, Seehamer Verlag, Weyarn 2000. - Jan Koolman, Klaus-Heinrich Röhm, „Taschenatlas der Biochemie“, Georg Thieme Verlag, Stuttgart 1998.

Man geht davon aus, dass Psychisches unabhängig von den Gehirnen der Lebewesen nicht auffindbar ist. Die stoffliche Trägerschaft ergibt sich aus den Abhängigkeiten des menschlichen Geistes von eingetretenen Veränderungen im Gehirn, seien es Krankheiten oder Verletzungen. Bestimmte geistige Veränderungen sind in bestimmten Gehirnbezirken lokalisierbar. So können alle psychischen Funktionen auf Grund von Störungen, insbesondere Verletzungen, in einem Gehirn selektiv verloren gehen, und zwar vergleichbar von Individuum zu Individuum. Die *Denkprozesse* als solche verlaufen elektrisch und chemisch, letztere über so genannte Transmitter von Neuronalzelle zu Neuronalzelle – bei Mensch und Tier. Mit erhöhter geistiger Aktivität geht eine erhöhte neuronale Aktivität in jeweils bestimmten Hirnarealen einher, was mit einem erhöhten Sauerstoff- und Zuckerverbrauch zur Energiegewinnung gekoppelt ist. Wir wissen, wie schnell wir bei intensiver Konzentration ermüden. Mit allem ist also bewiesen, dass geistige Tätigkeit physiologisch, demnach stofflich bedingt ist. Gehirnstrukturen und psychische Funktionen gehören zusammen. Das menschliche Gehirn hat mindestens 100 Milliarden Nervenzellen (Neuronen), möglicher Weise sogar das Zehnfache davon. Die Nervenzellen sind miteinander als neuronales Netzwerk verbunden. Es wird zurzeit angenommen, dass mindestens 10 000 Nervenzellen mit sogar jeder(!) Nervenzelle in Kontakt stehen im Sinne von Erregung (Exzitation) oder Hemmung (Inhibition) mithilfe der chemischen Botenstoffe, der Transmitter, wobei jede Nervenzelle eines Gehirns alle diese 10 000 beeinflussen kann, sowie umgekehrt. Andererseits ist jede Nervenzelle nicht weiter als maximal vier Umschaltstationen von jeder anderen Nervenzelle entfernt. Alles ist mit allem engstens verbunden, die Informationsverarbeitungen erfolgen in umfassender Weise „parallel“ (dient der Mustererkennung), wodurch sich ein Gehirn so sehr von der heutigen Computerkonstruktion mit sequenzieller Datenspeicherung unterscheidet.

Die neurobiologische Forschung führt also immer vollständiger Denken und Bewusstsein auf Gehirnreaktionen zurück, entkleidet somit den Begriff Geist seines behaupteten immateriellen Charakters. Auch die Evolutionstheorie legt es nahe, dass Denken und Bewusstsein sich wie das Körperliche entwickelt hat, selbst den Tieren in ansteigendem Maße eigen ist und somit beim Menschen nur eine besondere, allerdings enorm herausragende Qualität erreicht hat. Hierzu finden sehr kontroverse Diskussionen statt, zumal noch niemand sagen kann, dass der neurobiologische Aspekt allein gültig ist. Auf jeden Fall ist *Denken* die Verwendung und Veränderung der im Gehirn gespeicherten und der neu eintreffenden Informationen; es verändert unser Wissen und kann Vorgänge im Körper sowie Handlungen nach außen bewirken. Inwieweit eine Einflussnahme von und Beziehung zu „jenseitigen“ Welten dabei stattfindet, kann man letztlich nicht verbindlich sagen oder bestreiten. Vermutlich wird man es nie können wegen unserer menschlichen Beschränktheit und „Insider“-Position.

Mit der Entwicklung des Gehirns werden uns also außerordentlich viele mögliche Verbindungen von Nervenzellen genetische bedingt zur Verfügung gestellt. Jetzt kommt es darauf an, das auch zu nutzen, sonst verliert unser Gehirn seine Fähigkeiten. Durch deren Gebrauch werden wir für unser Leben geprägt und Gehirnstrukturen werden festgelegt. Andererseits sind festgelegte Gehirnstrukturen später hemmend für das Aufnehmen von Alternativen. Das ist der Grund, warum zum Beispiel das perfekte Erlernen von Fremdsprachen dem Erwachsenen schwerer fällt als dem Kind.

Prof. Ernst Pöppel, medizinischer Psychologe an der Universität München, erwähnte in einem Vortrag, dass einzelne menschliche Ereignisse, so auch spontane sprachliche Äußerungen, innerhalb einer Zeit von bis zu drei Sekunden vom Gehirn automatisch als Einheit behandelt werden. Da eigentlich jeder vollzogene Gedanke und jedes vollzogene Ereignis bereits sofort Vergangenheit sind, wäre nur das, was sich gerade innerhalb von drei Sekunden abspielt, also dann die Gegenwart – deutlicher lässt sich Vergänglichkeit wohl kaum erläutern.

Bücher: Alfred Maelicke (Hrsg.), „Vom Reiz der Sinne“, VCH Verlagsgesellschaft, Weinheim 1990, befasst sich mit den Sinneswahrnehmungen unseres Gehirns. Peter Hobson, „Wie wir denken lernen“, Walter, Düsseldorf 2003: Die Gefühle sind entscheidend für das Denken.

P10 Ein wichtiger Aspekt der Hirnforschung ist die Schuldfrage. Prof. Wolf Singer, Max-Planck-Institut für Hirnforschung in Frankfurt am Main, meint (vgl. Wolf Singer, „Der Beobachter im Gehirn. Essays zur Hirnforschung“, Suhrkamp Verlag, Frankfurt am Main 2003; Wolf Singer, „Ein neues Menschenbild? Gespräche über Hirnforschung“, Suhrkamp 2003) Freiheit und Verantwortung seien Schall und Rauch, reine Einbildung. Singer: „Die Annahme zum Beispiel, wir seien voll verantwortlich für das, was wir tun, weil wir es ja auch hätten anders machen können, ist aus der neurobiologischen Perspektive nicht haltbar.“ In seinem Buch „Aus Sicht des Gehirns“, Suhrkamp Verlag, Frankfurt am Main 2003 schreibt Prof. Gerhard Roth, es gäbe einen harten Kern von Gewalttätern, die sich anscheinend durch keinerlei Straf- oder Erziehungsmaßnahmen von ihrem Tun abbringen lassen und dass bei diesen Hirnstörungen angenommen werden dürfen. Bereits vor einem halben Jahrhundert hörte ich von einem Prediger die These, es gäbe Menschen, die (moralisch) „fehlgebaut“ und somit der christlichen Heilsbotschaft nicht zugänglich sind, was eine heftige Kontroverse auslöste. Die Relativität des Schuldempfindens, die

Problematik der Freiheit und des freien Willens sind wichtige Themen. Wir Menschen setzen unsere Beurteilung von Schuld in Bezug zu unseren eigenen Ethiknormen. Diese Normen, auch wenn sie sich erklärbar gesellschaftlich entwickelt haben und nicht grundsätzlich gelten müssten, bestimmen uns und unser Umfeld. Wer dagegen verstößt, mag dies tun aufgrund anderer eigener Normen oder weil er wegen seiner Hirndispositionen angeblich „nicht anders kann", er muss aber – falls nicht wirklich eindeutig unzurechnungsfähig - hinnehmen, zur Rechenschaft gezogen zu werden. Der Begriff der „Hirnwäsche", verbunden mit scheußlichen Methoden der „Umprogrammierung" von politischen Gegnern, beruht schon lange auf dem Wissen, wie tief und gefühlsdominiert bestimmte Anschauungen im Menschen verankert sind.

Normen und Mitleid verachtend ist das berühmte „der Stärkere hat Recht", was angeblich mit der Natur im Einklang stehe. Doch muss der Sieger nicht Recht haben, schon garnicht im Sinne von richtig gehandelt. Oft ergibt es sich im Nachhinein, wie dumm er handelte, nicht zuletzt für sich selber. Wenn der im Augenblick Stärkere sich durchsetzt, mag das ihm vordergründig nützen, vielleicht aber wäre es insgesamt besser gewesen, der im Augenblick Schwächere wäre (auch) zum Zuge gekommen. Gerade die menschliche Geschichte ist voll von Beispielen für letztlich gescheiterte „Stärkere". Damit ist man wieder beim menschlichen Gehirn, bei Verstand und Vernunft, was so hilfreich sein kann und doch nicht ausreichend genutzt wird.

Sosehr wir Menschen die Freiheit unserer gefühlsmäßig getragenen Entscheidungen in Zweifel ziehen können, sosehr gilt aber auch die (unterschiedliche) Fähigkeit des Menschen, kausale Zusammenhänge zu analysieren und sich danach zu richten. Erkannte echte kausale Zusammenhänge sind nicht abhängig vom Einzelmenschen und gelten überall. Wer in der Lage ist, auch gegen das Drängen seiner Gefühle eine verstandlich erkannte richtige, offensichtlich vernünftige Entscheidung zu treffen, steht, so meine ich, dem Ideal der Willensfreiheit zumindest nahe. Dennoch, unsere – allein schon aufgrund unseres beschränkten Wissens - eingeschränkte innere Freiheit ist letztlich die Grundlage der Demoskopie, denn die Tatsache, dass man mit der Auswahl von 2000 Repräsentanten auf die Meinung eines Volkes von vielen Millionen schließen kann, zeigt doch klar die Abhängigkeit der Menschen von ihren im Gehirn festgeschriebenen Denkprogrammen. Genetische Ausstattung, Erziehung, frühe Erfahrung und erworbene Interessenlagen hinterlassen im Gehirn feste Spuren, die beherrschend bleiben und für definierbare Gruppen ähnlich sind. Immerhin können wir Menschen über all diese Themen und über uns selbst diskutieren, gleichsam als stünden wir neben uns als Beobachter und Beurteiler. Selbst die glänzendste Hirnforschung darf nicht die Basis für ein allgemeines Herausreden aus einer Verantwortung bilden.

Gewiss, wir bemühen uns um „Objektivität". Vor allem sind die Vorgehweisen der Wissenschaften objektivitätsorientiert und wollen vorurteilsfrei sein. Wenn man dann aber wieder sieht, wie wir als Wissenschaftler häufig dann noch „fachbeschränkt" werden, bekommt man erneute Zweifel an der menschlichen Fähigkeit zur Objektivität.

P11 Die *Verhaltensforschung, Behaviorismus,* das Aufzeigen, wie wir aufgrund unseres evolutionären Herkommens sind und wie wir oft reagieren, würdigt den Menschen nicht herab. Alle Parallelen aus dem Tierreich halten uns einen Spiegel vor und sind geeignet dazu, uns selber, vor allem unsere Unvollkommenheiten verständlicher zu machen. Beispielsweise sind Lügen und Täuschungen im Tier- und Pflanzenreich durchaus üblich, um zum Erfolg zu kommen, beim Sex oder um das Opfer zu packen. Eine Art von Täuschung liegt in der *Mimikry* vor: Es wird etwas vorgegeben, was man garnicht ist, indem man andere nachbildet und daraus Schutz oder Vorteil bezieht. So ist es denn kein Wunder, dass Kinder solcherlei Verhalten an den Tag legen und man in der Erziehung von Verständnis ausgehen kann – um darüber nach Möglichkeit hinwegzuhelfen. Die früher übliche heftige Empörung, verbunden mit Bestrafungen, trifft das Kind zunächst im Zustand des Unverständnisses, denn es handelte „natürlich". - Bei diesem Thema führt kaum ein Weg vorbei an dem Buch von Irenäus Eibl-Eibesfeldt, „Grundriss der vergleichenden Verhaltensforschung – Ethologie", Piper Verlag, München 1999.

Der Mensch, das Geistwesen, benötigt die Pflanzenwelt – nicht nur als Nahrungsquelle, sondern auch für sein Innenleben, sein Lebensgefühl. Der Mensch benötigt das Tier, nicht nur um es zu benutzen, sondern auch als Gesellschafter. Gewiss, in erster Linie benötigt der Mensch den Mitmenschen. Das betrifft nicht nur die

Hilfe, die wir, angefangen von der Mutter, erfahren, und ohne die wir überhaupt nicht heranwachsen könnten. Begriffe wie soziales Verhalten, Gerechtigkeitsgefühl, Sozialstaat sind damit verbunden, doch geht die Aussage darüber hinaus. Wir richten uns im gesamten Leben sehr nach unserer Mitwelt. Wie bewegend sind zudem Ruhm und Ehre! Interessant die Untersuchungen von Frau Prof. Noelle, der Gründerin der *Demoskopie* in Deutschland (Institut Allensbach) und ihrer Schüler. Die Macht des Sozialen, die Ausrichtung auf die Mitmenschen, die „Mode" bestimmen zu großen Teilen unser Verhalten und selbst unser Denken. Wie sie mir freundlicher Weise mitteilte, zeigten ihre Experimente, dass sich die Furcht vor Isolation in bestimmten Situationen sogar gegenüber der eigentlich richtigen Überlegung durchsetzt, sichtbar in „Schweigespiralen", in Mitläufereffekten und Hysterien. Das Massenverhalten, Tabus und ungeschriebene Gesetze fesseln den Geist. Sie schränken die (Anmerkung: ohnehin fragwürdige) Willensfreiheit ein. Bereits vor dreihundert Jahren schrieb der englische Philosoph John Locke in seinem „Essay Concerning Human Understanding", dass die Menschen die Missbilligung der Umwelt mehr als die Strafe Gottes oder der Justiz fürchten. Später, in der Mitte des 18. Jahrhunderts, war es Jean-Jaques Rousseau in Frankreich: „Der Mensch, das soziale Wesen, ist immer wie nach außen gewendet: Lebensgefühl gewinnt er im Grunde erst durch die Wahrnehmung, was andere von ihm denken". Neurobiologen versichern in unserer Zeit, dass die Ausrichtung auf die Gemeinschaft zudem neuronal, in den Schaltern des Gehirns, verankert sei. Wir Menschen berücksichtigen die öffentliche Meinung auch im Voraus, nicht nur in „Kurzschlusshandlungen", sondern in unseren Unternehmungen. Die Fachwelt bezeichnet diese Phänomene als *Konformitätsdruck.* Andererseits – möchte ich meinerseits sagen - gibt es doch bekanntlich vereinzelt Menschen, die mit Wonne dagegen angehen. Manche Leute „genießen" es geradezu, wenn sie beschimpft und getadelt werden, vermutlich wegen der Beachtung, die sie erfahren. Mitunter setzen sich die Außenseiter durch und werden Leitfiguren. Mit Sendungsbewusstsein gekoppelt nehmen Menschen sogar die Gefahr hin, eventuell getötet zu werden. Es ist nicht nur Isolation, die so schwer erträglich ist, auch unbedeutend zu sein ist für viele schwer zu ertragen. Der Grieche Herostratos zündete in der Antike den Tempel der Göttin Artemis an, weil er aus der Anonymität heraus wollte und das ja auch erreichte. Seine

Hinrichtung nahm er dafür gerne in Kauf. Goethe sprach einmal recht herablassend vom unbedeutenden Menschen, vermutlich im Hochgefühl seiner eigenen anerkannten Größe. – Ja, und dann die Führungsnaturen, die sich der öffentlichen Meinung nicht unterwerfen, sondern versuchen, die Zügel in die Hand zu nehmen, mehr als nur Leitfiguren zu sein, oft allerdings auf der Meinungswelle sozusagen „reiten" und sie nutzen, solange sie es für zweckmäßig halten.

Sosehr der Mensch den Mitmenschen benötigt, zumal in Liebe und Freundschaft beglückt, ist er aber auch bemüht, sich seinen eigenen Freiraum zu erhalten oder zu schaffen. Prof. Klaus Humpert, bekannter Städtebauer, schreibt in seinem eindrucksvollen Buch: Klaus Humpert, Martin Schenk, „Entdeckung der mittelalterlichen Stadtplanung", Konrad Theis Verlag GmbH, Stuttgart 2001: „... war die schützende Mauer das zentrale Symbol für dieses größte der menschlichen Kunstgebilde. Die Beschränkung, in einer dem Menschen unnatürlichen Dichte zu leben, dafür aber Sicherheit und ein Höchstmaß an Kommunikation einzutauschen, ist wohl eine zentrale Konditionierung für die Weiterentwicklung von Zivilisation und Kultur".

P12 Kommunikation erfordert *Sprachen:* Mimik und Gestik, Lautsprache, Schriftsprache, Musik, Malerei. Sprache dient auch dazu, seine inneren Probleme mitzuteilen und damit mehr oder weniger zu lösen. Man muss sich „aussprechen", man benötigt einen Zuhörer, um sich zu erleichtern. Der Sprachphilosoph Ludwig Wittgenstein (1889- 1951) sah Philosophie primär als Sprachkritik, die Bedeutung der Worte sind durch die Art ihres Gebrauchs gegeben. *Linguistik* ist die Wissenschaft der Sprache, der Semantik (Wortbildung als kommunizierbare Ausprägung eines Begriffs) und der Syntax (Aufbau eines Satzes und seine Bestandteile) in der sprachlichen Formulierung. S. z. B. Karl-Dieter Bünting, „Einführung in die Linguistik" Athenäum Verlag, Frankfurt am Main 1971. Philosophisch bilden die Kategorien des Dings und des Vorgangs, fassbar durch ihre Eigenschaften, die Basis. Für eine *automatisierte Sprachübersetzung* und *automatisierte Planungsverfahren* sind die linguistischen Grundlinien Voraussetzungen. Allerdings stößt man dann sehr schnell auf die Schwierigkeiten, die sich durch die kontextabhängige Ausdrucksweise des Menschen ergeben: die Bedeutung eines Wortes, zumal eines Satzes kann oft nur verstanden werden, wenn man den Gesamtzusammenhang einer Aussage weiß und versteht, die auch symbolisch, abstrakt oder verschleiert sein kann. Hinzu kommen Mehrdeutigkeiten von Worten und Sätzen, verstümmelte Aussagen und etliches mehr. Wieder einmal zeigt sich dabei die Überlegenheit des menschlichen Geistes in all seiner Flexibilität. Auf diese Themen ging auch ein eigenes Fachbuch ein: J. H. Winter, „Chemische Syntheseplanung", Springer-Verlag, Berlin Heidelberg New York 1982. – Im Rahmen der Informationswissenschaft ist noch folgendes Buch interessant: Robert Fugmann „Inhaltserschließung durch Indexieren: Prinzipien und Praxis" Deutsche Gesellschaft für Dokumentation, Frankfurt am Main 1999. Wer sich jedoch von vermuteten Aussichten der künstlichen Intelligenz begeistern lassen möchte, möge sich an die Lektüre von Ray Kurzweil, „Homo s@piens. Leben im 21. Jahrhundert. Was bleibt vom Menschen?", Econ Ullstein List Verlag, München 2001 begeben. Interessant auch das Buch von Soren Brunak, Benny Lautrup, „Neuronale Netze: Die nächste Computer-Revolution", Carl Hanser Verlag, München 1993 mit Vergleichen von Gehirn und Computer.

Die „lebenden Sprachen" sind ungemein zahlreich in der Menschheit und setzen harte Trennlinien, die manche Missverständnisse und Zwietracht verursachen können. Auch identifizieren sich die Menschen sehr mit ihrer „Muttersprache", die sich normaler Weise besonders intensiv im Gehirn festsetzt. Zwar hat sich das Englische im 20. Jahrhundert als eine Art Welt-Zweitsprache etabliert, aber dies scheint doch noch nicht die optimale Lösung des Problems zu sein. Kunstsprachen wie Esperanto und die indonesische Staatssprache sind ziemlich einfach zu erlernen, wobei Indonesien bei seinen Hunderten von Landessprachen offenbar gut damit fährt, während das Esperanto bisher nur von wenigen Millionen Europäern erlernt wurde. Lange war ja in Europa das Latein die Sprache, die wenigsten von den Gelehrten über alle Ländergrenzen hinweg verstanden wurde. Das gilt heute weltweit m. W. nur noch für römisch-katholische Theologen.

Zu Schriften und Analoges seien angeführt: Die von der Lautsprache („analytisch synthetisch") abgeleitete Buchstaben- oder Silbenschrift, die für ganze Worte / Begriffe stehende (chinesische) Schrift (auch moderne Piktogramme), die Blindenschrift, Taubstummen-Zeichengebung, Modellschrift der Chemie (Strukturformeln), normierte abstrahierende Bildschrift bei Schaltplänen, ferner Baupläne, Häuser- und Stadtmodelle, Muster, allgemein Bilder (ein Bild sagt mehr als tausend Worte), Duftzeichen bei Tieren.

Buchstabenschriften, allgemein Zeichen- / Ziffernschriften kennen wir bis hin zur 0,1-Schrift im Computerwesen, Codes (Genetischer Code als chemische Molekülschrift, Geheimcodes), definierte Gestiken / Winkzeichen z. B. Schwenkzeichen mit Fähnchen, Rauchzeichen, Fingerzeichen in der Börse, die allgemeine Körpersprache, auch Verhaltenssprache, Mode. Morsezeichen als Stromstöße mit Längenunterschieden und deren Kombination, Tonschrift / Notenschrift in der Musik, grundsätzlich jede Art von Zeichengebung, deren Elemente ein spezieller Sinn unterlegt wird. Bei unbekannten Zeichen muss festgestellt werden, ob sie rein zufällig, d. h. ohne Sinn sind, oder ein System zugrunde liegt. Auch wenn der genetische Code sich darwinistisch entwickelt hat – wovon hier ausgegangen wird, also keine „höhere Intelligenz" ihn erdacht und installiert hat – so gibt allein schon die Beschränkung auf vier unterschiedliche Zeichen (in Gestalt von abgrenzbaren Kleinteilen langkettiger Großmoleküle), die immer wieder verwendet werden, sowie die Wiederholung der auf dieser Basis möglichen 64 Dreierkombination zu erkennen, dass ein Sinn dahinter steht. Archäologen „lesen" in materiellen Funden, Paläontologen in der Art der Bestattung von Toten. Geheimschriften sind Schriften zum Zweck der Geheimhaltung, die nur für Eingeweihte zugänglich sein sollen. Chiffren stehen dem Klartext gegenüber, Symbole müssen gedeutet werden.

Dialektik ist das Wechselgespräch als angewandte Logik, von Sokrates und Plato in die Philosophie eingeführt, wodurch sich Widersprüche im Denken aufdecken und Wahrheit ergeben soll. Begriffe – so Hegel – als Thesen erzeugen einen entgegengesetzten Begriff als Antithese. Durch Auflösung der Widersprüche beider entsteht die Synthese.

P13 Im Haupttext stellte ich in einer Kapitel-Überschrift die provokante Frage: Eine Welt der Geister oder nur ein „Gedanken-Energiefeld"? Die Antwort will wissenschaftlich die *Parapsychologie* geben, wobei wiederum die Hirnforschung sich immer deutlicher einmischt. Die Parapsychologie hat nach wie vor hart um Anerkennung als Wissenschaft zu kämpfen. In dem Buch von

Walter von Lucadou, „PSI-Phänomene. Neue Ergebnisse der Psychokinese-Forschung“, Insel Verlag Frankfurt am Main und Leipzig 1997 stellt der Autor fest, dass bei uns die Gerichte sich abweisend verhalten. Er zitiert ein BGH-Urteil vom 21. 2. 1978: „Auch wenn man nicht so weit geht, die Parapsychologie für wissenschaftsfeindlich zu halten, so gilt im Bereich des Strafverfahrens noch immer die Regel, dass die hier in Rede stehenden Kräfte nicht beweisbar sind, ...“. Inwieweit die Rechtsgelehrten in ihre Beurteilungen auch Erscheinungen des religiösen Bereiches einbeziehen, lässt sich nur vermuten. - s. auch D. Scott Rogo, „Parapsychologie. Hundert Jahre Forschung“, Ernst Klett Verlag, Stuttgart 1976. – Ernst Häckel, „Wir werden leben, auch wenn wir sterben“, Turm Verlag, Bietigheim 1978. Der Autor meint, dass der Mensch als eine über Raum und Zeit hinausgreifende Persönlichkeit gesehen werden müsse.

Unter dem Stichwort *Astralleib* gingen mir Kommentare zu, die sich nicht an die Lehren der großen Religionen halten, jedoch im Grunde ähnliche Vorstellungen eines zweiten, geistigen menschlichen Ichs pflegen. Hierher gehören auch Auffassungen von Rudolf Steiner und der *Anthroposophie.* Gewissermaßen Beweise für die Existenz eines Astralleibes meinte die schweizerisch-amerikanische Psychologin Elisabeth Kübler-Ross liefern zu können, nämlich aus ihren Erfahrungen mit sterbenden Menschen, insbesondere, die ein Nahtoderlebnis hatten und wieder in den Lebensalltag zurückkamen. Nahtod ist aber nicht Tod, allenfalls behaupteter Tod. Man kann wohl davon ausgehen, dass alles, was solche Menschen berichten, Angelegenheit des Gehirns gewesen war und nichts mit einem wirklichen Blick in ein wirkliches Jenseits zu tun hatte. Die Bücher von Kübler-Ross sind im Kreuz-Verlag erschienen.

P14 *Anthropozentrismus* ist eine Betrachtungsweise, die den Menschen in den Mittelpunkt allen Seins stellt, ihn zum Sinn und Ziel der Weltschöpfung und des Weltgeschehens macht – der Mensch als Maß aller Dinge. Diese Vorstellung ist angesichts des gigantischen Universums grotesk und unhaltbar. Auch kann man, wie schon erörtert, keineswegs das Entstehen des Menschen auf dieser Erde als sicheres Ziel der offensichtlich ohne Plan verlaufenden, wenn auch dazu befähigten und mit einem gewissen Drang dahin (d. h. zu einer vergrößerten Komplexität) erfolgenden Evolution erkennen. Zudem gab es nach allem, was festzustellen ist, keine Garantie dafür, dass die Erde so lange, wie es jetzt schon der Fall und hoffentlich noch lange weiter ist, den notwendigen Lebensraum bietet.

Allerdings ist von den Größenverhältnissen her – einerseits das Universum, andererseits die Kleinheit der Atome und besonders der Elementarteilchen – eine gewisse mittlere Position der lebendigen Natur und damit des Menschen durchaus festzustellen – aber eben nicht nur des Menschen. Auch ist das *anthropische Prinzip* schon eher vernünftig, sofern es nicht als Anthropozentrismus verstanden wird, sondern besagt, dass wir nur beobachten und verstehen können, was unserem Gehirn möglich ist, und das nur deshalb, weil die Welt so ist wie sie ist.

P15 *Metaphysik* ist das, was über die gerade erreichte, experimentell nachprüfbare physikalische Deutung allen materiellen Seins hinausgeht, bis hinein ins „Jenseitige"; sie ist die Philosophie über die Naturphilosophie hinweg und ohne diese, letztlich die Philosophie des (bis dahin) Unerfahrbaren; sie ist auf jeden Fall das Gebiet, dem sich die Religionen, wissenschaftlich die Theologie, verpflichtet fühlen. Der Physiker und anglikanische Theologe John Polkinghorne schreibt in seinem hinsichtlich der Ausführungen zur Naturwissenschaft zu empfehlenden Buch „Theologie und Naturwissenschaft" Chr. Kaiser Gütersloher Verlagshaus 2001: „Die Theologie stellt die religiöse Erfahrung von Menschen dar, die zwar sehr verschiedene Formen annehmen kann, aber ein nahezu universales Phänomen ist. Angesichts ihrer Universalität lässt sich der moderne Agnostizismus und Atheismus der westlichen Welt als eine historische und geografische Anomalie bezeichnen." - Man kann gewiss sagen, ein christlicher Theologe muss das so sehen, er fasst aber die diversen Religionen in einer Weise zusammen, die deren tief greifende Gegensätze elegant überspielt. Interessant ist, wie der Philosoph Max Horkheimer vor Jahrzehnten in einem Essay „Die Sehnsucht wachhalten" für eine Neufassung des menschlichen Verständnisses von Gott warb und schrieb: „Die Sehnsucht, dass die Wirklichkeit der Welt mit all ihrem Grauen kein Letztes sei, vereint und verbindet alle Menschen, die sich mit dem Unrecht dieser Welt nicht abfinden wollen und können. Gott wird so zum Gegenstand der menschlichen Sehnsucht und Ehrung, er hört auf, Objekt des Wissens und des

Besitzes zu sein.“ Er sah darin das Wesentliche der Religion und der Kultur. Der Theologe Gert Otto behandelte das Thema eines sich wandelnden Gottesbildes in einer Rundfunksendung im Jahre 2002. (Manuskript liegt mir vor.) Er verweist auf den biblischen Glauben Israels, der einer Fülle von Beeinflussungen durch benachbarte Religionen ausgesetzt war, Einflüsse der Aramäer und der Midianiter, Ägyptens und Mesopotamiens, der Kanaanäer, aus dem Iran. Das Bild von „ihrem“ Gott Jahwe, schließlich des eines Weltschöpfers und Erschaffers der Menschheit, habe sich erst dahin entwickelt, was nicht gerade für einen sich offenbart habenden Gott spricht. Otto verweist darauf, dass in theologischen Zeitschriften zurzeit immer wieder diskutiert wird, ob man vom „allmächtigen Gott“ sprechen könne. Er stellt die Symbolsprache der Theologie, der Religion heraus, die somit den Freiraum der individuellen Deutung eröffnet. Gott ist nach ihm weder Alleskönner noch allmächtig noch allgegenwärtig. Er empfiehlt, sich poetisch dem Gottesbegriff zu nähern. Kardinal Ratzinger hält erwartungsgemäß Gott nicht nur für eine fundamentale Realität, sondern auch für eine Person, die Bewusstsein hat, die erkennt, zuhört, sieht, fühlt und liebt. Man siehe sein Buch: Joseph Kardinal Ratzinger, „Gott und die Welt“, Droemersche Verlagsanstalt, München 2002.

Das nicht wirklich Wissen im Religiösen drückt sich im Begriff des Gläubigseins und sich Bekennens aus. Es kann wohltuende Beheimatung in einer Gemeinschaft schaffen und bedarf eigentlich keiner „Beweise“. Leider trennt solches Gläubigsein mit seinen fast unbegrenzt vielen unterschiedlichen Möglichkeiten die menschliche Gesellschaft sehr stark auf – neben den Trennlinien durch Volks- bzw. allgemein Gruppenzugehörigkeit, Sprache, Bildung, soziale Schicht, die sich alle wiederum in der Regel überkreuzen und insofern auch wieder abmildern. Ein zusätzlicher Abmilderungsvorgang ergibt sich in heutiger Zeit erfreulicher Weise immer mehr durch die übergreifenden Verwandtschaftsbildungen (z. B. internationale Heiraten, allgemein „Mischehen“) und Freundschaften in der globalisierten Welt, wobei schwächer werdende religiöse Bindungen sich fördernd auswirken.

Immerhin, so möchte ich meinen, wenn keine über allem stehende, überragende ewige Intelligenz, wenn Gott nicht existierte, bedeutete das ja, dass es in diesem Kosmos nur eine gelegentliche, im Grunde sehr kurzzeitig gerade einmal entstandene "Einsicht", wie die dem Menschen mögliche, gäbe. In diesem Fall ist das Universum ein in seiner Grenzenlosigkeit sehr stumpfsinnig dahinrasendes Gebilde.

Es sind eben nicht nur die Naturwissenschaftler, die ihre Schwierigkeiten mit Gott haben, ja ihn bei ihren Fachdiskussionen garnicht erst bemühen. Der Mathematiker John Lennox macht das zum Vorwurf und versucht in seinem bereits erwähnten Buch „Hat die Wissenschaft Gott begraben?" R. Brockhaus Verlag Wuppertal, 3. Aufl. 2003 eine kritische Analyse. Er arbeitet mit Wahrscheinlichkeitsberechnungen und meint, ohne eine übergeordnete Intelligenz ginge die Welt nicht. Reinhard Löw, Chemiker und Philosoph, veröffentlichte das Buch „Die neuen Gottesbeweise" im Pattloch Verlag, Augsburg 1994. Wirkliche Beweise sind aber selbst nach ihm nicht gegeben. Interessant auch das Buch des prominenten französischen Philosophen Jean Guitton zusammen mit Grichka und Igor Bogdanov, „Gott und die Wissenschaft. Auf dem Weg zum Metarealismus" Artemis Verlag, München 1992.

Hinsichtlich der Religiösität werde ich an die Worte eines sehr gelehrten Priesters erinnert, der vor etlichen Jahrzehnten heftig bestritt, Religiosität könnte „mit irgend so einem Chromosom dadrin" zusammenhängen, wobei er die bekannte Geste mit dem Finger zur Stirne machte. Es scheinen nun aber doch, gemäß der Hirnforschung, deutliche Hinweise auf Hirndispositionen zu bestehen, die zumindest verstärkt zu religiösem Denken hinführen. Manche Krankheiten wie Epilepsie und zum Beispiel durch elektrische Hirnreizungen ausgelöste Halluzinationen ähneln mitunter den berichteten religiösen Vorgängen, aus denen Propheten hervorgingen. Auch tiefe Meditationen sollen hierzu passende Einflüsse auf die Hirntätigkeit bewirken. Man kann für die Zukunft in dieser Hinsicht wohl noch viel Interessantes erwarten.

Die Religionswissenschaft datiert zurzeit die ältesten vorgeschichtlichen Belege für religiöses Denken auf die Zeit 60 000 v. Chr. Auch die Neandertaler hatten wahrscheinlich religiöse Vorstellungen. Da die Religionen noch nie eindeutige, unbezweifelbare Antworten gegeben haben, gibt es so viele unterschiedliche. Auch werden immer wieder neue gegründet. Nach Prof. Sander, Universität Salzburg, sind noch nie so viele neue Religionen entstanden, wie im 20. Jahrhundert. Um diese Jahrtausendwende zählt die Weltbevölkerung etwa 6 Milliarden. Davon bekennen sich nach grober Schätzung etwa 25 % als Christen, 21 % als Moslems, 12 % als Hindus und 6 % als Buddhisten. Was diese Menschen und alle anderen im Einzelnen wirklich glauben, ist eine Frage für sich.

Religionen lassen sich einteilen in *Offenbarungsreligionen,* in *prophetische* und in *Mythen-Religionen.*

Was sind *Mythen?* Mythen sind Deutungen der Welt und des Menschen, wie sie in früheren Kulturen Bedeutung hatten, in erzählerischer Form vermittelt. Sie nahmen in ihrer Gesamtheit als *Mythologie* religiösen Charakter an. Ein besonders schönes Beispiel und vielen wohlbekannt ist die altgriechische Mythologie mit ihren Göttern und Halbgöttern.

Lit.: Kurt Hübner, „Die Wahrheit des Mythos", C. H. Becksche Verlagsbuchhandlung, München 1985 - ein schönes Buch, das dieses Thema von allen Seiten beleuchtet und nachweist, wie groß die Bedeutung des Mythos heute noch ist.

Kernpunkte der religiösen Lehren sind die Begriffe Seele, Gott, Götter und andere Geistwesen wie Engel, Heilige, Teufel, Dämonen an sich in einer jenseitigen, einer transzendenten Welt mit Einwirkung auf das Diesseits. Die menschliche *Seele* wird dabei – im philosophischen Sinne zumeist als metaphysischer Faktor verstanden – als etwas gesehen, das bereits im Diesseits den lebenden Körper umfaßt und durchdringt. Die Theorien sind vielfältig und von der Antike her diskutiert. In einem mir zugegangenen Kommentar heißt es dagegen recht unkompliziert: „Der Begriff Seele ist ein von Menschen geschaffenes Synonym für das, was die Persönlichkeit des Menschen ausmacht, sich nicht klar beschreiben lässt, aber in der Empfindung der (meisten) Menschen vorhanden ist". Nach diesem Verständnis wäre Seele kein großes Problem. Religiös und im verbreiteten Volksglauben ist Seele jedoch vornehmlich eine Art zweites Ich (*Dualismus*), der irdische Mensch eine *Leib / Seele-Einheit,* wobei die Seele den Tod des Leibes überdauert. Jedenfalls wird der Begriff Seele, auch *Geistseele*, gerne verwendet als Gegensatz zum weniger geschätzten, sterblichen Leib, als etwas, das dem Tier nicht eigen sei. Alle Seelen sollen Selbstbewusstsein haben, Gemütsbewegungen ihnen beigegeben sein. Bei Immanuel Kant ist die Seele eine Idee, kein Begriff. Nach indischem Glauben ist die vom toten Körper losgelöste Seele auf Wanderung durch andere Körper, auch tierische (Theorie der

Wiedergeburt) und bedeutet die eigentliche Person. Naturvölker sehen sich von Seelen der Verstorbenen umgeben, auf die sie achten müssen. Mit Seelen, die als Gespenster unangenehm werden können, rechnen auch Menschen unserer Kultur. Im Spiritismus werden Seelen angerufen und sollen sogar antworten.

Die Wesenheit der Seele verlangt die Beseelung als entscheidenden Akt beim Lebensbeginn des Menschen. Hierzu äußerte sich Karl Kardinal Lehmann in seinem Bericht vor der Deutschen kath. Bischofskonferenz im Jahre 2001 in Fulda, den er mir freundlicher Weise ungekürzt zustellen ließ; Titel des Berichtes: „Das Recht, ein Mensch zu sein. Zur Grundfrage der gegenwärtigen bioethischen Probleme." Der Kardinal führte u. a. aus: „... Dabei stand früher vor allem der Zeitpunkt der Beseelung im Vordergrund. Vor allem durch den Einfluss des Aristoteles hat z. B. Thomas von Aquin die Empfängnis als ein zeitlich erstrecktes Geschehen (Sukzessivbeseelung) verstanden. ... Der Embryo hat also bereits Leben, wird aber erst später beseelt, das männliche Kind am 40. Tag, das weibliche Kind am 90. Tag. ... Seit es im 19. Jahrhundert gelungen war, den Befruchtungsvorgang genauer zu beschreiben, wusste man, dass der Fötus als Ergebnis zweier lebendiger Zellen selber belebt und von einem formgebenden Prinzip durchwaltet war, das identisch erscheint mit der menschlichen Seele." Lehmann fuhr später fort: „Die Diskussion wurde bald abgelöst, indem nicht mehr so sehr die Frage nach dem Zeitpunkt der Beseelung im Vordergrund stand, sondern die Beseelung als solche zum Problem wurde." Er verwies darauf, dass heute die meisten Theologen den Zeitpunkt der Empfängnis als Zeitpunkt der Beseelung (Simultanbeseelung), andere aber doch einen späteren Termin annehmen, so besonders in der anglikanischen Kirche. Bei Teilen des Judentums würde die Beseelung auf etwa den 50. Tag datiert. (Anm.: Ich hörte vom 40.)

Wie aber kann ein reines Seelendasein funktionieren? Eine individuelle Seele muss begrenzt sein und eine innere Struktur haben, um eine lebendige personale Existenz zu ermöglichen. (Das gilt selbstverständlich für alle Geistwesen.) Dieser Frage begegnet die christliche Lehre mit der These von der Auferstehung einer Art Leib nach dem Tode spätestens zum Tage „des jüngsten Gerichtes", ein vergeistigter, dem irdischen analogen Leib, der sich wieder mit der Seele vereinigt, während die indische bzw. buddhistische Seele also zunächst im Diesseits von Körper zu Körper wandert, bis sie ihre Erlösung im jenseitigen Nirwana findet. Ein zweifellos sehr schwieriges Thema, das den einen tief bewegen kann, den anderen aber kopfschüttelnd Abstand nehmen lässt.

Zu den Glaubenslehren der christlichen Religion sehe man zweckmäßig die Katechismen ein: „Evangelischer (Anm.: lutherischer) Erwachsenenkatechismus“, Gütersloher Verlagshaus Gerd Mohn, 3. Aufl. 1977; „Katechismus der Katholischen Kirche“, R. Oldenbourg Verlag, München 1993. Ferner: Martin Tamcke, „Das orthodoxe Christentum“, Verlag C. H. Beck, München 2004. Die evangelisch lutherische Interpretation der Schöpfungsgeschichte, des Sündenfalls und der Bedeutung der Taufe ist recht modern sehr auf Symbolik abgehoben im Vergleich zur katholischen mit ihrer strengen Dogmatisierung. Weitere Varianten bei den anderen christlichen Richtungen beschreibt der evangelische Katechismus ebenfalls kurz. – Empfehlenswert Heinrich A. Mertens, „Kleines Handbuch der Bibelkunde“, Patmos-Verlag, Düsseldorf. - Wer dem (ev.) Christlich-Religiösen aus tiefstem Gefühl begegnen will, sollte sich vielleicht einmal in das Buch von Jörg Zink, „Dornen können Rosen tragen. Mystik, die Zukunft des Christentums“, Kreuz Verlag, Stuttgart Zürich 1997 versenken. – Von den drei verwandten Offenbarungsreligionen, bei denen die jüdische die erste, die Basis ist, die christliche ihre abgewandelte Fortsetzung, bildet der Islam die dritte, gegenüber dem Christentum theologisch einfachere, indem der Eingottglaube hier durch keinen Trinitätsglauben problematisiert ist. Wer sich nicht gleich an den Koran heranwagt, kann das kleine Büchlein von Annemarie Schimmel vornehmen: „Im Namen Allahs, des Allbarmherzigen“, Deutscher Taschenbuch Verlag, München 1999.

Unsere Schwierigkeiten mit einem persönlichen Gott haben die Buddhisten nicht – sie postulieren ihn erst garnicht. Dem Buddhismus ist eine milde Grundstruktur eigen. Er ist von großer Toleranz gegenüber anderen Religionen und lässt Doppelmitgliedschaften zu. Eine innere Erleuchtung anzustreben ist eine gar schöne Empfehlung. Der Buddhismus, dessen Ursprung im 6. Jahrhunderte vor Christus liegt, und von Gautama (Prinz Shakyamuni) dem ersten Buddha, gegründet wurde, spricht davon, dass in einem unendlichen Raum unendlich viele Welten nebeneinander „schweben“ (eigentlich eine sehr moderne Vorstellung). Alle diese

– so die ursprüngliche, fantasiebeflügelte Lehre - hätten zahlreiche Stockwerke mit unten kalten Höllen, in denen Missetäter zeitlich begrenzte Qualen zu erleiden hätten. Darüber läge die Erdscheibe mit den Gestirnen darum herum. In den oberen Stockwerken leben nicht nur Menschen, sondern auch gewisse geisterhafte Lebewesen. Sämtliche Lebewesen sind dem Geborenwerden und dem Sterben unterworfen – wobei aber die einzelnen Wesen ihre Existenzweisen ständig ändern: Alles Leben ist Werden und Vergehen hin zu seiner Wiedergeburt (Seelenwanderung) in einem anderen Leben, abhängig von Schuld und Verdienst. Nach dem Abbüßen ihrer irdischen Untaten gehen alle in ein Nirwana ein. Das *Nirwana* ist kein eigentliches Nichts, sondern eine Art jenseitige Seligkeit ohne individuelles Bewusstsein. Im verwandten Hinduismus meint Nirwana das „Aufgehen der Einzelseele nach ihren Wanderungen und Läuterungen im Absoluten". Was das Absolute letztlich bedeutet, ist die Frage. Auch möchte man gerne wissen, woher denn die vielen Wanderseelen kommen, denn irgendwann müssen sie erstmalig aufgetreten sein, zumal angesichts einer stark sich vermehrt habenden Menschheit. Somit müsste es m. E. Menschen geben mit einer übernommenen Wanderseele und solche mit neu entstandener. Wie bei anderen Religionen ist da wohl nicht alles richtig überdacht worden, bevor es als Lehre formuliert wurde.

Der zurzeit bekannteste Vertreter und erfolgreichste Erläuterer des Buddhismus, bei ihm des tibetischen, ist der Dalai Lama. Sein Buch „Der Weg zum Glück", Verlag Herder, 2002, kann ich Interessierten sehr empfehlen. Eine Reihe weiterer Bücher von ihm werden sicher ebenso lesenswert sein. Der Autor weist auf die im Buddhismus zentralen Themen des Leidens, des Ursprungs des Leidens, der Aufhebung seiner Ursachen, und des Weges dahin, die in dieser Reihenfolge von Gautama gepredigt wurden. Ziel ist die Erleuchtung als eine nicht mehr zu überbietende Weisheit und Vollkommenheit im Mitgefühl gegenüber allen Lebewesen. Albert Schweitzers formulierte Ehrfurcht vor dem Leben ist für den Buddhisten selbstverständlich. Andererseits meine ich, dass die Auffassungen und Prinzipien im Buddhismus ziemlich realitätsfern klingen und offenbar insgesamt auch die Menschen nicht durchgreifend friedlicher machen können, wie die Weltgeschichte zeigt. In unserer Kultur steht der buddhistischen jedenfalls der „faustische Mensch" gegenüber, der die Hände nicht in den Schoß legen will. Der Buddhismus kann weder als theistische Religion noch als deistische gesehen werden. *Theismus* meint ein göttliches Wesen, das die Welt geschaffen hat und sie fortgesetzt „regiert". Dagegen umschreibt das Wort *Deismus* ein göttliches Wesen, das den Gang der Welt zwar eingeleitet hat, das Geschehen aber nicht beeinflusst. In beiden Fällen sind Gott und Welt getrennt, beim *Pantheismus* sind beide eine Einheit.

Eine Besonderheit unter den Religionen ist der chinesische Taoismus. Dieser ist mehr eine Praktik als ein Glaube oder eine Lehre. Er blieb eine Angelegenheit von im Volk respektierten Eingeweihten, die im Besitz von „geoffenbarten" Büchern waren. Umfangreiche Information dazu gibt das Buch von Isabelle Robinet, „Geschichte des Taoismus", Eugen Diederichs Verlag, München 1995. Der Konfuzianismus ist keine Religion sondern eine Morallehre. Lit.: Hans van Ess, „Der Konfuzianismus", Verlag C. H. Beck, München 2003.

Offensichtlich von indischer Religionsvielfalt und –Fantasie beeinflusst postulieren Rupert Sheldrake, in einem Bestseller „Das schöpferische Universum. Die Theorie des morphogenetischen Feldes", Ullstein Taschenbuchverlag, München, 7. Aufl. 2002, und Matthew Fox, Rupert Sheldrake, „Engel, die kosmische Intelligenz", Kösel-Verlag, München 1998, eine übergeordnete Hierarchie von Intelligenzen in bewussten Seinsebenen.

Sollten nun tatsächlich höhere Seinsebenen mit intelligenten Wesen existieren, also der oder die Himmel, die steuernd auf unser Universum wirken, vor allem auf das Leben hierzuerede, so wird allerdings im Grunde nur die Problematik verschoben: Selbst wenn damit das hiesige Leben und seine Komplexität „erklärbarer" wäre, wie sind dann aber diese Intelligenzen in den höheren Seinsebenen entstanden, wie sind sie beschaffen, wie leben sie? Es wird also eine schwierig erscheinende Antwort, nämlich die zu unseren hiesigen Verhältnissen, nur dadurch anscheinend erleichtert, dass man eine noch sehr viel schwierigere Frage eröffnet. Letztlich bleibt es jedem Menschen überlassen, welchen Vorstellungen er verhaftet bleibt oder sich zuwendet, die ihm dann Richtschnur seines Lebens sind. Man kann dann immer nur hoffen, dass ein jeder den anderen in seiner Art respektiert.

Dass ich in diesem Rahmen überhaupt so sehr auf die Religionen eingegangen bin, wird nicht von jedem Kommentator gutgeheißen. Diese Kritik verkennt jedoch, wie sehr gerade religiöse Bedürfnisse die Menschheit bestimmen und wie wenig es in Wahrheit auch dem aufgeklärtesten Freidenker gelingt, sich selbst darüber zu erheben. Wer von einer Menschheit träumt, in der die Religionen verbannt sind, der wird, so meine Überzeugung, in einem Meer von neuen religiösen Aktivitäten des menschlichen Geistes erwachen.

An weitere Literatur mag empfohlen werden: Ioan P. Couliano, Mircea Eliade, „Handbuch der Religionen“, Artemis & Winkler Verlag, Düsseldorf Zürich 1997. Reich bebildert ist: Wulf Metz (Hrsg.), „Handbuch Weltreligionen“, Brockhaus Verlag, Wuppertal Zürich 1992.

P16 *Soziologie* ist die Wissenschaft von der Gesellschaft, ihren Organisations-Formen, Gesetzmäßigkeiten und ihrer Entwicklung. Populationen von Lebewesen erfordern – wie schon die Organismen – eine interne Organisation, um funktionieren zu können. Mit dem Entstehen von Völkern und Staaten ergaben sich die Herrschaftsstrukturen wie Matriarchate, Patriarchate, Gottesstaaten (religiös bestimmt), Monarchien (absolute, konstitutionelle), Diktaturen mit und ohne Königs- bzw. Führerkult, Oligarchien, Kastensysteme, repräsentative Demokratien, Basisdemokratien. Sie wurden zu Systemen, die immer wieder Umschwüngen und neuen Versuchen ausgesetzt waren und sind. Massenorganisationen wie politische Parteien, ethnische und konfessionelle Gruppierungen, soziale Klassengruppierungen, Interessenverbände schaffen zusätzliche Organisationsformen, mehr oder weniger bedeutsam. Nationalistische sowie rassenideologische, religiöse, sozialistische, kommunistische, anarchistische und freiheitliche Leitideen können bestimmend sein. Erst die soziologischen Organisationsformen ermöglichen es Einzelmenschen oder kleinen Gruppen im Extremfall große Macht über Leib und Leben von Massen auszuüben, dem man mit einer von einer hohen Volksmehrheit getragenen Verfassung zu begegnen sucht. Wichtig die staatliche Gewaltenteilung in *Legislative, Exekutive und Judikative.* Mit *Rechtsstaatlichkeit* auf der Basis eines verbrieften *Rechtssystems* kann das menschliche Zusammenleben in Populationen für alle sicherer werden. Frühkulturell entstanden zuvor, insbesondere durch die Religionen verkündete, nach ihrem Glauben von höherer Macht verordnete Gebote. Besondere Errungenschaften der modernen

Zeit sind die vor allem in der französischen Revolution von 1789 formulierten *Menschenrechte* und 1948 die Menschenrechtserklärung der *Vereinten Nationen.* - Der Zusammenhalt von „Nationalstaaten" wurde im Laufe der Geschichte oft in Frage gestellt. Selbst die Vereinigten Staaten hatten ihren Sezessionskrieg mit 600 000 Toten. Gewaltherrscher in Europa versuchten mehrmals vergeblich einen politisch einheitlichen Kontinent herzustellen, was die Länder verwüstete und die Menschen in Tod und Elend trieb. Offenbar hat man daraus gelernt. Mit Erfolg auf der Basis von Interessen scheinen die europäischen Staaten und ihre Bevölkerungen zu einem zeitlich variierenden komplizierten demokratischen „Zwiebelschalensystem" gefunden zu haben: Die in sich oft noch differenzierten Nationalstaaten bilden freiwillig sich mehrfach überkreuzende und überlappende Vertragsgemeinschaften. Einzelne Unruheherde gibt es freilich noch. Bemerkenswert ist immerhin auch, wie manche Staaten unter großen Opfern früheren Unionen entwichen und anschließend mit erheblichem Eifer in die Europäische Union hineinstreben. Das stabile Rechtssystem altrömischen Ursprungs zusammen mit christlicher Tradition, dem kulturellen Erbe der Antike und dem Gedankengut der europäischen Aufklärung schufen eine Basis, die neues Vertrauen erweckt.

Sozialwissenschaften, Gesellschaftswissenschaften, umfassen wissenschaftliche Disziplinen wie *Soziologie, Politologie, Volks- und Betriebswirtschaftslehre.*

Vielleicht interessiert das Buch von Egon Görgens, Karlheinz Ruckriegel, Franz Seitz, „Europäische Geldpolitik. Theorie – Empirie – Praxis", Werner Verlag, Düsseldorf 2001.

P17 *Ethik* ist die Wissenschaft vom Sittlichen. Schon bei Tieren ist eine Art Hilfsbereitschaft zu erkennen, auch gegenüber anderen Arten. Man unterscheidet beim Menschen *Gesinnungsethik* von der *Situationsethik.* Der Begriff der *Diskursethik* steht für das zwischenmenschliche Bemühen um Übereinkunft in ethischen Fragen. *Moral* ist das Wissen um die Regeln des sittlichen und allgemein verbindlichen Verhaltens. Verbreitet gibt es ein Gefühl für *Gerechtigkeit,* die sich allerdings kaum richtig definieren lässt. *Solidarität* ist das politische Schlagwort für das Zusammenstehen im Bemühen um verbesserte Lebensverhältnisse. Die *Solidargemeinschaft* kann ein ganzes Volk oder sogar Völkergruppen umfassen mit dem Ziel des sozialen Ausgleichs.

Leider ist die geistige Verfassung der Menschheit nur bedingt, als friedlich und vernünftig zu bezeichnen. Das fängt im kleinen Bereich des Miteinanders an, das nur zu sehr von Hader, Missgunst und Missverständnis geprägt ist, abgesehen von den Auswirkungen geistiger Verirrungen, Verwirrungen und Krankheiten. Man kann diesen Fakten nicht ausweichen, auch das friedlichste und hilfsbereiteste Naturell kann es nicht. Insofern glaube ich nicht, wie anscheinend manche Kommentatoren, an die Möglichkeit einer idealen Welt des ewigen Friedens – nicht mit dieser Menschheit. Der Angriffskrieg ist nach der Charta der Vereinten Nationen verboten, aber Fernsehen, Filme und Bücher sind voll von Gewaltszenen; die Hoffnung auf ein neues Jahrtausend des Glücks und Friedens geht bereits unter in der Furcht vor Terrorismus und neuen Kriegen. Die gewissenlosen Angriffskrieger der Vergangenheit werden von ihren Völkern häufig immer noch gefeiert, ihre Leichname sogar unter vergoldete Kuppeln gelegt. Wahre Angreifer sind von den Überfallenen oft nicht eindeutig zu unterscheiden, zumal die moderne Waffentechnik Bedrohungspotenziale aufbauen lässt, die Präventivkriege herausfordern. Hoffentlich vermag Angst die Aggressionslust zu dämpfen. Dass der Mensch im Bewältigen seiner Gegensätzlichkeiten immer wieder versagt, gilt auch im leichtfertigen oder auch mutwilligen Umgang mit der Umwelt. Dagegen anzugehen erfordert ein ständiges Bemühen mit der Aussicht auf ebenso ständiges Scheitern – man sollte dennoch nicht verzagen, sich auch des einen oder anderen Erfolges freuen. Sehr empfehlenswert die neue *Erdcharta* mit den Grundsätzen der Achtung vor dem Leben und Sorge für die Gemeinschaft des Lebens, ökologische Ganzheit, soziale und wirtschaftliche Gerechtigkeit, Demokratie, Gewaltfreiheit und Frieden. Die detaillierten Ausführungen in deutscher Sprache sind zu erhalten durch: „Ökumenische Initiative Eine Welt e. V.“, Mittelstr. 4, D-34474 Diemelstadt-Wethen, Tel. 05694 / 1417, Fax 05694 / 1532, erdcharta@oeiew.de, www.erdcharta.de.

Mensch, erkenne dich selbst! So wie wir mit Überraschung ab Kindheit uns selber erleben, äußerlich und innerlich, wie wir erstaunt sind über viele unserer Reaktionen, die wir dann zu vertreten haben – wer findet sich so, wie er gerne wäre? Manches können wir aber ändern. Deshalb beginnt alle Ethik bei uns selber und appelliert an uns.

Lit.: Matthias Beck, „Hippokrates am Scheideweg. Medizin zwischen naturwissenschaftlichem Materialismus und ethischer Verantwortung", Ferdinand Schöningh, Paderborn 2001. „Handbuch der christlichen Ethik“, Verlag Herder, Freiburg i. Br. 1993, dreibändiges umfassendes Werk. – s. dazu Hans Küng, Karl-Josef Kuschel, „Erklärung zum Weltethos. Die Deklaration des Parlaments der Weltreligionen“, R. Piper, München 1996. Hans Sachsse, ein erfolgreicher Chemiker und Naturphilosoph, schrieb vor Jahrzehnten in seinem Buch „Technik und Verantwortung. Probleme der Ethik im technischen Zeitalter“, Verlag Rombach, Freiburg 1972: „... dass nicht die Lösung der technischen, sondern die der ethischen Probleme unsere Zukunft bestimmen wird. Wir müssen uns eingestehen, dass wir von dieser Lösung noch weit entfernt sind.“ Umfassend schrieb Werner A. P. Luck über Verantwortung des Wissenschaftlers in seinem Buch „Homo investigans. Der soziale Wissenschaftler“, Steinkopf Verlag, Darmstadt 1976.

Bioethik befasst sich mit den neuerlichen dramatischen Fragen, inwieweit der Mensch bei den natürlichen Vorgängen der Entstehung des Menschen und mit gentechnologischen Eingriffen allgemein bei Mensch und Natur manipulierend tätig werden darf. Sowohl bekanntermaßen in der Öffentlichkeit wie auch bei mir zugegangenen Kommentaren sind die Meinungen häufig, wir Menschen sollten uns bei solchen Eingriffen sehr zurückhalten. Insbesondere vertreten viele, doch wohl aber eine Minderheit, die Auffassung, dass die menschliche Person mit der Befruchtung vorliege. Einige halten es für geboten, grundsätzlich nicht in die natürliche Entstehung des Menschen einzugreifen und lehnen zudem jede Abtreibung, manche, wie die katholische Amtskirche, sogar Empfängnisverhütung strikt ab. Es liegt also ein breites Meinungsspektrum vor. Unstrittig muss aber sein, dass wir Menschen uns bei all diesen Fragen unserer großen Verantwortung für unser Tun bewusst sein müssen. Das bedeutet, eine Handlung zu unterlassen, wenn ernsthafte Zweifel an der Richtigkeit und Angemessenheit bestehen. Soweit aber die Grenzen des Mach- und Vertretbaren getestet werden, darf auf keinen Fall auf äußerste Maßnahmen hinsichtlich Sorgfalt und Sicherheit verzichtet werden. Die von mir dargelegten Schlussfolgerungen hinsichtlich des Beginns dessen, was menschliche Person ist, hängt mit wissenschaftlicher Redlichkeit zusammen, die genauso verpflichtet wie das Wissen um unsere Verantwortlichkeit. Beides gehört zusammen. Es ist sinnlos, vor der besseren Einsicht zurückzuschrecken, denn die wirklich gefährlichen Trends der Welt sind nicht mit unhaltbaren Standpunkten zu stoppen.

P18 Ein Kernthema meiner Ausführungen ist die *menschliche Person*. Was aber ist Person? Im abendländisch hervorgebrachten Rechtswesen ist mit dem Personenbegriff die Fähigkeit verbunden, Rechte und Pflichten wahrnehmen zu können. John Locke (1632 – 1704) knüpfte den Person-Begriff an das sich selbst bewusst Seiende: „Person ist ein denkendes, verständiges Wesen, das Vernunft und Überlegung besitzt und sich als sich selbst betrachten kann." In unserer Zeit ist der Begriff menschliche Person – durch das Adjektiv menschlich hervorgehoben - mit dem eigentlichen Menschsein identifiziert, das im Christentum mit der Beseelung beginnt. Er beschreibt einen für unser Empfinden entscheidenden Sprung von den Lebewesen in ihrer sonstigen Gesamtheit zum Geistwesen Mensch, als den wir uns sehen, dem wir eine besondere Würde und den höchsten Schutzanspruch für sein Leben zusprechen.

Eine grundsätzliche Kommentatorenfrage ist danach, ob ein schwer Geisteskranker noch als Mensch – als menschliche Person – zu gelten hat. Die schlichte Antwort hier ist die Folgende: Träger des menschlichen Geistes ist das menschliche Gehirn. Als das menschliche Gehirn sich bei unseren Vorfahren allmählich ergab und sobald es sich bei einem Embryo allmählich entwickelt, entstand und entsteht die menschliche Person. Das gilt für den gesunden wie für den kranken Menschen. Allerdings würde sich eine Menschheit mit nur noch debilen Gehirnen nicht mehr über die Tiere erheben und auch nicht mehr weiter bestehen können. Das ist gewiss unbestreitbar. Man darf aber wohl davon ausgehen oder wenigstens hoffen, dass eine solche Situation nie eintreten wird. Erneut sei auch appelliert, die Hilfe und Pflege für behinderte Menschen als die vornehmste Aufgabe der Gesunden zu sehen, zumal wir alle beim Altwerden Gefahr laufen, hilfsbedürftig zu werden.

Es gibt die Meinung, sinngemäß auch im deutschen Grundgesetz, vom Augenblick der Verschmelzung von Ei- und Samenzelle an läge menschliche Person vor. Von diesem Zeitpunkt an seien nämlich die philosophischen Kriterien der Potenzialität, Identität und Kontinuität erfüllt (s. auch die Stellungnahmen des Nationalen

Ethikrates „Genetische Diagnostik vor und während der Schwangerschaft“ Berlin 2003 – sowie „Zum Import menschlicher embryonaler Stammzellen“ Berlin 2002). Dass das Argument mit der Potenzialität nicht stimmt, wurde im Haupttext bereits diskutiert. Diese ist zwar notwendig aber noch nicht hinreichend für das Menschsein. - Eine befruchtete Eizelle, eine Zygote, als Lebewesen beispielsweise mit dem Neugeborenen zu identifizieren, auch wenn Letzteres aus dieser Zygote hervorgeht, kann nur als äußerst kühne Interpretation des Identitätsbegriffs bezeichnet werden. Es missachtet vollkommen das, was Entwicklung bedeutet. Der Begriff der Identität bedeutet philosophisch Sichselbstgleichheit, nach Leibniz Nichtunterscheidbarkeit. Als handfester Vergleich: Alle Welt kann aber gewiss leicht das Ei vom Huhn unterscheiden.

Das dritte Argument mit der Kontinuität beruft sich darauf, dass „vom Moment der Befruchtung an über alle Phasen des Menschseins bis zum Tode ein Prozeß im Gange sei, der jeden anderen Einschnitt als willkürlich erscheinen ließe“. Beim Embryonal- und Fötenwachstum liegen aber Konstruktionsstufen vor – man denke auch an die Zwillingsbildung, die ein massiver Bruch in jeglicher Kontinuität darstellt - die immer erst vollendet sein müssen, bis der nachfolgende Entwicklungsschritt starten kann. Die Vollendung einer jeden Stufe einer jeden nach Plan verlaufenden Entwicklungslinie ist die Voraussetzung dafür, dass der gesamte Entwicklungsprozess mit zudem parallel verlaufenden partiellen Entwicklungslinien nicht chaotisch wird. Die gestaffelte Parallelität verschiedener Entwicklungslinien macht es allerdings unmöglich, bestimmte Entwicklungsabschnitte im späteren Stadium des Embryonenwachstums exakt festzustellen, nur eben ungefähr. Das vermittelt den Eindruck der Kontinuität. Ruhephasen sind immerhin möglich, denn derzeit kann wenigstens im Anfangsstadium der menschlichen Embryonalentwicklung das Wachstum durch Einfrieren gestoppt und durch Auftauen wieder fortgesetzt werden. Andererseits liegt es im Wesen des Lebendigen angesichts der inneren Dynamik seiner Zellen, bei ausreichender Temperatur seine Prozesse in Bewegung zu halten.

Lit.: Hubert Markl, „Schöner neuer Mensch?“, Piper Verlag, München 2002. – Der Autor Volker Gerhardt, „Der Mensch wird geboren. Kleine Apologie der Humanität“, C. H. Beck, München

2001 datiert den Beginn des Personseins auf die Geburt, wie noch vor nicht langer Zeit das Rechtswesen.

P19 *Endzeitvorstellung.* Der menschliche Geist ist kritisch genug, um sich auch ein schlimmes Ende der Welt vorstellen zu können, zumal vieles im Leben nicht erfreulich verläuft und man in der Regel eine Menge großer Gefahren bestehen muss. Der Weltuntergang, ja das Ende des Kosmos ist in der Tat unvermeidlich. Heute werden die Gefahren der technischen Entwicklung beschworen. Die Katastrophen wurden in früheren Zeiten anders begründet. Jesus von Nazareth sagte das baldige Weltende voraus und die Apokalypse des Johannes lässt an Deutlichkeit nichts fehlen. Zurzeit ist die Bedrohung durch Asteroiden und Kometen wieder einmal en vogue. Doch wir haben ja alle unseren persönlichen sicheren, baldigen Untergang im Tode. Pflanzen wir also noch weitere Bäumchen und mögen diese nicht so schnell verdorren, wie wir vergehen.

P20 Abschließend noch ein Streifzug durch die Geschichte des menschlichen Geistes und der Leistungen der betreffenden Personen:

13.-1. Jh. v. Chr.

Moses (13.-12. Jh. v. Chr.), israelitischer Religionsstifter, Volksführer, Verkünder des Dekaloges.

Homer (8. Jh. v. Chr.), Dichter, Gestalter des historischgriechischen Fühlens und Denkens.

Gautama , Prinz Shakyamuni, Buddha (6. Jh. v. Chr.) Bhutanes. Religionsstifter: Buddhismus.

Laotse (604?-517? v. Chr.) vermutlich Prophet des Taoismus als Religion chinesischen Ursprungs.

Konfuzius (551-479 v. Chr.) Prophet einer religiös begründeten Morallehre in China.

Heraklit (um 550-480 v. Chr.) Philosoph: ewige Wiederkunft des Gleichen, aber im Wandel.

Phidias (5 Jh. v. Chr.) Bildhauer, Schöpfer der antiken griechischen Kunst.

Sophokles (496-406 v. Chr.) berühmtester Dramatiker der Antike, Neugestalter der Tragödie.

Demokrit (um 460 v. Chr.) an Wissen überragender Philosoph, erste Atomtheorie.

Sokrates (470-399 v. Chr.) Philosoph von historisch hohem Rang, Meister der Dialektik.

Plato (427-347 v. Chr.) Philosoph, Schüler von Sokrates, Begründer der Metaphysik (Ideenlehre).

Aristoteles (384-322 v. Chr.) Philosoph, Schüler von Plato, verfaßte Schriften zum fast gesamten Wissen seiner Zeit, teilweise mit Bedeutung bis heute.

Euklid (4. / 3. Jh. v. Chr.) Mathematiker, „Euklidische Geometrie“ blieb zeitloser Begriff.

Archimedes (285 - 212 v. Chr.) berühmtester Mathematiker und Erfinder in der Antike.

Marcus Tullius Cicero (106-43 v. Chr.), bedeutender Redner Roms, Schriftsteller, Schöpfer der lateinischen Kunstprosa, trat - mit Nachhall im Abendland - für tolerante Menschlichkeit ein.

Vergil, Publius Vergilius Maro (70-19 v. Chr.) bedeut. röm. Dichter, „Vater des Abendlandes“.

1.-7. Jh.

Jesus von Nazareth, Christus (etwa 4 v. Ztr. - um 30), Zimmermann, Prophet, Stifter des Christentums, nach dessen Lehre Welterlöser, Gott in 2. Person, zukünftiger Weltenrichter.

Lucius Annaeus Seneca (4 v. Ztr. - 65), wohlhabender Römer, beschreibt popular philosophische Lehrmeinung zum rechten menschlichen Verhalten.

Paulus / Saulus (um 10-64), Zeltmacher, Apostel, Begründer des Welt-Christentums.

Aurelius Augustinus (354-430), christlicher Kirchenlehrer von hohem Einfluss.

Mohammed (um 570-632), Kaufmann, Prophet, Religionsstifter: Islam, Volksführer.

13.-17. Jh.

Albertus Magnus (um 1200-1280) Bischof, Kirchenlehrer, naturwissenschaftlich bemüht.

Thomas von Aquin (1225-1274), Mönch, bedeutendster christlicher Religionsphilosoph des Mittelalters – Einbindung griechischer Philosophie, Kirchenlehrer.

Dante Alighieri (1265-1321) größter Dichter Italiens, Hauptwerk: „Göttliche Komödie".

Johannes Gensfleisch, gen. Gutenberg (um 1397-1468) Erfinder des Buchdrucks mit beweglichen Lettern, leitet damit das Informationszeitalter ein.

Christoph Kolumbus (1451-1506) Entdecker Amerikas 1492, Beginn der histor. Neuzeit.

Leonardo da Vinci (1452-1519) herausragende Gestalt als Maler, Bildhauer, Architekt, Naturforscher und Techniker.

Niccolo Machiavelli (1469-1527) Politiker, Schriftsteller, berühmt durch seine Behandlung der Themen Politik, Macht und Staatsgewalt.

Nikolaus Kopernikus (1473-1543), Begründer des heliozentrischen Weltbildes.

Michelangelo (1475-1564) bedeutendster Bildhauer, Maler und Baumeister seiner Zeit.

Martin Luther (1483-1546) bedeutendster christlicher Reformator, Begründer der hochdeutschen Sprache.

William Shakespeare (1564-1616), bis heute bedeutendster Theaterdichter, Schauspieler.

Galileo Galilei (1564-1642), gilt als Begründer der modernen Naturwissenschaft.

Johannes Kepler (1571-1630) Astronom, vollendet das kopernikanische Weltsystem.

Thomas Hobbes (1588-1679) Philosoph, Materialist, Verfechter des autoritären Staates.

René Descartes (1596-1650) Philosoph und Mathematiker mit bahnbrechenden Ideen.

Noch 17. / 18. Jh.

John Locke (1632-1704) Philosoph, gilt als Begründer der Philosophie der Aufklärung, schuf Grundsätze für den demokratischen Staat, Wirtschaftstheoretiker.

Isaac Newton (1643-1727) Physiker u. Mathematiker, setzte Marksteine in Mechanik u. Optik

Gottfried Wilhelm Leibniz (1646-1716), Philosoph, Mathematiker, Physiker, Jurist etc., in vieler Hinsicht richtungweisend und umfassend.

Johann Sebastian Bach (1685-1750) Kantor, durch ihn erster Höhepunkt der abendl. Musik.

Francois-Marie Arouet Voltaire (1694-1778) Literat, geistige Autorität in Europa.

18. Jh.

Carl von Linné (1707-1778) Naturforscher, klassifizierte die Pflanzenwelt grundlegend.

David Hume (1711-1776) Philosoph, antimetaphysisch, positivistisch, schreibt u. a. nationalökonomische Abhandlungen zu Handel und Zins.

Jean-Jaques Rousseau (1712-1778) Schriftsteller, große Wirkung u. a. auf Literatur u. Politik.

Adam Smith (um 1723-1790), Begründer der klassischen Nationalökonomie.

Immanuel Kant (1724-1804), Begründer der modernen Philosophie.

Gotthold Ephraim Lessing (1729-1781) Kritiker, Dichter, Philosoph von nachhaltigem Rang.

James Watt (1736-1819) Erfinder der Dampfmaschine, die zum Zeitalter der Technik, der Industrialisierung und der Massenmobilität durch die Eisenbahn hinführt.

Joseph-Michel Montgolfier (1740-1810) und seinem Bruder

Jacques-Etienne Montgolfier (1745-1799) gelingen in einem Heißluftballon die erste Luftfahrt des Menschen.

Antoine Laurent Lavoisier (1743-1794) leitet die wissenschaftliche Chemie ein.

Noch 18. / 19. Jh.

Jean de Monet Lamarck (1744-1829) Naturforscher, Vordenker der Evolutionstheorie.

Johann Wolfgang von Goethe (1749–1832) Jurist, Dichter, Staatsmann, Naturforscher, Philosoph; durch sein enormes schriftstellerisches Werk bereits zu Lebzeiten von großem geistigem Einfluss, bringt u. a. die Naturwissenschaften dem Bildungsbürgertum nahe.

Friedrich von Schiller (1759-1805), Arzt, Historiker, deutscher Nationaldichter.

Johann Gottlieb Fichte (1762-1814), Philosoph: „Der Zweck des Erdenlebens der Menschheit ist der, dass sie in demselben alle ihre Verhältnisse mit Freiheit nach der Vernunft einrichte."

Ludwig van Beethoven (1770-1827) Komponist, u. a. bedeutendst. Schöpfer von Symphonien.

Georg W. F. Hegel (1770-1831) Philosoph, bringt Fülle zukunftswirksamer Anregungen.

Carl Friedrich Gauß (1777-1855) hervorragender Mathematiker und Astronom.

Carl von Clausewitz (1780-1831) General, Kriegstheoretiker.

Arthur Schopenhauer (1788-1860), einflussreicher Philosoph mit pessimistischer Ausrichtung.

Auguste Comte (1798-1857), Philosoph des Positivismus, d. h. eine Philosophie ohne theologische und metaphysische Weltdeutung, führt den Begriff Soziologie und erste Systematik ein.

19. Jh.

Friedrich Wöhler (1800-1882) Chemiker, erste Laborsynthese von „organischer“ Substanz.

Justus von Liebig (1803-1873) Chemiker, Promotor der Mineraldüngung in der Landwirtschaft mit enormer Verbesserung der menschlichen Ernährungsbasis.

Charles Darwin (1809-1882), Begründer der biologischen Evolutionstheorie, ruft Umsturz im Menschenbild hervor.

Karl Marx (1818-1883) Philosoph, Theoretiker des Sozialismus / Kommunismus.

James Clerk Maxwell (1831-1879) Physiker, umfassende Theorie der elektromagnetischen Strahlung

Louis Pasteur (1822-1895) Chemiker und Biologe, erkennt die Bedeutung von Mikroorganismen und falsifiziert die ständige „Urzeugung“.

Robert Koch (1843-1910) Arzt, Entdecker der Bakterien als Krankheitserreger.

Werner von Siemens, (1816-1892) Begründer der Elektrotechnik.

Philipp Reis (1834-1874) Physiker, konstruiert den ersten Fernsprecher, Beginn des Zeitalters der sprachlich / klanglichen Fernkommunikation.

Noch 19. / 20. Jh.

Gottlieb Daimler (1834-1900) und

Carl Friedrich Benz (1844-1929) beginnen das Zeitalter des Automobils, seine Frau *Bertha Benz* unternimmt die erste Überlandfahrt.

Friedrich Nietzsche (1844-1900) Philosoph des „Übermenschen“.

Wilhelm Röntgen (1845-1923) Entdecker der nach ihm benannten Röntgenstrahlen.

Alexander Bell (1847-1922) Erfinder eines praktikablen Telefons, „Vater der Telefonie".

Thomas Edison (1847-1931) Erfinder der elektr. Glühbirne (Kohlenfadenlampe), des Fonografen: Beginn der Sprach- und Klangaufzeichnung.

Otto Lilienthal (1848-1896) Ingenieur, Flugpionier, erster Flug mit einem Fluggerät.

Paul Ehrlich (1854-1915) Serologe, Schöpfer der Chemotherapie.

Sigmund Freud (1856-1939) Nervenarzt, Begründer der Psychoanalyse.

Heinrich Hertz (1857-1894) Physiker, findet die wissenschaftliche Grundlage der Funktechnik.

Max Planck (1858-1947), Auslöser eines neuen physikalischen Weltbildes: Quantentheorie.

Wilbur Wright (1867-1912) und sein Bruder

Orville Wright (1871-1948) machen erste Flüge mit Motorflugmaschinen.

Marie Curie (1867-1934) Chemikerin, isoliert das Element Radium, grundlegende Arbeiten auf dem Gebiet radioaktiver chemischer Elemente, Beginn einer Neudefinition der Atome.

Fritz Haber (1868-1934), Chemiker, Arbeiten mit enorm folgenreichen Auswirkungen.

Guglielmo Marconi (1874-1937) Ingenieur, leitet das Zeitalter der Funktechnik ein.

Albert Einstein (1879-1955), bedeutendster theoretischer Physiker des 20. Jahrhunderts.

Otto Hahn (1879-1968) Chemiker, mit

Fritz Straßmann (1902-1980) Chemiker, und

Lise Meitner (1878-1968) Physikerin, Entdecker der Uran-Kernspaltung unter Kettenreaktion, Auslöser der Atombomben- und Kernkraftwerk-Technik.

Alexander Fleming (1881-1955) Bakteriologe, Entdecker des ersten Antibiotikums Penicillin.

Hermann Staudinger (1881-1965) begründet die Wissenschaft der polymeren Stoffe.

Pablo Picasso (1881-1973) bedeutendster Maler des 20. Jahrhunderts.

Walter Gropius (1883-1969) Architekt, Bauhaus-Gründer, neuer Architekturstil.

Edwin Hubble (1889-1953) Astronom, entdeckt die Fluchtbewegung der Galaxien, leitete damit neues Verständnis unseres Universums ein.

Martin Heidegger (1889-1976) einflussreicher Philosoph, Hauptwerk „Sein und Zeit".

Max Horkheimer (1895-1973) Philosoph und Soziologe, u. a. Kritiker des Kapitalismus.

Noch 20. / 21. Jh.

Konrad Lorenz (1903-1989) Pionier der Verhaltensforschung.

Jean-Paul Sartre (1905-1980) Verfechter der Existenzphilosophie, Schriftsteller.

Konrad Zuse (1910-1995) leitet Zeitalter des Computers ein.

Wernher von Braun (1912-1977) Ingenieur, Promotor von Raketentechnik u. Weltraumfahrt.

Christian Barnard (1922-2001) unternimmt Herztransplantation, was zu einer neuen Qualität der Organtransplantation führt.

James D. Watson (*1928) und

Francis H. C. Crick (1916-2004) entdecken die Doppelhelix-Struktur der Gene.

Der genetische Code wurde von mehreren Forschergruppen entschlüsselt. Damit war die Gentechnologie mit bisher unüberschaubarem zukünftigem Entwicklungsgang ermöglicht, während die Aufklärung der Genome des Menschen und von Tieren in ihrer Bedeutung und Tragweite alles Bisherige an Leistungen des menschlichen Geistes übertreffen mag. Medizinische Stammzellenforschungen und Klontechniken, sowie die Hirnforschung werden dem in ihren Auswirkungen auf das Eigenverständnis des Menschen vermutlich nicht nachstehen.

Möge dieses Buch bei der geistigen Bewältigung all dessen, womit der Mensch seine Welt und sogar sich selbst verändert, eine Stütze sein, auch eingedenk des Wissens darum, wie viel hervorragende Leistungen Menschen vor uns über Jahrtausende vollbracht haben, deren Vorgaben wir uns durch verantwortliches Tun würdig erweisen sollten.

Namenregister

Sachregister

Der Autor, Jahrgang 1927, promovierter Physikochemiker, blickt auf eine langjährige Tätigkeit in der chemischen Großindustrie als vielseitiger Forscher auf mehreren aktuellen Arbeitsgebieten zurück, schrieb zwei Fachbücher, lehrte an der Johann-Wolfgang-Goethe-Universität, Frankfurt am Main, bemühte sich in Verbandsleitung, Neugründungen, Anregung und Ausrichtung eines internationalen Symposiums. diversen Schriften, Vorträgen und Gutachten.

Als schließlich freier Wissenschaftler und Schriftsteller kommt sein stets allgemeines Interesse an den Geisteswissenschaften, den Naturwissenschaften, den Künsten und dem Weltgeschehen zum Tragen, so in der Verfassung von Schauspielmanuskripten und ethischen Fragen zugewandten Artikeln.